影響中國的26個名僧

羅志仲◎編著

好讀出版

目錄

中國佛教史略／004

中國佛教史略

❖生根發芽

佛教是外來宗教，卻能在中國生根發芽，最後開成遍地醉紅的花朵，不可謂不驚奇，其中必有特殊的原因。在認識歷代高僧之前，先略微介紹佛教在中國發展的歷程。大致來說，自東漢到魏晉南北朝爲準備期，隋唐則爲發光期，宋元以後的佛教則呈現平穩發展，以迄今日。

西元一世紀，佛教正式傳入中國。當時，東漢使者還迎請了兩位僧人入華，他們分別是印度僧人竺法蘭和大月氏僧人迦葉摩騰。當時所建的佛寺稱爲鴻臚寺，是用來供養竺法蘭與迦葉摩騰的，後改名爲白馬寺。白馬寺是中國第一座佛教寺廟，竺法蘭與迦葉摩騰在這裡將《四十二章經》譯成中文，這是中國佛教史上的第一部漢字佛經。白馬寺的修建、《四十二章經》的漢譯、竺法蘭和迦葉摩騰的入華，標誌著中國佛教的開始。

到了三國時期，研究佛教《般若》已成爲獨立的學問，稱爲般若學。魏、吳境內，講習般若學已有了相當的影響。在魏國境內，出家僧人已很多。曹魏佛教雖興，但道風未正，戒律鬆散。曇摩迦羅入華譯經弘法，才使佛戒在中國興起。戒律的傳入，是三國時代佛教中重大的事件。之前在魏國境內雖有佛法流行，然而僧眾只是剪除頭髮，也沒有稟受歸戒，所有齋供禮儀都取法於傳統的祭祀。到了二五〇年，中天竺律學沙門曇柯迦羅游化洛陽，主張一切行爲應遵佛祖，於是洛陽僧眾共請譯出戒律。曇柯迦羅唯恐律文繁廣，不能爲大眾接受，因而譯出《僧祇戒心》，即摩呵僧祇部的戒本一卷，又邀請當地的梵僧舉行受戒的羯磨來傳戒。這是中土有戒律受戒之始，後世即以曇柯迦羅爲律宗的始祖。當時又有安息國沙門曇諦，也長於律學，公元二五五年來到洛陽，在白馬寺譯出《曇無德羯磨》一卷，此書在中土流行；因它原出曇無德部的廣律，即《四分律》，後來中土的律宗獨尊《四分》，和它有關。當時開始依此羯磨而受戒的有朱士行等人，一般即以朱士行爲中國第一個出家的人。

佛教初入中國時，中國眾生不明其義理，僅以求世間福爲奉佛之目的。一些中國的知識分子，因覺得佛教之中有部分義理近似於道學，首先接受了佛教。而東漢當時的帝王將相等，奉佛之目的也無非求治國久安、飛天升仙等。也就是說，當時的中國，對佛教並無正確的認識。爲了傳播佛教，爲了中國眾生能對佛法生起親愛心，初入中國的大德們相繼以道學語言漢譯佛典，以使華人易於接受，如支婁迦讖將「眞如」翻譯成「自然」、「本無」、「璞」等，這就是所謂的「格義佛教」。

西元二、三世紀，中國本土的佛學著作和佛經注釋相繼流通，其中也充分體現出當時格義佛教的情況。格義是佛門大德初入華弘法時的一種方便，其作用是使中國眾生易於生起親愛之心，進而接受佛法。在佛教初入中國時，格義確實對佛教在中國大地的迅速發展作用頗大。但是，並不因爲格義而能說明佛教與道學等同。格義雖使中國信士迅速生起了信心，但卻不能眞正說明佛教正理。因此，佛教初入中國時，中國信士由於格義而多將佛教與「黃老」之術混淆，甚至還有人認爲佛教思想發源自中國，因此不能得到佛教的眞實法益，這也就是以後的許多高僧反對格義的原因。

到了西晉，佛教學者竺法護、安法欽、強梁婁至等人分別在敦煌、洛陽、天水、長安、嵩山、陳留、淮陽、相州、廣州等地，或翻譯經典，或弘傳教義，或從事其他佛教活動，因此佛教比起前代來有了相當的發展。

佛教在東晉時代則形成南北區域，北方有匈奴、羯、鮮卑、氐、羌等民族所建立的二趙、二秦、四燕、五涼及夏、成（成漢）等十六國。這些地區的統治者，多數爲了利用佛教以鞏固統治權而加以提倡，其中在後趙、前後秦、北涼均盛，特別是二秦的佛教，在中國佛教史上占極重要的地位，代表人物爲道安和鳩摩羅什。南方爲東晉王朝所保有，其文化是西晉文化的延伸，一向和清談玄理同流的佛教，也隨著當時名僧不斷地南移，形成了廬山和建康兩地的佛教盛況，其代表人物則爲慧遠和佛陀跋陀羅。此時佛徒間更有一個西行求法的運動興起，其中以法顯的成就爲最大。此時的佛典翻譯，也作出了許多超越前代的成績：一是《阿含》、《阿毗曇》的創譯；二是大乘重要經論的譯出，這主要是當時譯家鳩摩羅什的功績；三是密教經典的譯出；四是律典的譯出。

東晉時代的佛教義學，上承西晉，以般若性空之學爲其中心。在鳩摩羅什以前，從事《般若》研究的，不下五十餘人，或讀誦、講說，或注解經文，或往復辯論，或刪繁取精而爲經鈔，或提要鉤玄而作旨歸，或對比《大品》、《小品》，或合《放光》、《光贊》，從而對於般若性空的解釋，產生種種不同的說法，而有「六家七宗」之分。各家對於性空的解釋，不免各有所偏，只有道安的學說還勉強符合經義。般若性空的眞義，直到鳩摩羅什才闡發無遺。鳩摩羅什綜合《般若》經論而建立畢竟空義，其說散見於《大乘大義章》和《注維摩經》中。後來僧肇繼承他的學說，更建立不眞空義。值得一提的是，這時期佛教徒的信仰和行持方面，出現了一種祈求往生彌勒淨土的思想，它的創始者是道安，但弘大彌陀淨土法門的是慧遠。

南朝各代對於佛教的態度，大略與東晉相同，統治階級及一般文人學士也大都崇信佛教。南朝佛教到梁武帝（五〇二—五四九）時達到全盛，這位虔誠的皇帝還在四部無遮大會中四次捨身同泰寺爲寺奴，最後由群臣以一億萬錢奉贖回宮。這時的寺院、尼僧之數甚多，據傳，宋代有寺院一千九百十三所，僧尼三萬六千人；齊代有寺院二千零十五所，僧尼三萬二千五百人；梁代有寺院二千八百四十六所，僧尼八萬二千七百餘人；後梁有寺院一百零八所，僧尼三千二百人；陳代有寺院一千二百三十二所，僧尼三萬二千人。嚴格說起來，這些僧尼不必負擔稅賦，對國力影響極大。

南朝歷代的佛典翻譯，相繼不絕。這在劉宋的前半期，已相當發達；到了齊、梁二代，佛教雖更隆盛，而譯事反有遜色；進入梁末陳初，由於眞諦的偉績，發展了南朝的譯業。此時又有許多義學沙門，分別就《毗曇》、《成實》、《諸律》、《三論》、《涅槃》、《攝論》等從事專研弘傳，而形成許多的學系，具備宗派的雛形。

❖開花散葉

隋代佛教教義學的發展及宗派的建立，因當時全國一統，南北佛教的思想體系得到交光互攝的機會，從而各宗派學說多有匯合折衷的趨勢。這時期，如北方地論南道派的慧遠，南方天臺宗的智顗，三論宗的吉藏，都可爲其代表，普法宗信行的三階教也屬於這個類型。隋代佛教的流傳還遠及四鄰諸國，特別是當時的高麗、百濟、新羅及日本，爲輝煌的唐代奠定基礎。

唐代接著隋代之後，很重視對於佛教的整頓和利用。公元六一九年，在京師聚集高僧，立十大德，管理一般僧尼。七年後，因爲太史令傅奕的一再疏請，終於命令沙汰佛道二教，只許每州留寺觀各一所，但因皇子們爭位的變故發生而未及實行。唐太宗即位之後，重興譯經的事業，使波羅頗迦羅蜜多羅主持，又渡僧三千人，並在舊戰場各地建造寺院，一共七所，因此促進了當時佛教的開展。文成公主入藏後，帶去佛像、佛經等，使漢地佛教深入藏地。貞觀十九年（六四五），玄奘從印度求法回來，朝廷爲他組織了大規模的譯場，他以深厚的學養，作精確的譯傳，給予當時佛教界極大的影響，因而在已有的天臺、三論兩宗以外，更有唯識、律宗等宗派的相繼成立。

稍後，武則天利用佛教徒懷義等僞造《大雲經》，她將奪取政權說成符合彌勒的授記，隨後在全國各州建造了大雲寺，又造了白司馬阪的大銅佛像，並封沙門法朗等爲縣公，又授懷義爲行軍總管等，這使佛教和政治的關係益加密切。此時新譯《華嚴經》告成，由法藏集大成的華嚴宗也跟著建立。其後，唐玄宗時，雖曾一度沙汰僧尼，但由善無畏、金剛智等傳入密教，有助於鞏固統治政權，得到帝王的信任，又促使密宗的形成。當時佛教發展達於極盛，寺院之數比較唐初幾乎增加一半。不久，安史亂起，佛教在北方受到摧殘，聲勢驟減。禪家的南宗由於神會的努力，漸在北方取得地位。神會又幫助政府徵收渡僧稅錢，以爲軍費的補助，南宗傳播更爲便利，遂成爲別開生面的禪宗。

但是當時國家歷經內戰，徭役日重，人民多借寺院爲逃避之所，寺院又乘均田制度之破壞，擴充莊園，驅使奴役，並和貴族勢力相勾結，避免賦稅，另外還放高利貸等，多方牟利，在經濟上便和國家的利益矛盾日深，故從敬宗、文宗以來，政府漸有毀滅佛教的意圖，到唐武宗時，從會昌二年到五年（八四二—八四五），命令拆毀寺宇，勒令僧尼還俗。綜計當時拆毀大寺四千六百餘所，小寺四萬餘，僧尼還俗二十六萬多人，解放奴役十五萬人，收回民田數千萬頃，這對以後佛教的發展影響很大。當時佛教典籍的湮滅散失情況也極嚴重，特別是《華嚴經》、《法華經》等章疏，大半都在此時散失，以致影響到天臺、華嚴等宗派日趨衰落。

唐代佛教在發展過程中更成立了不少宗派，一方面因爲佛教的傳播日廣，要適應各階層信徒的要求，不能不有各種教理和修持的體系；一方面也因爲寺院的經濟基礎，日益龐大，佛教徒採取了用宗派形式加強組織，以維持其既得的利益。

最先有唯識宗，這是由玄奘和其門徒們所建立，而以玄奘曾住過的唯識寺作爲宗派的名稱。他們統一了過去攝論師、地論師、涅槃師等種種分歧的說法，特別是在修持依據和方法的議論上，都用新譯的資料作了糾正。他們宗奉印度大乘教中從無著、世親相承而下直到護法、戒賢、親光的瑜伽一系之說，即以《瑜伽師地論》及其附屬論書（所謂十種支論）爲典據，主張眾生種姓各別，改變了過去「皆有佛性」的見解。玄奘自己的主張配合他的翻譯，隨時對他的門徒講說，並沒有專篇著作。他門下人物很多，最傑出的是窺基，對於新譯的經論作了將近百部的注，特別在《成唯識論》、《因明入正理論》等重要典籍方面，有極其詳盡的解釋，大大發揚了玄奘譯傳的新說。但因理論過於繁細，難能通俗，終究歸於衰落。

其次是律宗。從南北朝以來，由於國家對佛教僧徒的管理逐漸嚴密，教內也需要統一實行戒律的作法，來加強自己的組織，於是就有一群講求律學的律師。其中道宣繼承北朝慧光到智首的系統，專事《四分律》的宏揚。他做了《四分律戒本疏》、《羯磨疏》、《行事鈔》等大部著作，在理論上吸收了玄奘譯傳的新義，較舊說爲長。因爲道宣後來居住在終南山豐德寺，所

以一般稱呼他一系傳承的律學宗派爲南山宗，同時還有法礪的相部宗、懷素的東塔宗，對於《四分律》的運用和解釋，各有不同的見解，也各成一派。他們的聲勢雖不及南山宗之盛，但流行經過了較長時期，彼此存著分歧，不得統一。另外，義淨一家也銳意講求律學，他曾費了二十五年的時間，遊歷三十多國，留心關於實行戒律的各種作法，寫成記錄，即《南海寄歸傳》。他回國之後，又大量翻譯根本說一切有部的廣律和十七事等，很想原封不動地將印度有部制度移植過來，但這一制度在中國基礎薄弱，顯然和習慣相違，只有理想，留下豐富的文獻而已，並沒有發揮太大作用。

再來是華嚴宗。此宗是推尊《華嚴經》爲佛說的最高階段，要用它來統攝一切教義。最初由杜順創立法界觀門，從《華嚴經》所說各種法相歸納條理，作爲逐步觀察宇宙萬法達到圓融無礙境地的法門。接著有智儼做了綱要性的解釋。到了法藏，因爲參加了《華嚴經》的新譯，理解經文更爲透徹，他還吸收玄奘新譯的一些理論，這樣完成了判教，並充實了觀法，而建成了宗派。法藏門下有新羅學人義湘，他歸國後即在朝鮮開創了華嚴宗。

接著是密宗，純粹用咒語來作佛教的修習方便，這在當時的印度還是比較新鮮的事，但因中印間交通發達，很快地就傳播過來。相繼來唐的善無畏、金剛智，本來修學地點不同，分別傳承自胎藏界和金剛界的法門，到達中國之後，互相授受，便融合成更大的組織。接著經過一行、不空的闡述，更充實了內容，乃於一般的佛教而外，創立密教一宗。此宗帶著神秘色彩，統治階級特別愛好。當時幾代帝王都對不空十分優禮，並以官爵相籠絡，形成王公貴族普遍信仰密教的風氣。其影響所及，日本也一再派遣學僧來華傳習，歸國開宗。

以上各宗和從前代繼承下來的天臺宗、三論宗，都只流行於宮廷或上層知識分子之間，其他向民眾傳播並帶著更濃厚的宗教色彩的，則另有淨土宗。這是從彌陀信仰進一步的開展，立宗的端緒可上溯到北魏時代的曇鸞，唐初道綽繼續提倡。他的弟子善導來長安傳教，使淨土信仰得到很大發展。善導還著了《觀經疏》，在教理上建立根據，淨土宗就形成了。

最後還有禪宗。北魏時菩提達摩在北方傳授禪法，以《楞伽經》為印證，有楞伽師一派。唐初，黃梅雙峰山有道信禪師，是繼承達摩的嫡系。道信直傳的弟子是弘忍，移住東山，傳法四十餘年，門人多至千數，尊其所說為東山法門。他的門人中著名的有神秀、慧能等十餘人。其後慧能回嶺南，提倡頓悟法門，又結合世俗信仰而推重《金剛經》，不專主坐禪，和神秀一系墨守成規、信奉《楞伽》、主張漸悟恰恰相反，而逐漸成為南北兩宗的對立。慧能門下懷讓、行思等都在南方地帶活動。唐玄宗以後，慧能弟子神會在河南進行宣傳，並力爭正統，指摘神秀和其門下普寂都未得弘忍傳衣，不是正系，營造慧能是達摩以來直接繼承者的印象，使南宗禪的勢力大增。但神會一系後來形成荷澤宗，並不太盛，而擴大傳播的還是南岳（懷讓）、青原（行思）兩家。南岳下傳承的有馬祖道一，再傳百丈懷海、南泉普願。百丈傳溈山靈祐、黃檗希運等。南泉傳趙州從諗等。青原下傳承有石頭希遷，再傳藥山惟儼、天皇道悟。天皇傳龍潭崇信，再傳德山宣鑒。會昌以後，更從這些傳承形成支派，像潙山傳仰山慧寂，後成爲潙仰宗；黃檗傳臨濟義玄，後成臨濟宗。再後曹洞宗、雲門宗成立於唐末，法眼宗繼起於五代，合爲五宗。又從百丈起，制定清規，使禪院從普通律寺分離而獨立，更便於集合多數學人共住習禪。它簡化寺院形式，但立法堂而無佛殿等，也更適合當時南方經濟文化新開闢地區的情況，而易於推進佛教的發展。禪宗從慧能以後，本來轉向平民，不重視文字的研習記誦，但是數傳之後，學人兼重知見，依舊不能放棄文字的修養，因而它的影響所及，還只是以知識分子爲主。不過比較起一般講義學的宗派來，禪宗總算是最流行普遍的了。

入唐以來的佛教由於急速的發展，它和道教不但在政治地位上時有高下優劣之爭，並在思想上也加劇了衝突。在道教方面，唐初有教徒傅奕向高祖七次進言，抨擊佛教，慫恿實行佛教的沙汰，沙門法琳和其弟子李師政分別反駁傅奕。兩教的激烈衝突，結果是法琳受到發配益州的處分。其後，在朝廷的內殿裏時常舉行佛道的對論，其論題涉及道教最高概念的道，以及佛教所說菩提的同異。後來武宗的毀佛，雖由於國家與寺院經濟上矛盾發展至於不能調和而發生，但表面上仍是以道教徒趙歸眞的進言爲契機，而結合到佛道之爭。

唐代佛教的發展也在國外發生影響。當時新羅和日本的學僧很多來中國得到各宗大師的傳承，歸國開宗，中國高僧也有去日本傳教的，如此相承不絕。他們分別在國內傳華嚴、唯識、密宗、禪宗之學，禪宗還蔚成禪門九山，極一時之盛。

生生不息

唐代所有各宗派，到了五代時，只有禪宗和天臺宗因根據地在南方，條件優越，得到更大的開展。南方禪宗在唐末時，曹洞崛起，大振青原（行思）一系的宗風。

除禪宗之外，律宗和華嚴、唯識的義學，在宋代也相當流行，天臺宗則有新的發展。律、賢、台等宗在修習方面，本來各有其觀行法門，但宋代很多宗師常聯繫淨土信仰而提倡念佛的修行，幫助了一般淨土宗的傳播。天臺宗對淨土的關系尤見密切，先是一些儒家學者，仍舊用傳統的倫理觀點，對佛教著文排斥，佛徒對於此等攻擊卻是用調和論的回應。這些都使儒者在思想上、修養上更多更易地得到佛家思想的影響，終至構成一套有系統的理論來和佛教相抗衡，這便是宋代勃興的理學。

自十三世紀初葉，元太祖成吉思汗就曾命其後裔，給各種宗教以平等待遇。元世祖忽必烈在即位前，即邀請西藏地區的名僧八思巴東來，即位後奉爲帝師，命掌理全國佛教，兼統領藏族地區的政教。八思巴圓寂後，他這一系的僧人繼續爲元帝師。元朝每位皇帝先就帝師受戒，然後登位。凡舉行法會，修建佛寺，雕刻藏經等佛事費用，多由國庫支出，並常給與寺廟大量田地以爲供養。而喇嘛僧則享有一些政治經濟特權。禪宗盛行江南，天臺、白雲、白蓮等宗亦相當活躍，但對佛教教義未有多大的發揚，僅寺院經濟的發展與僧尼人數之增加，有甚於過去。而寺院大力經營工商業等，尤成爲元代佛教的一特殊現象。

明代政權建立之初，有鑒於元代崇奉喇嘛教的流弊，轉而支援漢地傳統的佛教各宗派，因此喇嘛教在內地漸衰，而禪、淨、律、天臺、華嚴諸宗逐漸恢復發展。太祖早年出身於僧侶，對於佛教有意加以整頓。明初各宗派中，禪宗盛行，而以臨濟爲最，曹洞次之。唯識宗典籍，在宋元間漸次失傳，至明初幾乎成爲絕學。律宗自明初以來，也很衰微。淨土法門則自宋元以來，成爲各宗的共同信仰。明代中葉一百多年間，各宗都衰微，但到神宗萬曆時期，名匠輩出，形成佛教的復興氣象，這個時期最重要的人物，是雲栖袾宏、紫柏眞可、憨山德清、藕益智旭，號稱明末四高僧。

清代從道光以後，國勢衰落，佛教也不振。佛教徒多致力於經典的校刻與流通，有助於佛教的傳播。清代佛教宗派，繼承著明末的遺緒，仍以禪宗爲最盛，淨土次之，天臺、華嚴、律宗、唯識等又次之。清末民初時，佛教開始復興，一時高僧輩出，如八指頭陀寄禪與弘一法師，爲今天蓬勃發展的佛教奠定基礎。

1 非常道士——道安

長相醜陋，記憶力驚人

道安，出家前本姓衛，西元四世紀（西元三一二或三一四—三八五年）常山五柳（河北正定南）人，早年喪父喪母，由外兄孔氏撫養，十二歲出家，雖然神智聰敏，但是因爲長得太醜，一直不受重視，只能每天在田裡不斷工作。這樣過了三年後，道安受不了，終於向師父提出研讀佛經的請求，師父念在他這幾年沒有功勞也有苦勞的份上，給他一本《辨意經》，讓他自己去讀。第二天，道安利用工作的空餘，把這本五千字的書讀過了幾次後，拿去交還給師父，要求換另一本。師父有些不開心，覺得這個年輕人未免太隨便了，一書未讀完就要改讀另一書，於是給他一本更厚的《成具光明經》。隔天傍晚，道安又拿來還，這回師父發飆了，將他臭罵一頓，他不服氣，把經書從頭到尾背一次，沒有一字遺漏的，師父大吃一驚，原來這些年來自己看走眼了，這小子是個奇才！此後，師徒之間的關係改變，師父爲他受具足戒。所謂具足戒，又稱「大戒」，是比丘和比丘尼必受的戒律，但須年滿二十歲方能受此戒。受戒後，才算正式僧人。

受戒後的道安，獲得師父的刮目相看，但師父知道這個徒弟不是他教得起的，便放他四處雲遊，尋求更高的發展。當時有胡人支恭明翻譯的《維摩經》、《法華經》，翻得不太好，對於「微言隱義，未之能究」。聰明的道安抱著這幾部譯本，每天誦上萬字，反覆推敲，獨坐靜室多年，最後居然無師自通，神悟妙賾，並改正了書中多處錯誤，眞是不可思議。不過，願意花上多年來研究幾本書，這種毅力也不是常人具有的。

＊「佛」門首席弟子＊

公元三三五年，道安二十五歲，拜佛圖澄爲師。佛圖澄「見而異之」，不嫌他醜，教他不少絕活，改變了他的一生。

佛圖澄是中國歷史上第一個政治和尚，妙的是，他不是中國人，而是印度人，學佛後，「妙通玄術」，跑來中國搞政治。公元三一〇年，他首次現身洛陽，自稱一百多歲，身懷各種特異功能，還能預言吉凶與天下事。最神奇的是，他的腹部旁邊有個小洞，平常以棉絮塞住，每夜讀書時，便從洞裡拔出棉絮，洞還會發光喔，隔天清早就到河邊，從小洞中拉出五臟六腑清洗乾淨。其實佛圖澄本身也是精通佛理的，鑑於佛教剛開始在中國發展，爲了吸引群眾與統治者注意，他常常以神通吸收徒眾。那時西晉正値八王之亂，眾王爺殺來鬥去，最後只剩下一個東海王司馬越，而胡人紛紛乘虛而入，整個中原混亂不堪。佛圖澄求見司馬越，請建佛寺，說是可以挽回西晉的頽勢，但司馬越沒有接受，佛圖澄只好轉而投靠胡人石勒。石勒當時只是胡人皇帝劉曜的大將，野心勃勃，觀賞過佛圖澄的特異功能後，開始跟著禮敬起來。佛圖澄知恩圖報，稱石勒爲眞命天子，並在四處製造神蹟，收攬人心。最後石勒發兵攻殺劉曜，自稱大趙皇帝，奉佛圖澄爲國師，稱之爲「大和尚」，對其言聽計從，並讓轄區內的和尚免役、免稅，成爲新興的特權階級。石勒死後，佛圖澄扶持石虎稱帝，權傾一時。但石虎是個殺人如麻的魔王，猜忌心很重，佛圖澄爲求自保，裝死逃掉，不知所終。佛圖澄在展現神通之餘，也運用影響力行善，當時後趙王石勒、石虎以兇暴出名，曾問佛圖澄：「什麼是佛法？」答：「佛法不殺。」於是，以佛教慈悲戒殺的教義來感化石勒、石虎，救人無數。

道安是中國佛教運動的重要人物，會拜佛圖澄爲師，或許有人覺得奇怪。其實，我們只要考慮佛圖澄的印度背景，就可理解道安的用意。在道安之前，佛教經典的中譯本，多是由外國人來翻譯的，這些外國人的外文固然呱呱叫，中文卻不太高明，於是請漢人當助手，問題是這些漢人也不會外文，因此他們翻譯的佛經讀起來怪怪的，不但不合中文習慣，且常常翻錯，造成讀者的誤解。而魏晉時期的中國名士雖然好談佛理，卻是用中國思想猜來猜去，尤其喜歡附會老莊的學說，儘管談得很過癮，和眞正的佛理卻有一段很長的距離。眞正有志於佛學的中國人，當然不能滿意這種現狀，他們希望自己能精通梵文，好直接從佛教原文中求得佛理。基於這種考量，道安拜印度人佛圖澄爲師，就不是什麼太怪異的事情了。他從佛圖澄身上學來梵文，奠定以後翻譯佛書的紮實基礎。

由於道安受到特別待遇，引起其他「佛」門弟子的嫉妒，他們決定利用道安代佛圖澄講經時，給予刁難、困窘，使道安下不了台。沒想到道安不只記憶力好，口才更是流利，面對其他師兄弟的詰難，他神態自若，隨口解答，語驚四座，說理清晰，條理清楚，使現場眾人都佩服得不得了。道安是佛圖澄門下的首席弟子，這一印象從此深入人心了。

統一姓氏，確立戒規

道安在佛圖澄門下十多年，對梵文的造詣日益精進。自從三四八年佛圖澄詐死後，道安爲了逃避戰亂，曾到護澤（山西陽城）、飛龍山（山西渾源西南）、太行恒山（河北阜平北）、王屋女山（河南濟源西北）等地弘揚佛教，收徒授法。但是北方實在太不安全，西晉滅亡後，司馬睿在建康（南京）建立東晉，道安便率領弟子四百多人來到東晉，受到東晉孝武帝的禮遇。

公元三六五年，道安年過半百，應東晉名士習鑿齒之請，特地南下襄陽弘法，並在那裡住了十五年，這是他一生中弘揚佛教的輝煌時期。他會選定襄陽作爲弘法的基地，原因有二：一是襄陽位置適中，地理條件優越，交通方便，自從東漢末年以來，這裡既是軍事重鎮、學術中心，又是荊州地區佛教傳播最早的地方，方便他吸收佛教各派教義，並創立自己的學派。二是他與襄陽博學多聞的習鑿齒交情甚佳，到襄陽後，習鑿齒前去拜會他，自稱「四海習鑿齒」，道安則以「彌天釋道安」應答，世稱名對。習鑿齒曾寫信給當時的宰相謝安，稱道安為「非常道士」，推崇異常。這裡所說的道士是指追求佛教之道的人，並不是我們今天所謂的道士。道安在襄陽初住白馬寺，因為徒弟太多，而白馬寺地方狹小，於是建了五層樓高、僧房超過四百間的檀溪寺。他在襄陽十五年中，雖有短暫時間住在江陵，但在江陵無重大活動，他講經傳道主要還是在襄陽。西至涼州，北至長安，東達建康，各地僧侶都跟他保持廣泛的聯繫，襄陽儼然成了當時的佛教傳播中心。

道安弘法跟他老師不一樣，並不用神通或威勢壓人，而是齋講不倦，以理服人，這在當時影響很大，對佛教的推廣有正面幫助。他還破除舊時流行的「貴無賤有」、「卑高有差」的成見，提倡「本末等爾」，「有無均淨」，認為別去計較「本末」、「有無」等等的區別，才能使心靈澄澈，猶如沒有污點的白色一樣純淨。

道安在襄陽數年，是他畢生最重要的弘法階段，他努力講授《般若經》，針對《般若經》的根本原理——「空」的含義進行闡發。當時中國的佛教學者，多用魏晉玄學的觀點去理解、注釋和說明般若學，道安受限於時空環境，無法看到更多佛教原典，他也用「玄」解「佛」，用玄學家王弼、何晏的「貴無說」去宣傳般若學。在他看來，這個「無」、「空」就是事物的本體、宇宙最後的本源，而「空」就是「沒有」之意。他把般若學思想解釋為玄學家「以無為本」的思想，創立新的佛教學派——「本無宗」。

平心而論，道安對般若的「空」理解有誤，但這不是他的問題，也不是他對佛教的貢獻所在，在大師鳩摩羅什前來中土之前，中國佛教徒對般若義理都不得要領，並不是只有道安如此。連同道安的「本無宗」在內，當時宣傳般若學的六家七宗，不管主張如何不同，他們對「空」的解釋通通不對，後來僧肇特地寫書譴責這些流派。

此外，道安還撰寫了《安錄》。在他之前，佛教在中國已流傳多年，翻譯的佛書也多，但缺乏記錄佛典書名、作者和內容簡介的目錄學專書，時間一久，僧人就很難知道哪部經是何人何時何地譯出來的，這對譯經史的瞭解和研究很不利，對學者研究、檢索也相當不便。道安創撰《綜理眾經目錄》，爲以後研究中國佛教的譯經史著，提供了第一部可信、可據的譯經史料，簡稱《安錄》（道安撰寫的目錄）。書中涵蓋的年代，起自東漢靈帝光和年間（一七八－一八四年），止於東晉孝武帝寧康二年（西元三七四年），將近二百年的譯經記錄，開創譯經史著目錄的先例。此書雖已亡佚，卻爲後代撰寫《經錄》提供了範例，這也是很了不起的。從南朝梁的僧人開始，歷代都有僧人做類似的工作，保存了很多中國佛教史料，道安是第一個，具有相當的歷史意義。

另外，道安在襄陽還努力注釋經文。在他之前，僧人對佛經的翻譯、注釋錯誤甚多，不利於佛教的傳播。道安經過「窮覽經典，鈎深致遠」後，對佛經進行注釋，「析疑甄解」，「序致淵富，妙盡深旨」，使佛經「條貫既序」。講經者照著這些範本講經，自然能「文理會通，經義克明」，十分方便。這既有利佛教的廣泛傳播，又爲以後佛經的注釋作了示範。要做到這種境界，必須有不錯的佛學造詣和文字表達能力，道安當之無愧。

道安在襄陽還做了一件對中國佛教界影響深遠的事，那就是統一僧人姓氏。佛教在中國盛行之初，只要師父來自天竺姓「竺」，弟子就跟著姓「竺」；師父來自月氏姓「氏」，弟子就跟著姓「氏」；師父來自安息姓「安」，弟子就跟著姓「安」。道安一開始是拜竺法汰爲師，故名「竺道安」，但他覺得這樣太荒謬了，認爲釋迦牟尼是佛教中最尊貴崇高的，只有讓所有僧人都姓「釋」，才能顯示對釋迦牟尼的尊重，加強對佛門的向心力。於是，他以身作則，先將自己從「竺道安」改爲「釋道安」，並運用影響力，規定所有出家僧尼一律姓「釋」。這種規矩一直沿用至今，不曾更改，這是他對中國佛教的重大貢獻。

另外一個貢獻是他首開確立戒規之例。道安當年在北方，或者此時在襄陽，身旁隨時有僧眾數百人，跟以往一師一徒、弟子隨師修行的情況大不相同，必須要有新的規範、戒律加以節度，否則人多嘴雜，不知道誰會闖出什麼禍來。因此，他開了中國佛教戒律的首例，跟底下的徒弟約法三章：第一叫行香定座、上經上講之法，這是講經時的禮儀；第二叫六時（白天三時，晚上三時）行道、飲食唱時法，這是課誦齋粥的禮儀；第三叫布薩、差使、悔過法。這些規定在中國各地寺院都適用，影響深遠。

＊身在胡營心在漢＊

道安在襄陽從事佛經的宣傳和教育，成果豐碩，名氣更加響亮，不僅「四方學士，競往師之」，襄陽地方比爾蓋茲級的大人物也全力贊助，而且外地的豪族、官僚，乃至東晉和前秦皇帝都表示支助和敬仰。當然，這種支助和敬仰都有政治意圖。東晉皇帝一方面遣使通問，一方面發布詔書，表彰道安弘揚佛教之功，並讓道安享有跟王公貴族一樣的薪水，這在中國佛教史上是罕見的。至於北方的前秦皇帝苻堅，也十分「哈」他，特地勞師動眾，派兵攻占襄陽，將道安、習鑿齒抓到北方去作客，安置在五重寺中。對於這種結果，苻堅高興得很，說：「朕以十萬之師取襄陽，唯得一人半。」大臣權翼追問，苻堅說：「道安算一個，習鑿齒算半個，總共一人半。」

道安很有廣告行銷的頭腦，當苻堅圍攻襄陽時，他將弟子遣散到四處弘法。後來，他的許多弟子在各地都成了佛教領袖，著名的有江陵的曇翼、法遇，荊州的曇徽，廬山的慧遠，他本人則留於襄陽城中，等於將自己的勢力分散到各地去，避免裝在同一個籃子裡。他的人生目標是弘法，至於誰抓他去哪裡，他才不在乎！

從建元十五年（西元三七九年）到二十一年（西元三八五年），道安一直住在長安五重寺講經譯注，「僧眾數千，大弘法化」，比在襄陽時期更紅。苻堅還令國中學士，只要對佛法有疑問，都必須請教佛學權威道安。從此，道安成爲北方的佛教領袖。當時長安有種說法：「學不師安，義不中難。」意思是說，學佛如果不找道安，就學不到精髓。道安雖是中國高僧，對西域高僧鳩摩羅什卻十分景仰，不斷勸苻堅將人找來中國，鳩摩羅什也佩服道安對佛理的精通，曾在信中稱之爲「東方聖人」。很可惜的是，道安死後二十多年，鳩摩羅什才有機會來到長安，兩位一代高僧無緣見面，實在遺憾。

在長安期間，道安還運用他的號召力，組成一支陣容堅強而龐大的譯經團隊，先後譯經十部一百八十卷，共一百多萬字，這是對佛教傳播最實質的貢獻。他還注釋佛典和注經作序，僅作序就有六十多種。對於當時的佛經翻譯，他指出有「五失本三不易」的問題。所謂「五失本」，是指句子倒裝、好用文言、刪去反覆詠歎的文句、刪去段落中解釋的文句、刪去復牒前段的文句。所謂「三不易」，是指要兼顧求眞與通俗很難，要讓智商相差太多的人都瞭解很難，要把年代久遠的經書弄清楚很難。因此，他主張「直譯」，強調翻譯要不失本，要力求符合原文本意，譯者別自作聰明、自由發揮。

道安能在長安吃這麼開，重要的原因是苻堅捧他的場。而苻堅請他來，不只要他弘法而已，更視他爲政治顧問，時常要諮詢他。苻堅是野心勃勃的人，統一北方後，便想南下吃掉東晉。道安貴爲國師，內心卻陷入掙扎，因爲他本身是漢人，縱使目前的老闆是胡人，他也不忍心漢人受苦受難。因此，他冒著事業搞砸的風險，幾番勸說苻堅不要南征東晉。苻堅不聽，最後在淝水戰敗，前秦的國力開始衰落。三八五年，道安以七十多歲的高齡去世。此時，中國北方的佛教已經非常興盛了。

整體說來，佛圖澄是以神通活躍於政壇的和尚，道安雖沒有像乃師那樣熱衷政治，但也深知「不依國主，則法事難立」的道理，這從他和東晉皇室與苻堅政權的親密關係，就可知道他抱持著是「利用政治來傳道」的想法，因此，他也算是半個政治和尚，儘管他介入政治並沒那麼深。不過，他在利用政治，政治也未嘗不是在利用他啊！

東晉時期，北方十六國的統治者多提倡佛教，眞正的原因都是想藉由宗教來鞏固政權，統治者只要拉攏了宗教領袖，也等於收服了善男信女！當宗教和政治搞得你儂我儂時，比較難於做抉擇的是那些不信教的老百姓，他們要面對的特權階級不只是統治者，還有佛門，這在往後中國的歷史上屢見不鮮，南朝佛門之奢侈糜爛已開其端。佛門世俗化、政治化的後遺症，當然不是道安想得到的，他的動機很單純，弘法而已。

2 捨身求法——法顯

法顯發現新大陸？

墨西哥的亞加布穀港口，有一座帆船紀念碑，傳說是爲了紀念古時候曾有中國帆船到達這裡。

二百多年前，法國漢學家德基納說：「第五世紀時，中國人已到墨西哥傳教。」近百年前，法國的蒙陀穆跌輪報又說：「第一個發現美洲的不是哥倫布，而是中國人；在西元四五八年，有五個和尚，從東亞直行六千五百海浬登陸，領頭的名叫法顯。到西元五〇二年，法顯的旅行記出版了，據其中的描述，登陸地點似乎是在今天的墨西哥，而墨西哥文化中，剛好有許多中國文物的蛻形，並有佛像等遺物。」

這樣「驚聳」的報導一出現後，立即獲得當時民族自尊心低落的中國人關注，紛紛加以引述、推崇。清末大革命家兼大學問家章太炎，甚至根據這段報載加以研究，指出那本旅行記就是法顯和尚寫的《佛國記》，五名和尚則是法顯帶領的慧景、道整、慧應、慧嵬，他們從錫蘭搭中國大商船回廣州途中遭遇颱風，吹了十三個晝夜，到一島上修補後，大海瀰漫，不辨東西，又走了九十多天，才到了耶婆提國，住了五個月，方回中國。章太炎認爲，耶婆提就是墨西哥的耶科陀爾國。隨後丁福保編《佛學大辭典》，也採信這個說法。

不過，這個說法破綻太多（容後再敘），支持法顯發現新大陸的人也看不下去，紛紛加以修正。例如連雲山教授就認為，在公元三九九年，法顯為了尋求佛典，由長安出發，結伴十人去印度。在萬里跋涉的艱苦四年行程中，同伴或亡或返，回國時只剩他一個人。公元四一二年，法顯在斯里蘭卡乘中國商船回廣州途中，三艘結伴同行的商船在南中國海遇風東航一〇五天，到達今墨西哥南部西海岸一帶。在那裡停留了五個月後，於次年春，即公元四一三年五月，乘船西航一一二天，在當年秋九月，終於回到山東青島嶗山。

這個說法好像又比前說精確、細膩多了，但他們都犯了同樣的毛病：預設立場。先假定法顯曾發現新大陸，再想盡辦法來證實。用心雖然良苦，可惜證據太薄弱，似乎有意忽視風向問題與古代簡陋的航海條件，以為只要有船，就能隨便漂流到哪裡。

不過，從正面的角度來看，這個事件會引起這麼大的關注，與法顯到西方取經的傳奇性有關。他不但是中國佛教史上的一位名僧，一位卓越的佛教革新人物，還是中國第一位到海外取經求法的大師（在他之前，曾有不少人嘗試過，只有兩人成功到達印度，而這兩人對佛教的發展無足輕重），傑出的旅行家和翻譯家。最令人感到不可思議的是，他前往取經時，已經是個高齡六十五歲的老和尚，前後共走了三十多國，歷經十三年，回到中國時已七十八歲了。在這十三年中，他跋山涉水，經歷了人們難以想像的艱辛，正如他後來所說的：「現在回想這些年遭遇的事情，不覺心動汗流！」他的這種壯舉，鼓舞了後繼者。在他之後的五百年間，中國前往印度求法的僧侶高達一百六十七人，包括著名的玄奘、義淨等人。對於這樣一個偉大的人物，我們怎能不好好來認識他呢？

＊童年出家，老年出國＊

法顯（三三四年—四二〇年），是東晉司州平陽郡武陽（今山西臨汾地區）人，一說是并州上黨郡襄垣（今山西襄垣）人，總之是山西重要的歷史人物。本姓龔，有三個哥哥，都在童年夭亡。他的父母擔心他也夭折，在他才三歲的時候，就把他剃度爲沙彌，也就是送到佛寺當小和尚。考慮到他年紀太小，一開始還暫時「寄養」在家裡，誰知住了幾年後，忽然大病一場，家人急忙送他回寺廟。說也奇怪，他的重病一夜之間就好了，從此法顯就安心住在廟中，不再回家。十歲時，父親去世，他的叔父認爲他的母親寡居，難以生活，要他還俗。他不肯，自認對佛教的信仰已非常虔誠，沒有走回頭路的道理，便對叔父說：「我本來就不是因爲有父親才出家的，正是要遠塵離俗才入了道。」他的叔父沒有勉強他。但法顯不失爲性情純厚之人，不久母親也去世，他仍然先回去辦理完喪事才又還寺。

法顯從小就與眾不同。有一次，他與師兄弟數十人在田中割稻，遇到一些窮人與飢民前來搶奪糧食，他的師兄弟嚇得爭相逃奔，只有他一人站著未動，他對那些搶糧食的人說：「你們如果需要糧食，就隨意拿吧！只是你們現在會這樣貧窮，正是因爲前世不布施造成的。現在又來搶人家的糧食，恐怕來世會更窮。貧僧眞是爲你們擔憂啊！」說完便從容還寺。那些搶糧的人楞了片刻，竟被他那番話說服了，紛紛棄糧而去。事後，寺中僧眾數百人對他莫不嘆服。

二十歲時，法顯受了大戒，正式取得和尚的資格。所謂大戒，是指針對和尚成年後，爲防止身心過失而履行的一種儀式。從此，他對佛教信仰之心更加堅定，行爲更加嚴謹，更受到佛教僧眾的推崇。

佛教是世界三大宗教之一，到了魏晉南北朝時期，佛教得到很大發展，各種佛教流派紛紛傳入中土，佛教典籍被大量翻譯，全國各地廣修佛寺，佛教信徒也迅速增多。西晉時，中國佛寺已有一百八十座，僧尼人數多達三千七百人，其後更是愈來愈多，法顯正是生活於佛教在中國空前大發展的這個歷史時期。

公元三九九年，六十五歲的法顯已在佛教界度過了六十二個春秋。六十多年的閱歷，使他深切地感到佛經的翻譯趕不上佛教發展的需要。特別是戒律經典缺乏，使廣大佛教徒無法可循，以致上層僧侶窮奢極欲，無惡不作。爲了維護佛教的眞理，矯正時弊，年近古稀的法顯毅然決定西赴印度，尋求戒律。

＊萬里跋涉，九死一生＊

這年春天，法顯與慧景、道整、慧應、慧嵬四人一起從長安出發，向西行進，開始了漫長而艱苦卓絕的旅行。當時河西走廊一帶，各民族割據，各自爲政，沿途兵荒馬亂，盜賊如麻。爲了閃躲不必要的麻煩，法顯等人走了許多彎路，次年才到張掖（今甘肅張掖），遇到智嚴、慧簡、僧紹、寶雲、僧景五人，於是結伴而行，組成了一支十個人的「巡禮團」。後來又增加了一個慧達，總共十一人，那是很久以後的事了。

「巡禮團」西進至敦煌，得到太守李浩的資助，沿著絲綢之路，西出陽關渡「沙河」（即白龍堆大沙漠，或稱庫姆塔沙漠）。法顯等五人隨使者先行，智嚴、寶雲等人在後。白龍堆沙漠氣候非常乾燥，時有熱風流沙，旅行者到此，往往被流沙埋沒而喪命。法顯後來在《佛國記》中回憶：「沙河中多有惡鬼熱風，遇有皆死，無一全者。上無飛鳥，下無走獸，遍望極目，唯以死人枯骨爲識耳，行十七日，計可千五百里，得至鄯善國。」這段話可見他在西北旅行時的艱辛。古代可沒有快捷便利的交通工具，他們只能在渺無邊際、東西莫辨的大漠上，憑藉自己的雙腳前進，天晴時以太陽爲嚮導，風沙蔽日的夜晚則以枯骨作爲標記。他們冒著生命危險勇往直前，走了十七個晝夜，平均每天走五十公里，終於渡過了「沙河」。別忘了，此時的法顯已是年近七十的老伯伯，沒有強壯的身體和超人的意志力，是沒辦法做到的。

接著，他們又經過鄯善國（今新疆若羌）來到焉耆。他們在這裡住了兩個多月，寶雲等人也趕到了。當時由於焉耆信奉小乘佛教，而法顯一行人屬於大乘佛教，他們在此地受到冷落，連食宿都無著落。逼不得已，智嚴、慧簡、慧嵬三人只好返回高昌（新疆吐魯番）籌措行資。

就在這時，法顯等七人得到了前秦國皇族苻公孫的資助，又開始向西南進發，穿越恐怖的塔克拉瑪大沙漠。塔克拉瑪大沙漠又名塔里木沙漠，而「塔里木」一詞在維吾爾語中，是「進得去出不來」的意思。這裏異常乾旱，晝夜溫差極大，氣候變化無常，行人至此，艱辛無比。正如法顯所述：「行路中無居民，沙行艱難，所經之苦，人理莫比。」短短十幾個字，寫出了外人難以想像的痛苦。法顯一行人走了一個月又五天，總算平安地走出這個「進得去出不來」的大沙漠，到達了于闐國（今新疆和田）。于闐是當時西域佛教的一大中心，他們在這裏觀看了佛教「行像」儀式，住了三個月，接著繼續前進，經過子合國，翻過葱嶺，渡過新頭河到了那竭國。

慧景到那竭國後病了，道整陪他暫住。法顯和慧應、寶雲、僧景、僧紹等人則經宿呵多國、犍陀衛國後，到了弗樓沙國（今巴基斯坦白沙瓦）。這時，慧達也來到弗樓沙國，與法顯他們會面。弗樓沙國是北天竺的佛教中心，法顯對當地的寺院和風土民情考察了三個月，決定繼續西行。不過很怪的是，慧達、寶雲和僧景在這裡參訪了佛跡後，自以爲已經求得正果，於是轉頭返回中國，不肯繼續西行。慧應在這裡的佛鉢寺病死。僧紹因爲無法適應艱苦的旅程，也與法顯分手，隨著西域僧人去了喀什米爾。先前到高昌求援的智嚴、慧簡、慧嵬三人，得到資助後，一路追趕法顯等人到喀什米爾，可惜沒追到，只好落寞回國。換言之，法顯又是孑然一身了。

法顯不氣餒，獨自回到那竭國，與慧景、道整會合，三人一起南渡小雪山（即阿富汗的蘇納曼山。梵語中說「大雪山」，即爲喜馬拉雅山）。此山也是冬夏積雪，三人爬到山的北邊，突然遇到寒風驟起，慧景摔倒在狂風大雪之中，因受不住寒流的襲擊，被活活凍死。法顯摸著慧景的屍體，無限感慨地痛哭說：「取經的願望還沒實現，你卻先走了，命也奈何！」僅存的兩人奮然前行，翻過小雪山，到達羅夷國。又經跋那國，再渡新頭河，到達毗茶國。接著走過了摩頭羅國，渡過了蒲那河，進入中印度邊境。多年努力，從十一人變成兩人，有志者事竟成，兩人不禁抱頭痛哭。

＊海外十年，歷劫歸來＊

接下來的時間，法顯和道整用了四年多周遊中印度，巡禮佛教古蹟。西元四〇四年，他們來到佛教的發祥地——拘薩羅國舍衛城的祇園精舍。傳說釋迦牟尼生前在這裏居住和說法時間最長，這裏的僧人對法顯不遠萬里來此求法深表欽佩。《佛國記》載：「彼眾僧嘆曰：奇哉，邊地之人乃能求法至此。自相謂言：我等諸師，和上相承，未見漢道人來到此地也。」這一年，法顯還參訪了釋迦牟尼的誕生地——迦維羅衛城。隔年，法顯走到了佛教極其興盛的達摩竭提國巴連弗邑。他在這裏學習梵書梵語，抄寫經律，收集了《摩訶僧祇律》、《薩婆多部鈔律》、《雜阿毗曇心》、《大般泥洹經》、《摩呵僧祇阿毗曇》等佛教經典，一共住了三年。道整十分仰慕這裡有沙門法則和眾僧威儀，感嘆故國的僧律殘缺，他發誓留在這裏不回國了。而法顯一心想著將戒律傳回祖國，便一個人繼續旅行。他周遊了南印度和東印度，又在恒河三角洲的多摩梨帝國（印度泰姆魯克）寫經畫（佛）像，住了兩年。

公元四〇九年年底，法顯離開多摩梨，搭乘商船，縱渡孟加拉灣，來到了獅子國（今斯里蘭卡）。他是冬初出發的，那時的孟加拉灣正好多東北信風，所以很順利地向西南方向航行，十四天後就到了獅子國。法顯在這裡又待了兩年，住在王城的無畏山精舍，求得了《彌沙塞律》、《長阿含》、《雜阿含》以及《雜藏》等四部經典，這都是當時的中國還沒有的。

至此，法顯身入異鄉多年，經常思念遙遠的祖國，又想起一開始的「巡禮團」，最後竟然全軍覆沒，只剩他一人，今日顧影唯己，備感悲傷。有一次，他在無畏山精舍看到商人以一個中國的白絹團扇供佛，觸物傷情，不覺凄然淚下，老淚縱橫。

四一一年八月，法顯完成了取經求法的任務，坐上羅馬商人的大船，乘客多達兩百餘人，循海東歸。船後還有隻小船，以備遇險時用。船行三日後，遇西南季風，暴風虐起，船破水入。幸好擱淺在一座島上，補好漏處又前行。就這樣，在危難中漂流了一百多天，到達了耶婆提國。章太炎認爲耶婆提國就是今天的墨西哥，其實是今天印尼的蘇門答臘島或爪哇島。當時取經者只剩法顯一人，更不可能有五個和尚登陸墨西哥的可能了。這時偏南夏季風已過，無法北上回國，不得不在此停留五個多月。一直到四月十六日，夏季風又來，法顯才能夠轉乘另一條商船向廣州進發。這次他乘的商船也有兩百人左右，帶了五十天的糧食和淡水，不料行程中又遇大風，船隻失去方向，隨風飄流。正在船上糧水將盡之時，忽然到了岸邊。法顯上岸詢問獵人，方知這裡是青州長廣郡，也就是山東啦。呼，這位七十八歲的老人總算回來了。

＊老而彌堅，著作等身＊

青州長廣郡太守李嶷聽到法顯從海外取經歸來的消息，立即趕到海邊迎接，當時是四一二年七月十四日。法顯在山東半島登陸後，即經彭城、京口（江蘇鎮江），到了建康（今南京）。邀請他來這裡的是同樣山西籍的慧遠，慧遠找來印度僧人佛陀跋陀和法顯配合，兩人花了幾年時間，合譯出一百多萬字的佛教經典。他在建康道場寺住了五年後，又來到荊州（湖北江陵）辛寺。八年後，終老於此，享年八十六歲，一作八十二歲。

他在臨終前的七年多時間裏，一直艱苦地翻譯經典，共譯出了經典六部六十三卷。他翻譯的《摩訶僧祇律》也叫大眾律，是五大佛教戒律之一，對後來的中國佛教界產生深遠的影響。譯經的同時，法顯還將自己西行取經的見聞，寫成了一部不朽的世界名著——《佛國記》。《佛國記》全文九千五百多字，別名有《法顯行傳》、《法顯傳》、《歷遊天竺紀傳》、《佛遊天竺記》等，在世界學術史上有重要地位，不僅是一部傳記文學的傑作，而且是一部重要的歷史文獻，是研究當時西域和印度歷史的極重要史料。一八六一年，德國學者卡斯普羅斯將該書後半段譯爲德文。二十年後，法文譯本在巴黎問世。此後又有英文和日文版，轟動全球。

法顯去印度時，正是印度史上的黃金時代——笈多王朝（三二〇年—四八〇年）有名的超日王在位的時代笈多王朝古史缺乏系統的文獻記載，只有依靠《佛國記》來補充。中國西域地區的鄯善、于闐、龜茲等古國湮滅已久，傳記無存，《佛國記》中的記載，可以彌補史書的不足。

此外，《佛國記》也是中國南海交通史上的巨著。中國與印度、波斯等國的海上貿易，早在東漢時期已經開始，而史書上卻沒有海風和航船的具體記述。《佛國記》對季風和航船的詳細描述和系統記載，成爲中國最早的記錄。從他的記載中，可以看到風力是古代航海的主要動力。在東南亞地區季風盛行，航海帶有顯著的季節性，中國也在季風區，因此航線是隨季風變動的。只要有風，船行很快；如果是反風，則後果十分嚴重。所以當時航行大都利用季風，一年一次來回。

法顯以年過花甲的高齡，完成了穿行亞洲大陸，又經南洋海路歸國的大旅行驚人壯舉，以及他留下的傑作《佛國記》，不僅在佛教界受到稱譽，而且也得到了中外學者的高度評價。唐代名僧義淨說：「自古神州之地，輕生殉法之賓，（法）顯法師則他闢荒途，（玄）奘法師乃中開正路。」近代學者梁啓超說：「法顯橫雪山而入天竺，眾佛典多種以歸，著《佛國記》，我國人之至印度者，此爲第一。」斯里蘭卡史學家尼古拉斯・沙勒則說：「人們知道訪問過印尼的中國人，第一名是法顯。」他還把《佛國記》中關於耶婆提的描述，稱爲「中國對於印尼第一次比較詳細的記載」。日本學者足立喜六把《佛國記》譽爲西域探險家及印度佛跡調查者的指南。印度學者恩・克・辛哈等人也稱讚說：「中國的旅行家如法顯和玄奘，爲我們留下印度的寶貴記載。」

3 佛情無取捨——慧遠

名師與高徒

慧遠，本姓賈，山西人。公元三三四年，慧遠出身於家境優渥的世族家庭，從小就喜歡讀書，十三歲那年到許昌和洛陽求學。這兩個城市當時是中國北方的學術與文化重鎮，他在這裡研讀儒家和道家書籍，尤其對《老子》、《莊子》兩本書頗有研究，年紀輕輕就得到很多人的敬重。

然而，那是個動盪不安的時代，五胡十六國的各地軍頭互相征戰，人命太不値錢，更何況是有才華的人？年輕人總期盼能看得到人生的一絲希望，一旦前途渺茫，厭世之感油然而生，就不是太令人意外的事情了。二十一歲時，慧遠聽說江東有個叫范宣子的博學鴻儒，想親自渡江拜會，共同隱居避世，了此殘生。沒想到東晉大將桓溫北伐前秦，將南北道路都阻隔起來，慧遠無法南下，又聽說有個高僧道安在河北創立塔寺，弘揚佛法，避世心切的慧遠便與弟弟一同前往拜會。見面之後，他被道安淵博精深的學問折服了，大嘆「眞吾師也」，又聽道安講解《般若經》，有豁然開朗之感，忍不住說：「見識到精深的佛學後，才知道儒家、道家所言有多麼不足啊！」於是和弟弟落髮爲僧，拜道安爲師，他的法號叫慧遠，弟弟叫慧持。

慧遠本來就很天才，出家後，憑著熱情與經歷，悠遊於佛海之中，努力學習，不久就在道安數百名弟子中脫穎而出，成爲道安最得意的門生。道安有弟子如此，非常得意，不止一次對別人說：「能將佛教流行於中國的，一定是慧遠。」

慧遠二十四歲時，道安讓其單獨對僧眾講解《般若經》，創下最年輕講經和尚的紀錄。有次慧遠講經，聽眾對他提出質疑，慧遠努力答辯，然而辯來辯去，非但沒有說清楚，反而越辯越糊塗。慧遠靈機一動，用《莊子》一書的概念來解釋，該名聽眾總算聽得心服口服。以中國的老莊思想來解釋佛教義理，這叫「格義」，在南北朝時期十分普遍，畢竟佛教是舶來品，如果不加以「本土化」，在傳播上會有實質困難。道安向來反對人家用「格義」的方式解說佛經，認爲這樣會曲解佛經原意，但他對門下的高徒特別寬大，准許慧遠用「格義」來解說佛經。妙的是，道安儘管反對格義，自己講經時仍不能不用格義來讓僧眾理解佛理，這是時代的限制，倒不是他不努力。慧遠則比老師道安更高一層，他不但使用老莊哲理解釋佛法，有時也用佛法來解釋老莊，他畢生的目標與貢獻即在於溝通印度佛教和中國本土思想之間的差異。

公元三六五年，慧遠跟著老師道安南下到襄陽，開啓弘法事業的另一高峰。襄陽在荊州，而當時的荊州很盛行佛學，有個叫道恆的名僧在此地宣揚「心無」的概念，頗有影響力，但因跟道安的「本無」說法大不相同，道安的學生竺法汰認爲對方是「邪說」，應該加以消滅，於是派門人曇壹去踢館辯論，兩人辯了一天還難分難解、不分高下，於是宣布明天再辯。恰好此時

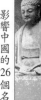

道安派慧遠來探竺法汰的病情，知道有這回事之後，慧遠以道安得意門生的姿態親自出馬，席上口若懸河、辯才無礙，讓道恆招架不住。經此一役，道恆的心無宗在荊州迅速沒落，道安的本無宗強勢地取而代之。

平心而論，在後來鳩摩羅什的門人僧肇看來，無論是心無宗或本無宗，對佛教般若學的「空」都是理解錯誤的，這也幾乎是歷史定論。道安門生以「邪說」攻擊對方，自己雖然也站不住腳，起碼他們是用和平、理性的辯論方式，各顯神通，讓聽眾來當裁判，不失爲追求眞理的一種方式，比起西方國家動輒發動宗教戰爭，企圖以武力服人好得多。近年來美國和回教世界的衝突，無疑也是另一種宗教戰爭，戰敗的一方不會服氣，戰勝的一方也無法服人，以暴力來介入宗教差異，只會將問題擴大、仇恨加深而已。

慧遠隨道安在襄陽住了十幾年，日子尚屬太平。然而，公元三七八年，前秦苻堅「久仰」道安大名，特地派兵攻打襄陽，要將道安抓回「供養」「指教」。道安知道自己逃不走，然而此時此刻，團結絕非力量，只有將門人解散，才能讓佛法無邊，四處流傳。慧遠見老師一一對其他學生耳提面命，獨獨漏了自己，心裡很慌，跑去跪在道安面前詢問原因。道安笑說：「所有的學生中，我最放心的就是你，我還需要擔心你、吩咐你嗎？」道安對慧遠的重視與期許，由此可知。

＊廬山傳法＊

慧遠跟弟弟慧持惜別老師後，原本打算到廣東的羅浮山傳道，途經廬山時，被這裡幽靜秀麗的景色吸引住了，加上老同學慧永即在廬山的西林寺修行，於是不去廣東了，改留在廬山。慧遠在南方多年，名氣很大，他到廬山後，慕名而來的人越來越多，西林寺住不下，便敦請江州刺史出錢蓋廟，是爲東林寺。此後三十多年，這裡便是慧遠的歸宿，他沒有離開過廬山一步，講道、修行、著書、待客，通通是在這裡進行。

由於有了老師道安的前車之鑑，慧遠知道跟政治人物保持友善關係，是確保弘法安全的保證。不過，如果因此而說他是政治和尚，那也太沈重了，他的目的只是弘法，不想沾惹一身腥，他跟來訪的政客都保持等距關係，不即不離，更不會提供政治上的建議。政治人物到此多很識相，只跟他攀交情、談學問，而不刁難他，他才有辦法在廬山度過三十多年。

來拜訪他的政壇中人，有的是當地或附近的刺史，如幫他蓋東林寺的桓伊，如王羲之的兒子王凝之，如又是大軍頭又是知名清談家的殷仲堪。慧遠早年有儒學、道家的學問基礎，跟這些人清談一下，並不是什麼太困難的事。但是，如果遇到霸道的傢伙，就該使些手段了。野心勃勃的桓玄想進攻殷仲堪，途經廬山，發函慧遠去見他，慧遠稱病不出，桓玄只好大駕光臨東林寺，劈頭就刁難慧遠：「《孝經》上說：『身體髮膚，受之父母，不敢毀傷，孝之始也。』你們這些不孝的傢伙，居然落髮爲僧！」慧遠聽了，不慌不忙地回答：「我記得《孝經》也說：『立身行道，揚名於後，孝之終也。』我們落髮爲僧，正是爲了立身行道，揚名於後，怎麼可以說是不孝呢？」桓玄聽了，馬上收斂傲慢的態度，改問慧遠對進攻殷仲堪的看法。慧遠很滑頭，他說：「最好的辦法，是你不找他麻煩，他也不來找你麻煩。」兩方都不得罪，難怪桓玄事後會以「機巧」稱之。不過，慧遠用《孝經》的話來反駁桓玄，無意中暴露了自己對佛理認識的不足，也是對非佛教文化的讓步，促使佛教在中國的本土化。

公元四百年，桓玄成爲東晉第一號權臣後，又來找麻煩，寫信「勸」慧遠還俗從政：「不知生，焉知死？追求死後的幸福是遙不可得的，倒不如好好把握今生的幸福。」慧遠回信拒絕：「一生的榮華富貴猶如電光一樣快，有得必有失，又有什麼好眷戀的呢？眼光短淺的人才會被世俗迷惑！」不只桓玄，東晉皇帝也派人來找他上朝廷見面聊天，慧遠很有技巧地婉拒了。皇帝之外，還有土匪找上門來。公元三九九年，東晉爆發了孫恩、盧循的民變，幾年後，孫恩死亡，盧循變成龍頭老大。說巧不巧，慧遠小時候曾跟盧循的老爸同學，日後跟盧循也有來往，他曾這樣評價盧循：「雖然體態瀟灑，但心懷不軌。」盧循當土匪後，一度接受朝廷招安，後來又反叛，路過廬山時，特地上山拜會慧遠，還送東送西的。慧遠的弟子人人心裡發毛，怕日後被拖累，但慧遠不以爲意，還是每天跟盧循問候，他的理由是：「佛法無取捨，這是大家都知道的事，沒人會怪我們的。」後來宋朝大將劉裕討平了盧循之亂，有人檢舉慧遠跟盧循交情深厚，劉裕不愧是高人，他說：「遠公是世外高人，待人不分彼此。」又派人送糧食上廬山。慧遠年長後，德高望重，外人習慣以「遠公」尊稱他。

慧遠以「佛情無取捨」作爲處世之道，不分華夷南北，不管政客土匪，都跟他們交往，這固然是基於佛教「慈悲」、「平等」的信仰，但也是他應付亂世、自我保全的一種手段。反過來說，當時的名人爭相與他結交，或許是對佛教的嚮往，但更多的是附庸風雅之徒，想利用他的聲望來擴大或妝點自己的影響力，彼此互相利用，互蒙其利。任何宗教再如何清新脫俗，也很難避免這種情況。

慧遠入主東林寺後，設講經台，不顧年老力衰，堅持不懈地爲弟子講論佛經。他講過的佛經有《般若經》、《法華經》和《涅槃經》等。有一天，他正準備登台講經，卻發現有些弟子在埋頭睡覺，他沒有用孔子那樣的體罰和辱罵方式，而是以誠懇的語氣對弟子說：「我已經是風燭殘年的老人了，活不了多久，只希望你們好好把握年輕時代，好好將人生與佛法大放光明。」睡覺的弟子被老師的這番話驚醒，又慚愧又肅然起敬，從此不再在上課時打瞌睡。慧遠跟他的老師道安一樣，講究戒律，但他也重視以身作則，以德服人，因此學生都以他爲道德楷模。在他的努力下，培養出許多知名的僧人，在中國佛教史上佔有重要地位。例如法淨和法領兩人，便在慧遠的授命下，遠赴印度取經。兩人翻山越嶺，過沙漠、渡流沙，終於不負使命，取回了許多梵文本的佛經。

當然，這些梵文本佛經不是取回來觀賞用的，慧遠還很熱心地組織翻譯團，尤其是延攬西域來的高僧合作，例如小乘佛教大師僧伽提婆，便應邀前來廬山翻譯《三法度論》等書。再如印度禪師覺賢到長安傳授小乘佛教的禪法，與主張大乘的鳩摩羅什不合，遭羅什運用政治力趕走，慧遠也十分熱心地接待他，請他譯出《達摩多羅禪經》。書翻譯出來後，慧遠還親自寫序，對覺賢大加讚美，使得禪學在東晉很快流傳起來。耐人尋味的是，慧遠所傳的般若學明明是大乘佛教，他居然也能接受小乘的說法，實在令人驚異。如果從鼓吹佛教在中國流行這點上看，他當然居功厥偉；如果從佛法本身來看，慧遠對般若學的理解程度不高，始終是從玄學的角度來看大乘的「空」，自然就會出現這種烏龍。這也是他與鳩摩羅什的最大分歧之處，兩人雖然互通書信，討論佛理，但慧遠似乎總是有看沒有懂，無法理解鳩摩羅什說的，這也可以解釋慧遠晚年何以轉而信奉起小乘的毗曇學。

人不染紅塵，紅塵自染人

慧遠在廬山數十年，寫了幾篇重要的文章，都與當時的政治有關。所謂「人不染紅塵，紅塵自染人」，他雖然盡量不涉入政壇紛爭，與所有政客都保持友善，但他是當代高僧，任何佛教與社會、政治一衝突，他都不得不出來調解一番。當時的佛教在中國很盛，佛門甚至成為新興的特權階級，享有免稅、免役等福利。也因爲如此，稅、役的負擔轉嫁到一般百姓身上，百姓難以生活，於是更多人逃入佛門求生。這種惡性循環直接影響到國家的財政，東晉政府在極力拉攏佛教徒之餘，不免對這個問題大感棘手。公元四〇二年，桓玄控制東晉政權，決心重整佛教，他派人送了一份草案給慧遠，裡頭指出佛教提倡無爲、絕慾，但很多僧人卻從事各種營利事業，甚是假借宗教名義來騙錢，因此他打算淘汰一些僧人，除了能講經說法、嚴守戒律、山居不出者之外，其他都該還俗。當然，政府基於對慧遠大師的尊重，廬山僧眾將不在淘汰的範圍之內。慧遠讀過這份草案後，感覺事態嚴重，趕緊寫信給桓玄，說明自己承認有些和尚的確魚目混珠，理應淘汰，但是否能將淘汰的範圍縮小呢？比如有些人也許不會講經說法，卻沒有從事營利事業，能否放他們一馬？世家子弟如果還想出家，政府能否不加攔阻？桓玄得到慧遠的回應後，爲了表示尊敬，答應採納修正案，讓佛門度過這次危機。

沒多久後，桓玄又給慧遠出了一道難題，要求慧遠呼籲佛門見到皇帝應該下跪。佛教徒是世外中人，照理說，既無家庭也無君主，當然也「目無王法」，不受世俗權威和禮教的約束，唯一能約束他們的只有佛，佛的地位甚至在皇帝之上。這種觀念挑戰執政當局和社會結構，當然不被衛道人士接受，紛紛要求沙門應該禮敬王者才對，桓玄只不過是這種聲浪的代表而已。收到桓玄的信之後，慧遠再度覺得事態嚴重，他反對桓玄的說法，但老師道安「不依國主則法事難立」的教誨，又時時在他耳際響起，他可不能得罪朝廷啊！於是，他著手寫了《沙門不敬王

者論》，分別從幾個角度向桓玄解釋：一，他將佛教徒分成兩種，一種是在家信佛的人，一種是出家修道的人。在家信佛的人還是要與世俗相處的，他們與常人無異，都要尊君敬親，講究忠孝，因此不存在「不敬王者」的問題。二，出家修道的僧人並不重視生命（他們重視來生），因此不需要對天地君親師懷抱任何感情。反過來說，這些僧人修行的目的是爲了自我拯救，這是高尚之事，可以成就功德，爲世人帶來好處，也回饋給天地君親師，因此沒有「不敬王者」的問題。三，佛教和儒教也可以配合，如來佛和中國古代聖人殊途同歸。據佛教的說法，修行到某個程度的菩薩或達到某種覺悟的佛，都能以神妙之法返回世間，變成各種人身來普渡眾生。由此看來，搞不好中國古代那些聖賢，也是這樣變來的。由此可見，目前在世的修行人也有機會進階到那樣的地步。桓玄得到慧遠這樣的答覆，左思右想，好像也有幾分道理，於是不再強迫佛門中人要禮敬王者，佛門又度過了一次危機。類似的事件層出不窮，以上只不過是舉其中兩例，慧遠均以機智應付過去了。

＊轉向淨土信仰＊

成爲一代高僧的慧遠，並沒有因爲宗教信仰而對人生開悟，他的困惑越來越多，不安定感越來越強，轉入小乘只不過是其中一端，另一件重要的轉折是他的淨土信仰。公元四〇二年七月二十八日，他和僧俗弟子等一百二十三人在阿彌陀佛神像前公開發誓，共期往生西方淨土。佛教經典中，認爲前往西方淨土的方式是念佛，念佛的具體方式有三種，一種是稱名念佛，即口念佛號；二是觀相念佛，就是靜生入定，觀想佛身的三十二相和每十種好及其光明普照；三是實相念佛，就是洞察佛的非有無有的眞實法身。慧遠顯然對死後的前途茫茫，故倡導觀想念佛，也就是他所謂的「念佛三昧」。他認爲，只要在悟解佛教精神的基礎上，通過生禪，一心一意，凝思息慮，專注於念佛的修持，就能清除人身上的貪念、無知等污垢惡習，進而達到涅槃境界。本來佛教成佛的方式就有很多種，念佛這種簡單的方式，是專門用來撫慰較爲無知的老百姓的，然而大師慧遠卻也沈迷此道，可見他的心裡有多恐慌！也因爲他提倡淨土思想，後世淨土宗遂奉他爲淨土宗初祖，這也是烏龍一場。其實他的淨土信仰倡導的修持方式是觀想信佛，與後世淨土宗提出的每日口誦阿彌陀佛大不相同，淨土宗的創始人應該是唐代的道綽和善導才對。

公元四一二年，慧遠的弟弟慧持逝世，嚴重打擊了慧遠，他已感覺到死神正向他靠近。對出家人來說，死亡並不可怕，那只是另一個輪迴的開始，也許可就此前往西方極樂世界，永遠脫離苦海。但是死後眞能前往淨土嗎？慧遠對此並無太大把握，他曾以此和鳩摩羅什討論，羅什認爲佛只是一種境界，並不是眞有佛這個神。這對虔誠的慧遠來說，是一大信仰危機。

四一六年秋天，慧遠病逝，享年八十三歲。他一生對佛教最大的貢獻在於傳播、提倡，在於調和儒家和佛教的差異。雖然他對佛教的教義理解錯了，但有了這些貢獻，也算不錯了。

4 一代佛學譯經大師——鳩摩羅什

立志東方弘法

在鳩摩羅什來華以前，中國佛學家對於小大乘的區別都不太清楚，特別是對大乘的性質和主要內容，更是缺乏認識。鳩摩羅什來華時，在後秦姚興時代翻譯出許多佛典，又介紹印度當時流行的龍樹系大乘學說，才改變了這種窘況，從而推動後來中國佛學的發展。

鳩摩羅什（三五〇—四〇九）出身印度貴族，家裡世世代代都是宰相，輪到他老爸鳩摩羅炎應該繼承相位時，羅炎居然跑去出家，並逃出印度，被龜茲國王請爲國師。龜茲在今天新疆的庫車南方，龜茲國王有個剛滿二十歲的妹妹，「才悟明敏」，各國都爭相提出聘禮，想迎娶回國，但龜茲國王不答應，直到羅炎出現，事情才出現轉機。龜茲國王二話不說，逼迫羅炎娶她妹妹爲妻，兩人生下來的小孩，便是鳩摩羅什。

由於父母親的品種都好，羅什從小就是個神童。七歲時，他媽媽帶他一起出家，學小乘佛教。羅什跟著師父讀經，每天要背一千偈。每偈三十二字，一千偈就是三萬兩千字。儘管如此，羅什還是輕鬆地背起來，也能瞭解其中的意義。十二歲那年，羅什的媽媽跟孟子的媽媽一樣，又搬家了，這回搬到沙勒國，遇大乘名僧須利耶蘇摩，學習《阿耨達經》，於是回小向大，廣學大乘法教，尤其重視中觀之學。沙勒國王很看重他們，整整招待了一年。在這裡，羅什博覽群經，功力突飛猛進。他的個性率達，不拘小節，不像出家人，曾引來其他修行者的懷疑，但是羅什並不理會，專心研究他的大乘理論，日子一久，學問越來越大，其他人逐漸心服口服，紛紛來向他請教。羅什名滿西域後，龜茲國王也想見他，派人迎他回去，這時他才二十歲。

二十歲的羅什正式受戒，學《十誦律》，並開始在龜茲講經弘法，吸引西域各國的信眾前來聆聽。這時，他媽媽辭別龜茲國王，想去印度，但卻要他留下來，還告訴他說：「你的佛學造詣已經很高了，想不想到東方弘法？你可能無利可圖，要試試看嗎？」羅什答：「如果能讓佛法流傳天下，再辛苦我也不怕。」說巧不巧，當時中國北方的霸主前秦苻堅也久仰羅什的大名，在道安大師的勸說下，很想迎接他來。但這位霸王迎接的方式很奇怪，都是用搶的，先前為了「迎接」高僧道安，曾派遣大軍到襄陽抓人，如今又想如法炮製，派將軍呂光率軍七萬去攻打龜茲。呂光行前，苻堅特地叮嚀他：「如果抓到羅什，要立刻送來。」羅什聽說前秦軍隊來攻，勸龜茲國王列隊歡迎，別抵抗。龜茲國王不聽，親自帶兵迎戰，結果吃了敗仗，亡了國。呂光獲勝後，抓來羅什一看，嚇了大跳，怎麼所謂高僧，居然是年輕人？為了好玩，呂光逼羅什娶龜茲國王的女兒為妻，羅什多次悍然拒絕，呂光火了，說：「你爸爸也是過來人，你幹嘛一直推辭？」便把羅什灌醉，將他跟龜茲國王的女兒關在一起，讓他酒後亂性，最後生米煮成白飯，不結婚也不行了。羅什春宵一度後，倒也沒有責怪呂光的意思。呂光在回前秦途中，把軍隊安置在山下休息，羅什勸他搬到山上，否則會很狼狽。呂光不聽。果然，當天半夜下大雨，河水暴漲，水深數丈，淹死數千人。從此呂光對羅什另眼相看，不再當他是「童子軍」。

呂光抓到羅什後，原本應該立刻將人送給苻堅，但淝水之戰後，苻堅統治的前秦已搖搖欲墜，呂光便在路上拖時間，拖到苻堅垮台，他自己就留在涼州稱霸，建立後涼國。羅什一心想到中國弘法，沒想到因此耽擱下來，延遲了許多年。眼見呂光父子對佛教不熱衷，他深感自己英雄無用武之地。他一直很想拜會中國高僧道安，也沒機會。不過，在涼州十五六年間，還是可以視爲他日後到中國弘法的「暖身運動」，他在這裡逐漸學會中國的語言文字，並且從到涼州找他學佛的僧肇口中，得知中國佛學的流傳情況與存在的問題，還對中國過去的譯經進行研究，特別注意了竺法護的譯作，這都爲他日後大展身手打下良好的基礎。

國師譯經，著作等車

多年過去，中國北方紛亂的情勢起了變化，後秦姚興掌控了大局，便派兵攻打呂隆。呂隆是呂光的兒子，呂光已經死了。呂隆一敗，後涼滅亡，羅什被恭迎到長安，姚興奉他爲國師，極盡禮遇，他終於來到中國了，對中國佛教的貢獻全此展開。從四〇一年到四〇九年病死，他在長安的時間不算長，完成的工作卻不少，一方面姚興對佛學的興趣很濃，對他的工作更是全力贊助；

另一方面當時的長安地區得天獨厚，聚集了不少優秀的佛教學者，使他免於單打獨鬥。

姚興請他主持佛經的翻譯，但他沒帶半本佛書來，怎麼辦？沒關係，羅什是神童出身，小時候背的書，現在都還記得，而且「無不究其義旨」，沒有書不要緊，他將背過的經典先默寫出來，再加以翻譯。後來，他透過管道，弄來一些梵文佛典，並集合僧略、僧遷、道樹、僧叡、道坦、僧肇、曇順等八百多名飽學的僧人，組成譯經大隊，所譯的佛經既精且多，有《阿彌陀佛經》、《大品般若經》、《小品般若經》、《法華經》、《維摩詰經》、《金剛經》、《大智度論》、《百論》、《中論》、《十二門論》、《成實論》、《梵網經》等三十五部，將近三百卷。皇帝姚興對譯經也有濃厚的興趣，旁人時常看到羅什拿著原文書，姚興拿著老舊的中譯本，兩人互相對照討論，氣氛非常熱烈。羅什的這些作品被稱為「新譯」，在他之前的翻譯稱為「舊譯」，顯示他的翻譯有跨時代的意義。在羅什之前，佛經只有零星翻譯，而且是碰到什麼翻什麼，既無系統，也缺乏品質。到他手上就不一樣了，他精通梵文，也通曉中文，他的譯作不但語句準確精練、流暢明朗，對中國文風也有影響，大乘佛教的各部經典至此大致齊備，廣為人知。

例如，《維摩詰經》敘述大乘居士維摩詰生病，釋迦牟尼佛派弟子前往探問，多數弟子怕辯不過口若懸河的維摩詰，不敢前往，只有舍利弗和文殊師利敢去，於是維摩詰為他們現身說法，應機化導，顯示種種神通和辯才無礙的本領，宣揚大乘佛教義理。從文學的角度來看，這算是絕妙的小說。《法華經》雖以傳教為主，宣揚眾生都能得到和佛一樣的智慧，強調人人都能成佛，但經文譬喻較多，有不少優美的寓言。類似的翻譯作品不少，爲中國文學注入新血。

他翻譯的這些作品，對爾後的佛教思潮都產生實質影響。以《成實論》爲例，這是由小乘向大乘空宗過渡的著作。所謂「實」，指的是佛教「四諦」，即苦、集、滅、道四個眞理；「成實」就是成立四諦的道理。該書主講「我空」，如瓶中無水，人無自性，也兼講「法空」，如瓶體無實，客觀世界無自性。此書並以此批判各部派。羅什爲初學者譯出此論後，他的門生僧導和僧嵩對內容均有深入研究，並形成南北兩大系統，在南北朝時代十分盛行。到了隋代，吉藏創立三論宗，將《成實論》判爲小乘佛教，這一派才宣告完蛋，唐朝初年就消失不見了。

而吉藏三論宗的興起，與羅什也有關係。三論是指《百論》、《中論》、《十二門論》，是大乘空宗的重要經典，闡發非有非無、亦有亦無的中觀學說。自從羅什將三論經典翻譯出來後，門人僧肇等人都有深入研究，到了吉藏才大放光芒。

另外，《梵網經》的翻譯對佛教在中國的本土化幫助很大。佛教傳入初始，備受困擾的一點是他們的出世態度，出家人見到君王、父母可以不必行禮，這無疑是顛覆了中國傳統的倫理綱常，因此受到許多沈浸中國古典教育者的反對，統治者當然也是怕怕的。《梵網經》旨在宣揚對父母、師長、僧人要盡誠順命，並把孝和戒配合起來，說孝就是戒。既然佛教也談孝順，原本排斥的人慢慢就能接受了。唐代之後的佛教徒大談目蓮救母，不是沒有道理的。

在翻譯的觀點上，羅什和道安不同。道安主張直譯，他強調意譯。他說，梵文很注重辭體華美，佛經中的偈語是四句一組的詩歌，可以配樂唱誦，如果硬梆梆地直譯為中文，不僅辭體不同，偈頌的音律也相差甚多，這就好像嚼飯給人吃，不僅失去飯的風味，也使人噁心想吐。

羅什對於自己不太熟悉的經典，翻譯時尤其慎重，如晚年譯出的《十住經》，此經原本是慧遠的門人從西域帶回的，經過長安時就留給他。他因為對這本書不熟悉，得到本子後一個多月都不敢動筆，直到他的老師佛陀耶舍前來指點他該書的義理，他完全搞懂了，才開始翻譯。由於之前在涼州時，已經研究過中國譯經的情況，他對好的舊譯也能抱持欣賞的態度，尤其是竺法護翻譯的佛書，他在重譯時，都盡可能保存了原譯。例如《法華經》是羅什被公認翻譯得最好的一部書，書中有些地方就借用了法護的譯文。

鳩摩羅什不僅是大譯經家，更是大乘佛教正入中國的導師。他將大乘佛教系統地傳入中華，詳細介紹了般若空宗的學說，徹底糾正先前道安等六家七宗對「空」的望文生義，這是中國佛教史上的一大步。在他來華之前，一般人對般若都不清楚，只有在他傳來龍樹中觀之學後，才算得到眞意。龍樹以「中」解「空」，對「中」最扼要的敘述是「三是偈」：「因緣所生法，我說即是空，亦為是假名，意識中道義。」一方面是「非有」、「空」、「無」，同時也是「非無」、「假」、「有」，把這兩方面合起來，才構成「空」「義」兩方面同時並存。環顧當時的中國，只有他深刻瞭解大乘的佛理，頗有孤單之感，曾感嘆地說：「如果由我來詮釋大乘精義，一定是最好的，但寫出來沒人懂，寫了又有什麼意思呢？」他雖然佩服已經過世的道安，但對於道安高徒慧遠寫信請益，他還是很不客氣地依照佛教正理，對慧遠的四大實有、自性實有等錯誤給予嚴厲批評，痛斥爲「戲論」。

娶妻生子，譽謗相隨

前面說過，鳩摩羅什的個性率達，不拘小節，跟一般死腦筋、很拘謹的出家人不同，因此時有驚人之舉。有一次，他在長安的草堂寺講經，姚興、大臣和一千多名僧人都在底下「肅容觀聽」。講到一半，他突然不講了，走下來告訴姚興：「有兩個小嬰兒的幽魂爬到我的肩上，我現在很需要女人。」（原文是：「有二小兒登吾肩，慾鄣，須婦人。」）善解人意的姚興立刻找來一個漂亮的宮女給他，後來這名宮女果然生了兩個小孩。姚興哈哈一笑，在旁敲邊鼓說：「大師聰明超悟，天下無雙，應該多生些小孩來接班吧。」便送十個美女給他。此後，羅什不跟其他出家人一起住在僧坊，而是住在「家裡」。其他僧人看了心癢癢，也想娶老婆，羅什便拿出一堆針來，說：「如果你們可以跟我一樣，把這些針吃下去，就能娶妻生子。」說完，他真的把針都吃到肚子裡，跟吃飯沒有兩樣，那些僧人自嘆不如，打消了結婚念頭。

鳩摩羅什在中國多年，結合講經的方式，培養大批優秀的佛門弟子。當時從各方前來長安學佛的有三千人之多，多拜羅什爲師，最著名的有僧肇、道生、僧睿等人。僧肇也是不得了的人物，有專章另談，這裡只稍稍介紹道生、僧睿兩人。

道生，巨鹿（河北平鄉）人，初隨竺法汰出家學法，改姓竺，十五歲時就能登堂講經，二十歲受具足戒。後來改拜慧遠爲師，一起跟到廬山去。鳩摩羅什現身長安後，道生改投羅什門下，成爲「摩」門傑出人物。由於道生曾依佛義提倡「闡提成佛」和「頓悟成佛」，強調眾生都有機會成佛，這在當時佛教界引起一陣嘩然。爾後曇無讖譯出《大涅槃經》，裡頭就有類似的說法，大家無不感嘆道生的卓識。道生著有《二諦論》、《佛性當有論》、《法身無分論》、《佛無淨土論》、《應有緣論》、《辯佛性義》、《法華經義疏》等，八十歲去世。

僧睿，魏郡長樂（河南安陽）人，十八歲跟著僧賢出家，二十歲博通經論，二十四歲時遊歷各地說法。鳩摩羅什入關後，僧睿拜他爲師，精進修道，也是傑出的「摩」門弟子，六十七歲去世。

西元四〇九年，鳩摩羅什病逝在陝西戶縣的草堂寺，死後舌頭未腐爛，大概是道行極高之故。草堂寺在歷代都有重修，唐代高僧定慧禪師也在這裡清修。歷來造訪這裡的人，多會懷想羅什當年在此的貢獻，如唐太宗就寫了一首〈贊羅什法師〉：

秦朝朗現聖人星，遠表吾師德至靈。十萬流沙來振錫，三千弟子盡翻經。
文成金玉知無朽，口吐蘭芳尚有馨。堪嘆逍遙園裡事，空餘明月草青青。

詩中的「秦朝」是指姚興統治的後秦，不是秦始皇建立的秦朝。「逍遙園」本來是姚興的獨家花園，爲了恭迎大師到來，改建爲草堂寺，是鳩摩羅什昔日最常講經譯經的地方。唐太宗的文筆雖不高明，起碼寫出了對這位佛門高僧的禮敬與緬懷之意。

時人或後人對這位外國來的佛門高僧，當然也不是完全佩服，有時不免有些小批評，除了針對他的私生活，也不滿他的「無師自通」。羅什曾拜過幾位老師，但因他極有慧根，很多佛理都是自己領悟出來的，中國佛門的某些人認爲他沒有師承，不講源流，不得宗旨。這些人認爲，佛學中有些要義深隱，必須有高人指點教授，才能得所宗，否則極易誤入歧途。此外，那時有個叫覺賢的僧人，精通小乘禪法與律藏，他從印度來華後，先住長安，因爲與鳩摩羅什的見解南轅北轍，遭受「摩」門弟子的排擠，最後只好和四十多名弟子南下廬山弘法。羅什「排擠異己」的紀錄，也讓少數人對他不滿。唐朝名相姚崇就更有趣了，他有感於唐代的公主外戚都一味地佞佛，有感而發，居然牽拖到羅什身上：「佛不在外，求之於心。佛圖澄最賢，無益於後趙；羅什多藝，不救於姚秦。」這段話的重點，是勸執政者別老把心思放在宗教上，以爲搞好宗教就可以搞好國事，石勒父子對佛圖澄夠禮遇吧，姚興對羅什夠敬重吧，最後國家還不是完蛋了。姚崇這些話不無道理，但鳩摩羅什對中國佛教的貢獻，卻不能因姚興拉攏他而一筆勾消，他翻譯的經典，還是讓有志於佛學的人眞正受惠啊！

5 中土禪宗初祖——達摩

公案虛實

慧可首次見到達摩時，問：「我可以請教諸佛法印是什麼嗎？」達摩回答：「諸佛法印，不能從別人身上得來。」慧可一臉困惑：「可是我心中老是不安，希望大師告訴我，何謂安心之道？」達摩說了很有趣的話：「把你的心拿來，我替你安下。」慧可更困惑了：「但我沒辦法把心拿出來啊！」達摩緩緩而說：「我已經幫你安好了。」原來慧可是找不到心！在達摩看來，如果本來無心，不安又能從何而來？無非是自己不守本分，起了分別心、妄想心，不安就會因此產生。

達摩將要離開之前，特地召集門人：「我就要走了，你們說說自己這些年的心得吧。」道副說：「依我的見解，不執著於文字，也不離開文字，這便是道的妙用。」達摩說：「你得到我的皮毛了。」總持比丘尼說：「依我現在的見解，就好像阿難看見西天淨土，見過一次後，便不需再見了。」達摩說：「你得到我的肉了。」道育說：「地、水、火、風本來是空的，色、受、想、行、識並非實有的。依我所見，並無一法可得。」達摩說：「你得到我的骨了。」最後輪到慧可報告，他只是作禮叩拜，而後依舊站在原地，一句話都沒講。旁人以為他是答不

出來，正爲他捏一把冷汗，達摩突然說話了：「你得到我的精髓了。」這話是說，禪的精髓就在自心中，不假外求。

中國禪宗留下很多公案，以上就是關於達摩的兩則，皆耳熟能詳，膾炙人口。只是，拿來當作參禪時的參考是可以的，拿來品嚐其中的趣味與禪機是可以的，倘若將這些公案當成是歷史，認定是眞實發生在達摩身上的事跡，那就太過了。

再舉一個例。後世禪宗說，達摩告訴慧可「傳法偈」：「我本來茲土，傳法救迷情；一花開五葉，結果自然成。」四句中，「一花開五葉」是什麼意思呢？有人認爲，這是達摩對禪宗發展的預言，暗示到了六祖慧能門下會花開五葉，分成五個派系：臨濟、雲門、法眼、曹洞、潙仰等五宗。由於禪宗也有人覺得這種說法太扯，便把「一花開五葉」改爲是指人與生俱來的五種心智：一是法界體性智，即宇宙的一切都是佛心表徵的智慧；二是大圓鏡智，如大鏡子般可以印出圓滿而昭明的智慧；三是平等性智，即捨棄彼此對立的差別，得到平等無差別的智慧；四是妙觀察智，即具備識別善惡的觀察力和智慧；五是成所作智，即讓眾生得到樂利的智慧。以五智解釋五葉，是否符合達摩的原意，我們也不得而知，況且「傳法偈」還是後人的說法，也不一定是眞的。

又如禪宗向來自稱教外別傳，「捻花微笑」可說是禪宗史上第一則公案，也是禪宗的紀元節。這則公案說，在靈山會中，如來拈花示眾，底下弟子不知道師尊用意，沈默不語，唯獨伽葉破顏微笑，表示已了然於胸。如來便說：「我這裡有照見一切眞實教法與包藏一切善法的眼，巧妙的涅槃之心，沒有形相的眞實相，不可思議的法門。現在我不用語言文字，不用經典以外的教誨，來傳給伽葉尊者。」這個結果稱爲「付法」，伽葉遂爲印度禪宗初祖。據說付法藏代代秘密相傳，傳到了龍樹菩薩，才建立了大乘佛教體系。接著代代相傳，經提婆菩薩、羅睺羅、僧伽難提、伽耶舍多、鳩摩羅多、闍夜多、世親菩薩、摩努羅、鶴勒、師子、舍那婆斯、不如密多、般若多羅，經過了二十六祖，傳到了菩提達摩。達摩在梁武帝時來華，是中國禪宗初祖。達摩傳慧可，慧可傳僧燦，僧燦傳道信，道信傳弘忍，弘忍的弟子慧能與神秀分裂爲南宗北宗。這是禪宗人士自己講的禪宗史概況，有些是對的，有些則是杜撰的。

＊禪宗初祖＊

談到杜撰，說到達摩，很多人又會想到少林武功，說達摩是少林武功的初祖，說他曾在少林寺面壁九年，還創羅漢十八手，甚至撰有神奇的《易筋經》。其實，這些都是沒有根據的話。據大陸學者王廣西的研究，達摩並沒有長住少林寺，更沒有面壁九年的事，也從未創編過羅漢十八手，至於撰寫《易筋經》，實在是子虛烏有的事。《易筋經》本是一部假書，是明朝末年天台山的紫凝道人托名達摩寫的，書中有采補御女之說，是道家房中術的說法，與佛家毫無關

係。書前有托名唐朝名將李靖寫的序，也是漏洞百出，不值一駁。《易筋經》的出現，晚了達摩一千一百年，大約在清朝嘉慶、道光年間才傳入少林寺的。關於達摩與少林的傳說，都是北宋《景德傳燈錄》造的謠，不足為據。

達摩不是少林寺的初祖，卻是禪宗的初祖；他是佛門高僧，而非武林高手，這是首先要弄清楚的。雖然是佛門高僧，他的事蹟卻不太清楚，原因大致有二：一是他到中國後，並不受到重視，幾乎當時的所有文獻都沒提到他；二是後來禪宗鼎盛後，分支分派，彼此傾軋得很激烈，紛紛著書來罵對方、捧自己、拉關係，強調祖師爺是將禪法傳給我，不是傳給你，因此這些書對於達摩的記載多是瞎掰的。舉例來說，認為「不立文字」是禪宗精神的看法，便是支派傾軋下的產物。如果真的不立文字，歷代的禪宗公案如何保存下來呢？慧能的《六祖壇經》難道不是文字嗎？關於這點，知名佛教學者湯用彤也認為是「各派競以傳統自任」，造成了「禪宗史傳之妄」。印順也有類似的看法。

後代禪宗對達摩的記載不可靠，但有兩本是被認為公信力的。一本是北朝人寫的《洛陽伽藍記》，這也是與達摩同時代的人對他唯一有描述的書籍。達摩當時在中國一點都不紅，該書作者沒必要造假幫他宣傳。另一本是唐朝初年道宣寫的《續高僧傳》，距離達摩的時代未遠，又參考過達摩弟子曇林的紀錄，很值得採用。《洛陽伽藍記》講得比較簡略，只說達摩是波斯人，遊歷各國後，來到中國，自稱已有一百五十歲。見到洛陽永寧寺的華麗壯觀，讚嘆不已，認為是其他各國所未見，於是「口唱南無，合掌連日」；又讚揚洛陽修梵寺金剛，「得其真相也」。根據這種記載，達摩只是來自波斯的遊僧，專以膜拜佛寺、神像而聞名各地，看不出他有禪僧的特徵。至於道宣寫的《續高僧傳》，就比較詳盡些，他說達摩是南印度人，遊歷諸國後才來華弘法，從海路到達廣東番禺，被梁武帝迎接到建康。梁武帝自負多建塔廟、寫經、供僧、造像，問達摩：「這有多少功德？」達摩直言不諱地說，你的這些行為只是世間小福，根本無功德可談。梁武帝不能理解，兩人話不投機，達摩也懶得理他，不久後離開建康。寶志和尚提醒梁武帝此人之重要，梁武帝急忙派人去追，達摩已經一葦渡江，到北魏去了。

達摩在中國的時間，全花在教人禪法，但他在北魏傳禪並未受到重視，因為「合國盛弘講授，乍聞定法，多生譏謗」，所以他傳授的弟子很少，見於史書記載的只有道育、慧可、僧副和曇林等人。慧可原來的法號叫神光，因為仰慕達摩，特地斷臂求法，達摩被他的精誠感動，傳授他佛法心印，並為他改名慧可。不過慧可斷臂的原因紛紜，有人認為是他名氣太大，遭到另一個禪師道恆的嫉妒與暗算。達摩將禪法傳給慧可，然而曇林卻是他「二入四行」學說的記錄者。北魏永平元年（西元五〇五年）至東魏武定元年（西元五四三年）期間，曇林曾在洛陽和鄴都參與譯經事業。周武帝企圖消滅佛教時，他與慧可護持經典，被盜人砍去一臂，人稱「無臂林」。他的學識淵博，禪、教並重。達摩臨終前印證其弟子得法時，未提到曇林，實際上他是達摩禪的繼承者，如果沒有他的記錄，達摩禪可能早就湮沒無聞，所以曇林對達摩禪的傳世貢獻是很大的。

除此之外，其他關於達摩的事跡，大多是後世禪宗各派為了拉關係、爭正統而編的故事。其中有黃梅宗編的，說達摩六度慘遭下毒而死，當時宋雲從西域回來，卻在蔥嶺遇到達摩。達摩的門人知道後，急忙開棺一看，原來裡面是空的。實際上，從年代上求證，宋雲於五一八年到西域，五二〇年回來，那時達摩正在北魏傳禪，宋雲不可能在蔥嶺見到達摩，除非達摩有分身。達摩死了又在別處被人見到，這是中國道教化的神話，熟悉中國傳統文化的人，輕易就能加以拆穿。黃梅派之外，荷澤宗也有類似的穿鑿附會，對達摩之死繼續加油添醋，明指是遭菩提留支與光統三藏下毒害死的，而宋雲在蔥嶺見到達摩時，達摩手裡提一隻鞋子，宋雲回中國開棺一看，裡頭只見一隻鞋，於是有「隻履西歸」的動聽故事。

還說達摩在來中國之前，先派了二位弟子佛陀、耶舍前來，但受到擯逐，佛陀跑到廬山見慧遠，譯了一部《禪門經》。這又是神話，分明是將達摩多羅跟菩提達摩兩人混為一談，以為只要有叫達摩的，通通是指禪宗的菩提達摩。印順也認為「這只是為了證明禪法的傳承而附會的故事」！南北朝時中、印來往密切，叫達摩的人跟近代西方叫John、Mary一樣普遍，甚至還有非佛門的人叫達摩，例如柳達摩。黃梅宗、荷澤宗之外，洪州宗對上述的傳說，又一概都繼承下來，還說達摩在南朝梁大同二年（五三六）逝世，梁昭明太子知道後非常難過，特地寫了祭文遙祭達摩，那年正好是北朝魏太和十九年。這故事缺乏歷史常識，處處穿幫，魏太和十九年比梁大同二年整整早了四十多年，而昭明太子早在梁大同二年的前五年就過世了，如何寫祭文？可見信宗教除了要熱誠、虔誠，還得有些常識和判斷力不可。

＊二行四入＊

雖然達摩的眞實事蹟不多，但他流傳下來的禪法倒是很可靠，簡而言之，是「二入四行」說。所謂「二入」，就是「理入」和「行入」。「行入」又可分爲「四行」，即「報怨行」、「隨緣行」、「無所求行」和「稱法行」。

關於「理入」，達摩認爲，不管凡人聖人，都存有「眞性」，只是平常遭到蒙蔽而已，如果能「壁觀」專心思索，堅定不移，不被其他事物干擾，就能悟道，體驗到「寂然無爲」的境界。這樣看來，「理入」可說是一種冥想悟道的辦法，即後來禪宗不斷強調的「頓悟」。而「壁觀」則是印度瑜伽禪的修行方法，以面壁冥想來悟道。

除了冥想，還要靠行爲來輔助，這叫「行入」。「行入」的方法有四，達摩認爲，只要做到了「四行」，就能舉一反三，「萬行同攝」。四行之一是「報怨行」，是說修行很辛苦，劫數很多，多緣起於修行者的愛憎。縱使你不侵犯別人，別人也可能來惡搞你。面對這麼多的仇恨，最好的應對方式是「甘心受之，都無怨對」。能夠這樣「逢苦不憂」，修行才能進步。接著是

「隨緣行」，說明「得失隨緣」之道，既然苦樂榮辱都是夙緣造成，就沒有什麼得失應該感到高興或難過。接著是「無所求行」，叫人要「無所求」。「求」是由人類的迷惑、貪心而起，希望這個想要那個，所以才會「有求皆苦」。如果能體悟眞理，跟一般世俗的人反其道而行，則可以「安心無爲」。最後是「稱法行」，是前述三行的指導原則，也就是說，只有認識到眾人「同一眞性」在「性淨」上沒有高下之分，一律平等，才能眞正實現佛教的任務。

以上「二行四入」禪法的概念，都是從《楞伽經》一書而來的。《楞伽經》的中譯本在南朝宋時由那跋陀羅譯出，曾得到達摩、慧可等人的推崇，對於禪宗北宗的形成影響很大。但是後世禪宗南宗較盛，爲了凸顯「不立文字」的主張，他們有意躲避禪宗和《楞伽經》的關係，標榜《金剛經》才是達摩所傳。事實上，唐朝道宣明指達摩將四卷《楞伽經》傳給慧可，因此慧可門下才出現了一大批以此經作爲修行指南的僧侶，號稱「楞伽師」。楞伽師後來跟禪宗南宗分道揚鑣，直接發展爲禪宗北宗。南北宗因彼此鬥爭而散落的部分史實，現在已因敦煌文獻的出土而得到澄清。

據傳達摩有著作多種傳世，計有《少室六門集》上下卷六，其中有《心經頌》、《悟性論》、《二種入》、《安心法門》、《血脈論》等。此外，還有敦煌出土的《達摩和尙絕壁觀》、《釋菩提達摩無心論》、《南天竺菩提達摩禪師觀門》等，這些多是後人假托的。

6 天台宗創始人——智顗

＊天生重瞳＊

智顗大師，世稱「智者大師」或「天臺大師」，在中國素有「小釋迦」的尊號。他一生致力於弘揚法華精神及龍樹教學，並以中國獨特的形式加以體系化。他提出的「五時八教」，綜合佛陀的教法思想和經典內容，在判釋經教上最具代表性，奠定天臺宗教觀基礎。此外，他還修正南方「輕禪重講」與北方「輕講重禪」的弊病，倡導「教觀雙運」、「解行並進」的教學，獨創依禪觀而修行的止觀法門，消融中國幾百年來南北方佛教的偏頗。由於他博識善辯，深達禪觀，陳、隋兩朝的暴君（他們眞的都是暴君，詳下文）都對他相當尊重，陳宣帝甚且敬稱他爲「佛法雄傑，時匠所宗，訓兼道俗，國之望也」。

智顗的父親叫陳起祖，在梁朝當官，職位雖不高，卻能親近皇帝，參與朝政。公元五三八年，智顗誕生了，由於他是偉大人物，照例在出生前後會有許多神蹟出現。他的媽媽懷他時，據說出現過許多祥瑞。先是夢見五彩瑞雲，裊裊在懷，若雲若霧，揮之不去，後來又夢見把白老鼠呑到肚子裡。這樣的怪夢接連出現，智顗的媽媽覺得好奇怪，便去算命。神奇的算命師告訴她，這些都是大喜的預兆。智顗誕生的那個晚上，陳家有神光照耀，亮得不像話，連鄰居也都煥然生輝。陳家高興得殺豬宰羊，準備好好慶祝一番。奇怪的是，大概智顗天生就是和尚的命，這些肉只要一入鍋，灶火便突然熄滅，肉永遠煮不熟。正覺得詭異，突然來了兩個怪模怪樣的和尚，口口聲聲說：「善哉善哉，你們家生了大貴人囉。」說完，人就不見，眾人更感驚訝。由於智顗的出生充滿祥瑞之相，街坊鄰居遂稱他為「王道」或「光道」。

幾天之後，陳起祖夫婦又有新發現：這個小嬰兒居然有「重瞳」。「重瞳」就是一顆眼睛中有兩個瞳孔。從現在醫學來看，這本是白內障之類的眼部疾病，是要去看醫生的。但在中國古代傳說中，雙瞳孔象徵帝王或聖人，聽說舜和項羽等人都有「重瞳」。陳起祖不想引來側目，極力保密，但日子一久，街坊鄰居都知道了，均嘖嘖稱奇。

＊神奇的夢＊

智顗小時候就喜歡讀書，尤其是佛經。他的善根啓發甚早，天大合掌睡覺，醒時則面西端坐，見到佛像就頂禮膜拜，遇出家人就恭敬儀止。七歲時，智顗常常前往寺院道場，師父見他才情特殊，便口授《普門品》，才教一遍，他已能背誦了。

這樣安定的日子並不長久，在他十五歲那年，北朝西魏的宇文泰南下攻打梁朝，梁元帝兵敗江陵，氣憤之餘，想到自己這樣飽學詩書，奈何老天爺不保佑他，還讓他亡國，讀書有什麼用呢？他因而將所藏的古今十四萬卷圖書燒個精光，然後向西魏投降，在受盡羞辱後被殺。「覆巢之下無完卵」，人在梁朝當官的陳家也不能倖免，親屬分散流離，家道開始中落。智顗深感人生無常，慨嘆榮華富貴難以長久，便在長沙的佛前發大願心，說「志願出家修道，以荷擔如來正法為己任」。也許是誠心所感吧，當夜他夢見佛像飛至家中庭院，伸出金色手臂為他摩頂三遍。此後，他更覺厭離家牢，有遁入佛門之念。無奈家人不答應，他不得已，只好在家中雕刻檀木佛像一尊，早晚課誦禮拜，自我不斷精進。有一回，智顗誠心禮拜時，竟然見到一座濱臨大海的巍峨高山，山上有位僧人向他招手呼喚，剎那間，那人伸出手臂到山麓，接引他進入一座寺院。智顗看到自己所造的佛像端奉大殿之內，不禁百感交集，涕泣而下，便向佛發願，願學得三世佛法，廣開法筵。伸長手臂的僧人指著佛像告訴智顗說：「你應該居住在此，並且在此終老。」智顗醒後，對佛伏拜，似幻似真，既悲亦喜，於是更加勤行精進。

不久後，父母相繼逝世。服喪期滿，智顗立刻向哥哥請求允許他出家。哥哥不肯，硬要他留下來。但智顗心意已堅如鐵石，為了達到出家的目的，竟然跑去求助老爸以前的同事王琳。王琳當時是湘州刺史，說話有些份量，又被智顗的誠心感動了，反過來苦勸智顗的哥哥答應，並允諾負責一切的費用。智顗的哥哥無法，只好答應。就這樣，智顗離家後，北度到硤州投靠舅父。十八歲那年，他到湘州果願寺出家為僧。果願寺的住持很有自知之明，在教導智顗學會十戒道品律儀後，曉得自己的程度不配當智顗的老師，便展現雅量，幫助智顗北上，到當時著名的佛教律學家慧曠手下受學。慧曠不僅精通律學，還熟悉各門佛教經典。智顗在他門下學了兩年，打下了很好的大乘佛學基礎。之後，他又到大賢山誦讀《法華經》、《無量義經》、《普賢觀經》等，才二十餘日便能究竟其義，十足天才。同時又進修方等，懺心淨行，常感得勝相現前，此後身心便覺融暢清淨，日中舒爽輕利。智顗二十歲受具足戒，開始精研律藏，常沈浸於禪悅法喜之中。

＊靈山同聽講＊

話雖如此，智顗不時感到困惑。原來，佛教中本有「戒、定、慧」三學，三者應是一個完整的有機體。「戒」是指戒律戒規，主要是要求人做到不爲惡。「定」是指禪定、禪觀，主要是通過特定的修持程序，做到精神專注、滅除煩惱的境界；「慧」是指佛法智慧，主要是引導修持者運用高度的佛法智慧，達到解脫。多年來，儘管智顗一直在勤修苦讀佛經，但在自覺大有長進的同時，也越來越感到不足。特別是從文字上學習，似乎很難眞正體驗佛理，還必須有一種修持的體悟。於是，他對禪觀（「戒、定、慧」三者中的「定」）逐漸感到興趣，卻苦於江東之地無良師可請益。這時，他聽說南岳慧思禪師南下光州大蘇山，於是甘冒陳、齊邊境刀兵之險，在西元五六〇年，來到慧思禪師座下。

南北朝時代，由於國家分裂，南北社會風氣不同，造成文化上也有些差異。一樣是佛教，北方佛教崇尚實踐，偏向禪觀；南方受玄學影響，重視佛理的探討。慧思是少數兼具南北方特色的高僧。智顗拜見這位高僧後，慧思便說：「以前我們同在靈山聽佛祖演講，你還記得嗎？」智顗說他記得，說得旁邊的人一愣一愣的。此後，慧思便爲智顗開示普賢道場，講四安樂行。智顗遂在這裡修法華三昧，晨昏精進。如此經過三日夜，在誦到《藥王品》「是眞精進，是名眞法供養」時，智顗頓感身心寂靜，豁然入定，親見靈山一會，證入法華三昧。智顗得到慧思禪師印可後，慧思更爲他開演教法。開悟後的智顗，身心煥然，有如華開，慧思因而嘆言：「如果不是你，一定無法感受到這種滋味；如果不是我，一定無法讓你到達這種境界。」慧思便常命智顗開設講筵，代講《大品般若經》。智顗也不負所望，辯若懸河，舒卷之際，條理自存，聽講者無不信服。慧思禪師於法席之中，當眾宣稱：「智顗足以繼承我的衣缽，我可安心到衡山養老去了。」

＊南京弘法＊

陳廢帝光大元年（西元五六七），智顗三十歲。這一年，慧思禪師到衡山後，智顗便率領法喜等三十多人，前往陳朝首都南京弘傳禪法。不久，受請移駐瓦官寺。他憑著本身的實修實證，最先收服了自矜禪學的老僧法濟。法濟初次見到智顗，便問：「如果有一人在定中，聽見南京北方六、七里處的攝山有地動的聲響，知道山中『止觀寺』有一位叫僧詮的出家眾在練無常觀，你說說看，這是什麼樣的禪定呢？」知顗回答：「這種定充其量只是邊定，並沒有真正深入禪定！要知道，凡是得到一點定境，好的境界不能執取，壞的境界也不要想捨離，更不要向人誇耀；若是對於這種定境生起執取的心，或向人炫耀，定功就會散失，必壞無疑。」法濟一聽，心想：若非定慧功深，怎能如此清楚！於是趕緊起座禮拜，表明自己曾經得到這種定，但只要一向人說出，不知怎麼定功就散失了，如今才知道原來如此！法濟由於智顗的一番開示，深受法益，知道智顗是得道的高人，於是將這件事跡宣揚了出去。不久，智顗的名聲傳遍了整個南京朝野。他以無礙的辯才，說法不拘文字而能直契經文中深奧的義理，使得當時最有名的幾位法師，如開善寺大忍法師、長干寺慧辯法師，以及洛陽白馬寺的警韶法師等，都放棄他們原有的導師地位，在智顗大師的門下執弟子之禮。江南一帶的法師大德，也率眾前來問道參禪，法席之盛，空前未有。

這期間，智顗開講《法華》經題，樹立新的宗義，判釋經教，奠定天臺宗教觀雙美的基礎。著名的「九旬談妙」，也是在這個時候。智顗在瓦官寺停留八年，除了講說《法華》經題，另講說《大智度論》、《次第禪門》等，並且撰寫對後學影響頗巨的《六妙門》。當時的高官顯要，如金紫光祿王固、侍中孔煥、僕射周弘正、徐陵、尚書毛喜等人，都對智顗相當尊重，也時常前往瓦官寺聽聞佛法。

不過，就在智顗名氣越來越大的時候，謗亦隨之，時常有人前來「踢館」。有一天，有個叫慧榮的和尚跑來，引起一陣騷動。原來這位和尚是南京小莊嚴寺的名僧，學問高深，辯才無礙，講起話來兇狠如虎，有「義虎」的美稱。他跑來要求與智顗辯論，智顗謙虛了幾句，慧榮有些得意忘形，不小心把手中的扇子掉落了，正要伏身撿起，當場有人笑他：「義虎怎麼變成一隻伏鹿啦？」慧榮覺得自己被羞辱了，悻悻然離去。

這次事件讓智顗很有感慨。他仔細回想來南京的這些年，信徒固然越來越多，成效卻越來越低。第一年只有四十人隨他學禪，有三十人得法；第二年有一百多人學禪，只有二十人得法；第三年有兩百多人來學禪，得法者只有十人，眞是一年不如一年。南京這個地方雖然熱鬧，又是首善之區，卻不是傳法的好地方，他應該另外找個清靜的地點才對。

情歸天臺山

陳太建七年（西元五七五）九月，智顗離開南京，來到天臺山，與定光和尚相遇。定光問智顗：「是否記得當年山頭搖手相喚之事？」智顗驚異之餘，恍然明白前夢乃是有所因緣，因而感應相通。談論之間，鐘聲響徹滿山，和尚表示鐘聲爲召集有緣人而響，建議智顗駐足於此。於是，智顗在定光和尚居住之北尋得一塊勝地，在此創建草庵，種植松果，引入流泉。又往寺北的華頂峰，行頭陀行，晝夜禪觀。兩年後，陳朝皇帝敕賜「修禪寺」之號，率嬪妃跟隨智顗受菩薩戒。

由於修行久了，道行越來越高，智顗時常能看到凡人看不到的異象。某夜，他在薰練頭陀之時，忽見大風旋然而起，雷振山動，鬼魅成群隨著強魔而至，有的口出星火，有的形如黑雲，有的如霹靂等等不可數計，千魔百怪群起向他襲擊。在這種種恐怖的境界之中，他不動如山，一心安住湛然的空寂之中。繼之又起的，是軟魔現出過去父母師僧的形象，忽而膝枕抱身，忽而悲咽流涕。面對當前種種虛幻的情倫，他一心端念實相，如如不動。直到破曉，二魔消散，萬境洞然。

由於智顗德業日隆，受陳後主七番請法後，於西元五八五年再度前往南京，掛錫靈曜寺，於太極殿開講《大智度論》、《仁王般若經》等，當時名僧如慧曠、慧辯等人，都往赴盛會。移錫光宅寺後，講說《法華經》，由弟子灌頂法師隨侍記錄成《法華文句》，此後智顗所講經義，皆由灌頂錄成書。陳後主是個昏庸殘暴的皇帝，對佛教卻極爲傾心，爲了提升佛教素質，他心生檢檄僧尼之意。朝中大臣商議，以爲考檄落第者，宜停止修道。智顗得知，立即上表勸誡，使得這個計畫爲之終止。智顗一言，使千萬僧人得以安心求道，聞者莫不感佩。

公元五八九年，北方的隋軍南下，末代皇帝陳後主被抓，南京失守，智顗率門人倉皇逃到廬山避難。新興的隋朝當局知道拉攏宗教的好處，特別是隋文帝的兒子楊廣，儘管是個一肚子壞水的傢伙（後來爲了篡位，居然殺兄弑父），對佛教卻極爲傾心。五九一年，楊廣任揚州總管，遣使到廬山堅請智顗往揚州傳戒。他立即前去爲楊廣授菩薩戒，爲楊廣取法名爲「總持」，他自己則受到「智者」的稱號。智顗停留在揚州期間，度眾無數，所獲布施供養之物，多達六十餘種，全數回施悲敬雙田，祈願國家昌盛，福德繁增。

次年，他回到故鄉荊州，在當陽縣玉泉山創立玉泉寺。此後兩年，他都在寺講解《法華經玄義》和《摩呵止觀》。五九五年春天，智顗又從楊廣之請，再到揚州，撰《淨名經疏》，九月，辭歸天臺，重整山寺，習靜林泉，這時他已五十八歲了。以後兩年，會稽嘉祥寺的高僧吉藏，曾寫信到天臺邀請他到嘉祥寺講《法華經》，他因病未允前往。過了不久，他告知徒眾，自己世緣將盡，並囑咐弟子在墳墓外另立白塔，願瞻禮者發菩提心。不過，他在病中仍對弟子們口授《觀心論》，並且積極設計寺院的藍圖，精神可嘉。病倒後，智顗吩咐弟子智越：「趕快前往石城寺灑掃，因爲我將死在哪裡；我死後，將衣鉢等分爲二份，一份供奉彌勒菩薩，一份擬作羯磨。然後敷床於東壁，面向西方，專心持念彌陀及觀音聖號。」智越不懂，還是照做。這年十月，楊廣遣使入山迎請智顗，他仍勉強出山，走到石城，病重不能前進，不久過世，享年六十歲。

智顗死後，楊廣爲了追悼「恩師」，鋪設千僧齋，興工建築寺院，初名天臺寺，後來又改名爲「國清寺」，成爲天臺宗根本道場。

智顗駐錫天臺山期間，以講授《法華經》爲主，故天臺宗又稱爲法華宗。他的三諦圓融、一心三觀、六即佛、一念三千等教義，開出中國佛教思想的燦爛花朵，而五時八教釋判佛陀一生弘化的教法，更成爲中國佛教判教的主要思想。

智顗弘化三十餘年，建寺三十六所，度僧無數，傳業弟子三十二名，著名者有灌頂、智越、智璪等。其中，灌頂筆錄智顗大部分的著作數十種，其中以《法華經玄義》、《法華經文句》、《摩訶止觀》最爲宏要，世稱「天臺三大部」，而《觀間玄義》、《觀間義疏》、《金光明經玄義》、《金光明經文句》、《觀無量壽佛經疏》則稱爲「天臺五小部」。

7 三論宗創始人—— 吉藏

七歲出家的波斯小神童

公元三世紀左右，印度孔雀王朝進入全盛的阿育王時代，開始大量派遣使節向外傳播佛教，傳教的地方包括中亞、東南亞和東亞，這些地方因而形成一個頗具特色的佛教文化圈。當然，各國與各地區受影響的深淺程度並不相同，日本與東南亞各國迄今爲止，佛教仍然相當普及，對社會生活仍保持了相當大的影響力；而中亞一帶後來因爲回教勢力的進入，佛教逐漸沒落。

今天的伊朗在漢朝時稱爲安息，在唐朝時稱爲波斯，從西漢開始就與中國有不錯的經貿文化往來，加上中國的佛教自魏晉以來頗盛，吸引不少當地人前來中國經商或定居，吉藏的家族就是最好的例子。吉藏的祖父是波斯人，因爲在家鄉與人結仇，不得已只好離鄉背井，四處流浪，跟著一些老鄉來到中國，先是在越南、廣西交界定居，到了吉藏的父親時，舉家遷移到南京來，吉藏就在南京出生。

吉藏的家族在波斯時代，就已經世世代代信奉佛教。到了吉藏父親時，更是繼承家族傳統，生下吉藏後就出家爲僧，法號道諒，是個艱苦虔誠的苦行僧。吉藏三歲時，父親帶他去見當時最有名的佛經翻譯家眞諦，眞諦看他綠眼睛、高鼻子，相貌堂堂，聰明可愛，便爲他取了「吉藏」的名字。七歲時，吉藏跟著名僧法朗出家，每天聽法師講經，他都能瞭解其中奧妙，進步很快。到了十、四五歲時，法朗開始指導他學習《百論》、《中論》和《十二門論》，這三部是印度佛教大乘空宗的三部經典著作，合稱「三論」。三論主要是在闡發非有非無、亦有亦無的中觀學說，在鳩摩羅什時傳入中國，經僧肇、僧詮、法朗的弘傳，到了吉藏手上才算發揚光大。這一派自僧詮、法朗開始，多在南京弘法，法朗住在南京城郊的興皇寺，吉藏因此有機會跟他學習。十九歲時，吉藏已能充分掌握三論教義，還可公開演講。一些飽學之士和當世高人前來拜訪時，他也能應對自如，風度翩翩，儼然小高僧一個。二十一歲受具足戒，學業更加精進，聲望逐漸高漲，爲以後創立三論宗打下不錯的理論基礎。

＊亂世中的逆向操作＊

吉藏所處的時代是個亂世。中國自從三國末年分裂後，西晉曾短暫統一，後來外族入侵，又分裂成南北朝。北方由胡人統治，先後建立十幾個政權，被北魏統一，但北魏又分裂爲東魏和西魏，東魏被北齊取代，西魏被北周取代，隨後北周滅掉北齊，完成北方的統一，不久後，隋朝取代北周。北方如此混亂，吉藏生長的南方也好不到哪裡去，表面上是統一的狀態，實際上各朝壽命甚短，東晉才一百多年，宋、齊、梁、陳只各活了幾十年，都是標準的短命政權，忽而內亂，忽而外患，戰爭頻仍。北方統一後，長期積弱不振的南方小王朝顯得岌岌可危。果不其然，公元五八九年，隋朝建國的第九年正月初一清晨，漫天大霧，伸手不見五指，兩路隋軍偃旗息鼓、鐵甲寒霜，在陳朝首都南京的東西兩面悄悄渡江了。八天過後，南京失守，浪漫無能的陳後主走投無路，和他的愛妃張麗華等人躲進土井，最後還是被隋軍活捉。

很亂的時代，對吉藏來說卻是個天賜良機。戰火紛飛，兵災如蝗，南京淪陷後，滿城凌亂，別說老百姓在爭相逃命，就連道士僧人這些號稱「出世」的修行者，也嚇得四處躲藏去了，道觀佛寺毀的毀，破的破，空無一人。在這樣的日子裡，只有吉藏處變不驚，他發揮自己的生意頭腦，想到了一個好點子。他帶著幾個同門兄弟，奔走於南京各大小寺院，「收集」各種佛教典籍。在吉藏看來，主人不要的東西，他拿了過來，這不算偷吧，而算是「保存」、「收藏」。他從頹寺廢垣之中，「搶救」出許多珍貴的佛教書冊，通通放在一個叫「三間堂」的神秘地點。不久，戰亂平定，各寺院的主人陸續回來，看到空蕩蕩的藏經閣，後悔不已。這也是沒辦法的事，逃命之時，誰還想這麼多啊。吉藏可就不同了，他逆向操作後，成爲首屈一指的藏書大家，擁有各種版本各種流派的佛典，資料之齊全豐富，蔚爲大觀，幾乎是天下第一。這樣一來，齊備的資料可讓吉藏廣泛涉獵，眼界大開，學問暴增，一下子就超出當時的其他佛門弟子，成就了宗師氣象。

＊創立三論宗＊

隋軍平定浙江後，吉藏南下紹興一帶，見到該地地靈人傑，很值得做根據地，於是移居會稽秦望山嘉祥寺，努力在此弘揚佛法。後人稱他爲「嘉祥大師」，即由此而來。他的名氣很快就打響開來，遠近馳名，許多人都爭先要來秦望山問道學法，嘉祥寺每天都熱鬧得像菜市場一樣。在此期間，爲了建立完整的理論體系，他結合講經與教學，又充分利用自己的藏書，深入系統地研究《法華經》。後來他聽說他很崇拜的智者大師已經返回天台山了，高興非常，因爲智者大師的學說全以《法華經》爲宗，對此經的瞭解相當透徹。天台山離紹興不遠，吉藏在公元五九七年八月，便與數百名僧人連署寫信給智者大師，恭請他前來開講法華。智者大師收到信後，很有意願來秦望山，可惜天不從人願，沒多久病重，旋即死亡。

得知大師圓寂的吉藏，既感惋惜又感悲痛，但他很早以前就發願要弄懂法華之學，絕不能因此半途而廢，於是他解散底下的聽眾與僧人，親自拜訪天台山，以虔誠之心，聆聽了智者大師門下高徒灌頂開講的天台宗義，得到很多的啓發。如此一來，吉藏完整地汲取了天台宗的法華理義，拿來與自己深入研究的「三論」相互參照，融會貫通，舉一反三，內心自證，很有法輪相繼的感覺。至此，他的思想體系已逐漸成熟。特別是智者大師的判教方式，吉藏吸收後，發展成另一種判教主張。他認爲，佛的所有言教一律平等，並無高卜的區別，但仍可把佛說分成兩類：從法來講，有菩薩藏和聲聞三藏；從人來講，有大乘和小乘。大乘又分爲三類，一是華嚴，二是般若，三是法華和涅槃。這些都是對不同對象的說法，但各種說法無不歸於究竟。吉藏的主張和一般只抬高自己地位的判教不完全相同，他把涅槃放在法華之上，也表示不完全同意天台宗的判教學說。

就在此時，他和晉王楊廣攀上關係。楊廣是隋文帝楊堅的次子，才華洋溢，但個性殘暴不仁，自以爲是。他不以當王爺爲滿足，先是涉嫌謀害自己的哥哥，也就是當時的太子楊勇。接著更進一步，派人殺掉老爸楊堅，自己篡位當皇帝，是爲隋煬帝。隋煬帝是中國歷史上著名的暴君，他的特色是不接受任何人的勸告，而且擺明了對他有所建言的人都非死不可。他的理由很好笑，認爲自己聰明蓋世，絕對不會犯錯，而前來勸諫的人必有功名利祿之心，不可取。他又好大喜功，忽而攻打外國，沒有一次成功的；忽而興建運河，爲了方便自己下江南遊玩。諸如此類，將老爸楊堅累積的本錢很快花光，隋朝的壽命不到三十年。

還是晉王的楊廣，在擔任揚州總管時，於當地設置四個道場，延請佛教界知名學者入駐。吉藏當時的名氣雖然還沒傳到北方，但在南方可是響叮噹的一號人物，自然也在禮遇之列，獲邀主持其中的慧日道場。五九九年，楊廣到長安，吉藏再度獲邀同行。來到長安後，他成爲日嚴寺的住持，此時已經年過六十了。由於在佛教義學的環境中生長，吉藏從小養成的好鬥好辯習慣，至老不改。他來長安後，跟其他不同宗派的名僧激烈辯論，像是流行於當時的地持論師、十地論師、攝論師等各名門大家，他都不假辭色，毫不容情地縱橫批判。辯論之時，他能旁徵博引，邏輯清楚，雄辯滔滔，結果總是大獲全勝。最有名的一次是和僧粲公開辯論。僧粲是六世紀中國五眾的第一摩訶，又是受過南朝齊、梁和北朝周三代尊崇的三國論師，兩人激辯多天，幾番往復，吉藏終於取得最後勝利，其凶悍的霸氣，眞有老當益壯的架勢。

＊開當鋪的佛門高僧＊

笑傲長安期間，也是吉藏著作的高峰期，他的許多重量級著述都完成於此時，包括《維摩經義疏》、《中論疏》、《百論疏》、《十二門論疏》、《三論玄義》等等，奠定他成爲佛教理論大師的地位。其中後四本的出爐，標誌著他創立的三論宗的完成。三論宗的中心理論，是以眞俗二諦爲綱，從眞空的理體方面，揭破一切現象的虛妄不實，宣傳世間、出世間等一切萬有都是因緣和合而生，是無自性的，也就是空無所得。

簡單來說，吉藏將世界分成兩大部分，一是俗的領域，一是出家人的領域。對世俗之人來說，世界上的一切事物都是實有的，這是世俗人認識的眞理，稱爲「俗諦」。對出家人來說，世界上的一切事物都是空寂的，這是出家人認識的眞理，稱爲「眞諦」。雖說俗諦稱「有」，眞諦稱「空」，但兩者並不矛盾，吉藏的結論是：一，一切現存的制度都是合理的，這跟西方人所說

「凡存在即合理」的觀念很像。二，宗教是依存於世俗的，沒有世俗就沒有宗教。

這樣的理論，是繼承鳩摩羅什、僧肇以來最正統的印度大乘空宗思想，完全沒有加入任何中國本土的成分，具有很高的「純度」。他的記性很強，讀書又多，著作的特色是徵引廣博，如《百論疏》中引到的僧叡的〈成實論序〉，保存了有關馬鳴、龍樹年代的珍貴資料。吉藏有了這樣特殊的憑藉，又有犀利的見解，他創宗的議論表現於各種書籍中，會縱橫自在獨步當時，並不是一件偶然的事。

不過，吉藏的人緣並不好，好鬥好辯的個性，讓他得罪不少人。他跟皇室的來往太過親密，也引來許多爭議，尤其是他將布捨獲得的財物通通據爲己有，甚至以此爲資本，開起了連鎖當鋪，還放高利貸牟利，絲毫沒有浪費他的生意頭腦。由於經營範圍廣泛，業務繁忙，他特地委託一名叫曇獻的僧人幫忙管理財務。

吉藏的頭腦靈活，又極工心計，收入很高，儼然是腰纏萬貫的大富翁和尚。飽暖之餘，不免思淫慾，吉藏最爲當時佛門「不恥」的，即在於他的生活放蕩不羈，時常出入酒家，但他「不思悔改」，撰文反唇相譏，說：「貪欲即是道，恚痴亦復然：如是三法道，無量諸佛道。」用這個理論對照，一切皆有無量佛道，因此一切作爲，即便是在聲色犬馬之中，都可以傳道。

吉藏學問太大了，他人很難用什麼理論駁倒他。在別人眼裡，他的角色可能很尷尬，忽而和尚忽而商人；對他來說，這兩種角色毫不衝突，反而協調得很。有時他獨坐靜室，遐思千里，振筆疾書，在不間斷問世的一部部著作裡，寫下他對於過去和未來所有奧秘的體悟與疑惑；有時則高踞法座，也許是給門人學徒或僧俗大眾講學，令聽者豁然開朗，也許是口齒清晰地與其他派別高僧激辯，勝利者總是他。著述、講學、爭辯之餘，他衣服一換，馬上到當鋪裡查帳，監督經營，又變成一個當時長安街頭常見的碧眼高鼻的波斯富商。每個角色他都轉換自如，勝任愉快。他可能不將自己的生意當成生意，而是當成可以保護自己的基本配備。當他有錢，自然跟著有閒，自然可以排除很多生活上的萬難，自然可以保護自我的人身自由，用來弘法傳道。

吉藏和隋煬帝的交情不錯，但唐朝成立後，他又跟唐高祖李淵是好朋友。李淵初到長安，便召集佛教知名人士見面，吉藏即是其中的代表之一。後來，朝廷要設十大德來管理佛教事務，吉藏又是其中之一。不久後，他又受皇室之邀，擔任長安延興寺的住持。不管如何，別人還是公認他是中國佛教的一代高僧。公元六二三年，他病逝在延興寺，享年七十五歲。臨終前，他語不驚人死不休，還寫了篇〈死不怖論〉才死，眞是一以貫之的人啊！

雖說三論宗是最具印度佛教特色的，但也因爲如此，「橫的移植」若沒有加點創新的或本土的東西，就很難在另一個完全不同文化的土壤生存。儘管吉藏那麼用心在建構理論，三論宗的生命力仍舊不強，在當時已被天台宗比了下去，隨後玄奘的唯識宗竄起，三論宗在各方面更形失色，流行不久後即告衰微。除此之外，吉藏對當時社會情勢的誤判，也導致三論宗的沒落。三論宗屬於老派的佛教思想，跟當時北方醞釀改革佛教的要求不同。因爲佛教傳來中國，表面是大乘理論，實際不脫小乘行徑，一向是退隱山林的。道教興起後，找到這一著力點，對佛教痛加攻擊，認爲佛教破壞身、家、國，是爲「三破」。另一方面，由於佛教得到大眾信仰，在經濟上幾乎形成地主的型態，又可逃稅，嚴重影響社會經濟。因此，北朝曾發生幾次大規模的毀佛運動，深深戕害了佛教的發展，也刺激佛教的轉型。但吉藏是南方人，他對北方的佛難並沒有太痛切的感覺，渾然不覺三論宗已經跟整個時代脫節了，這也是它迅速沒落的主因。

有趣的是，三論宗在中國活不下去，卻在東北亞落地生根。原來，吉藏有個高麗學生慧灌，此生學成後到日本弘揚三論，建立日本三論宗，順便將吉藏的著述引渡過去，在韓國、日本一帶頗獲重視。慧灌的學生智藏曾到中國研習三論，智藏的弟子道慈來中國留學十八年，遍學法相、律、成實、華嚴、眞言和三論。所以在日本奈良時代，三論宗達到鼎盛，還因此形成元興寺、大安寺兩個流派，這種發展是吉藏始料未及的。

8 唯識宗創始人——玄奘

兄弟出家

中國古代有幾部著名的長篇小說，其中一部叫《西遊記》，書中的幾個主要人物唐三藏、孫悟空、豬八戒、沙悟淨等，均爲耳熟能詳的神話人物。其情節雖然神話，唐三藏卻是眞有其人。只不過，歷史上的唐三藏並非《西遊記》寫的那樣善惡不分、糊裡糊塗，而是七世紀最了不起的佛教徒、譯經者和旅行家。他孤身萬里，在黃沙滾滾中西行求法，最後不僅生還回來，還將佛教發揚光大，不論在中國歷史或佛教史上，他都是非常重要的人物。

公元五九六年，玄奘出生在河南洛州一個姓陳的書香門第中。這戶人家的主人已經年過半百，本有三子一女，老來又添得一子，當然十分高興啦，對這名幼子備加寵愛。玄奘在這種環境下生長，從小就得到很好的教育，八歲開始讀儒家經典，如《論語》、《孝經》等。他的天資極高，悟性和記憶力特別強，進步很快，不但博覽群書，而且還養成讀書的興趣與嗜好，這是很不容易的。

玄奘的幼年和少年時代，正值短暫統一中國的隋朝。隋朝的壽命雖然不長，卻高度重視佛教，隋文帝廢除了北周對佛教的禁令，允許百姓出家，放任佛教徒興建寺廟；大暴君隋煬帝甚至延請名僧爲自己受戒，很厚臉皮地自稱菩薩子弟。在皇帝的推波助瀾下，佛教在隋朝獲得空前的發展。

玄奘一家人當然無法抗拒這股崇佛熱，不但全家篤信佛教，玄奘的二哥陳素還毅然出家，在洛陽淨土寺當和尚。陳素精通內典、書傳、老莊等等，被譽爲「釋門棟幹」。玄奘常去哥哥所在的寺院聽人誦經，從小耳濡目染，對佛教很感興趣，也想出家爲僧。十一歲那年，機會來了，朝廷派遣大理寺卿鄭善果，到洛陽挑選二十七個人才當和尚，吸引數百人前來報名，玄奘也是其中一個。但是他的年紀太小了，不符合資格，因而落選。不過，當鄭善果親眼看到玄奘的外形俊美、出語不凡後，立刻陷入內心掙扎，最後決定破格錄取玄奘。

這樣一來，玄奘得以一圓出家美夢，並跟二哥一起在洛陽淨土寺隨眾聽講。由於他天資極高，寺中法師講解《涅槃經》、《攝大乘論》等佛教經論，他往往聽了一次就懂，懂了之後，自己再讀一次，便能複述其中大意。其他僧人大驚，推薦他升座講經，只見他台風穩健，說得頭頭是道，從此聲名大噪。這時，他才十三歲，出家還不到兩年呢！

好景不常，隋煬帝的暴政引起許多民亂，天下紛紛擾擾，動盪不安，洛陽的僧人四處逃散。在那樣的局勢中，四川是比較安定的，玄奘便跟著二哥離開洛陽，經由關中長安進入四川的成都，投宿在空慧寺。在安定的氣氛下，兄弟兩人潛心苦讀，虛心向學，有機會便向其他地方來的僧人討教。也在這裡，玄奘受了具足戒，正式取得僧人的資格。接著，他在短短幾年間，把四川能讀到的佛教經典都讀光了，他的佛學造詣不只超出二哥，還是四川第一。

＊立志出國＊

但是，玄奘不以此爲滿足，他希望能外出遊歷，訪求名師，增廣見聞。時局太亂了，陳素擔心這個魂不守舍的弟弟安危，遲遲不答應。玄奘沒辦法，只好瞞著哥哥，私下和一群商人結伴溜走，沿著長江東下，先到湖北的天皇寺住半年，再到河南拜名僧慧休爲師。這樣經過數年，公元六二五年，他快三十歲了，終於再度來到長安。這時，中國境內大規模的戰亂已經結束，李家已經控制了天下，原本逃難離去的僧人，又再度回到長安。玄奘把握機會，拜法常、僧辯兩位佛學前輩爲師，繼續深造。他這兩個老師精通大小乘經典，是當時佛教界的權威，門生極多，但他們慧眼獨具，很快就從眾人之中看出玄奘的聰明、勤奮與善良，稱之爲「釋門千里駒」，玄奘很快成爲長安佛教界的知名人物。

玄奘並沒有在眾人的注目中迷失自我，相反到，他注意到當時兩個不利佛教發展的因素：一個是唐朝對佛教的不友善態度，一個是佛教本身流派太多，譯典殘缺不全。關於第一個因素，由於唐朝皇帝有胡人血統，爲了抬高在漢人心目中的地位，刻意跟老子李耳攀關係，自稱是李耳之後，順帶也推崇起道教來。拉高了道教，自然會貶抑佛教，這讓玄奘非常不滿。加上他經過多年的努力，對佛教各派學說已經充分掌握，深感佛經的不足，也不樂見各派的糾紛。在他看來，解決之道是回歸到印度佛教的本來面貌。為了瞭解印度佛教，他決定親自前往考察。

到印度考察？這可是個不得了的決定，路途遙遠，危險太多，語言不通，都是他必須考慮的因素。從公元六二五年到六二七年，他開始做各種行前準備。首先是克服語言障礙，努力學習西域各地和印度的語言文字；再者是鍛鍊體魄，讓自己能支撐長途的旅行；三者尋找志同道合的朋友，可以結伴前往；四者努力爭取出國的機會。關於第四點，由於唐朝立國之初，難以對抗北方強大的突厥，除了低聲下氣，也極力禁止中原人士隨便出國。如要出國，必須事先提出申請，倘若偷渡出境，一經逮獲，嚴懲不饒。玄奘多次提出申請，卻石沈大海，他的朋友等不住了，紛紛打退堂鼓，最後只剩下他一人仍懷抱出國的決心。

＊偷渡出境＊

偷渡雖然有危險，但比起漫長而不知結果的等待，多少值得一試。玄奘為了到印度求取佛法，決定用老命拼拼看。

剛好公元六二七年，河南、關中一帶發生飢荒，朝廷宣布飢民可以外出到豐收的地方就食，這給玄奘很大的靈感，他迅速收拾行李，混在逃難的人群中，偷偷溜出長安，一路經過秦州、蘭州，很快來到唐朝的西北邊陲涼州。只要越過涼州的玉門關，就是浩瀚的沙漠了。就在此時，他的意圖被人發現，官府強迫他回長安。開什麼玩笑？好不容易才來到這裡，還走回頭路？他豁出去了，在慧威法師的幫助下，逃離了涼州，晝伏夜出，火速趕路，溜到比涼州更西部的瓜州。這時，涼州通緝他的命令也送抵瓜州，他的處境岌岌可危。幸好瓜州的官吏李冒同情他，私下放水，玄奘悄悄來到玉門關附近。玉門關有烽火台，台上有重兵駐守，要怎麼過去呢？這時，有個叫石槃陀的胡人自告奮勇，介紹一位騎著瘦馬的老先生給玄奘，並說：「他已經到過西域三十多趟了，可以幫你出主意。」老先生問玄奘：「你打算帶多少人去？」玄奘回答：「我自己去。」老先生笑說：「這怎麼行，太危險了，請三思而後行啊。」玄奘反覆說明西行取經的決心，老先生受到感動，便將瘦馬贈送給玄奘：「你別看牠又老又瘦，他可是健康得很，加上老馬識途，會對你很有幫助的。」玄奘謝過了老先生，便和石槃陀趁夜想偷渡過玉門關。因為處境非常緊張，兩人又餓又渴，石槃陀受不了，後悔了，想殺死玄奘後逃回，但被玄奘識破，兩人僵持了一陣，玄奘答應石槃陀的要求：萬一他被抓了，絕對不會透露「石槃陀」三個字。石槃陀放下心來，丟下玄奘，自己逃之夭夭。就這樣，玄奘又回復到單獨一人，他進入烽火台防區，幾次想摸黑取水，都遭發現，差點被箭射死。烽火台的守將佩服他的勇氣，對他放水，又贈送糧食和飲用水，這樣一來，玄奘總算脫離大唐的控制，來到了一望無際的茫茫沙漠中。

以古代的條件，孤身在沙漠中行走是非常危險的。沙漠裡的氣候詭譎多變，白天熱得要死，晚上冷得要命，還有各種因氣流而產生的幻覺，十足嚇人。玄奘在沙漠中走了五天四夜後，由於飲用水打翻掉了，他滴水未進，幾度昏厥，後來遭強風吹醒。憑著驚人的意志力，他勉強向前走，終於發現綠洲和清泉，得以保住一條小命。有了充分的體力，之後的路途就稍微好走些了，他慢慢地走到位於新疆的伊吾國。伊吾國可不是終點站，他在這裡休息十多天後，來到稍南的高昌國。高昌國王篤信佛教，不斷用熱情的款待方式，想強迫玄奘常住下來。玄奘沒辦法，只好用絕食來表示抗議，把自己餓得半死後，才改變高昌國王的心意，同意放他離去。爲了表示道歉，高昌國王準備了足夠吃喝二十年的食物和飲用水讓他帶著，並派數十人隨行護送。最體貼的是，國王寫了二十四封信給沿途各國的國王，希望他們好好關照玄奘。玄奘非常感動，他答應回來時，一定會留在高昌講經三年。

就這樣，玄奘離開了高昌國，南下途中，沒再遭到各國的騷擾或阻攔，一路來到雪山。雪山奇冷無比，玄奘的隊伍在此死傷慘重，殘存的人員受不了，都溜走了，玄奘自己也患病，以後每逢季節轉換，都會不時發作，終生不曾痊癒過。還好這時遇到正在打獵的西突厥領袖，對方適時資助他，讓他能順利南行。終於，到了公元六二八年夏末，他進入北印度國境，來到夢寐已久的國度。一萬四千多里的行程，他以將近一年的時間就完成了，這是很神奇的速度！

＊印度苦讀＊

來到印度後，他先用三年多的時間，不停地在北印度和中印度遊學，除了參訪各地的佛教名勝古蹟，最重要的就是來到今天的喀什米爾讀書。這裡保留了大量的小乘佛教經典，他飢渴地努力吸收，將三十萬頌、九百六十萬字的佛教經論全部融會貫通。這期間，他也到處翻山越嶺，去請教高僧名師，行程長達一萬兩千多里。他的驚人腳力與耐力，實在令人讚嘆！當然收穫也很豐碩，他廣學了《俱舍》、《順正理》、《因明》、《聲明》、《經百論》、《廣百論》、《對法》、《顯宗》、《理門》、《眾事分毗婆沙》、《經部毗婆沙》、《薩婆多部辨眞》、《發智》、《日冑毗婆沙論》等。

公元六三一年十月，玄奘三十五歲，他前往印度最高佛教學府那爛陀寺，這裡是他到印度求法最主要的目的地。那爛陀寺在數以千計的印度寺院中，規模最大，藏書最多，水準最高，風氣最好，建寺七百多年來，寺中沒人觸犯過國家法律，也因爲這種優良記錄，印度皇室對他們特別禮遇，每年提供大筆經費，使寺中的僧眾不愁吃穿。那爛陀寺對玄奘的到訪十分重視，不但全員迎接他，還讓他見了鎭寺之寶——戒賢大師。戒賢當時已有一百多歲，是超級人瑞，其道德、學問都是受人景仰的。戒賢原本已在養老狀態，不問世事，也不再升堂講經了，但看到玄奘如此不遠千里而來，很受感動，決定重出江湖，特地收玄奘爲徒弟，並開講《瑜伽論》。寺中其他僧眾沾了玄奘的福氣，同來聽講的高達數千人，而戒賢也賣力演出，足足講了十五個月。玄奘的到來，彷彿讓這位老和尚年輕回來了。

玄奘在那爛陀寺停留了五年，收穫相當豐碩。他每天朝夕苦讀研究，把寺內所藏經書都讀了一遍，又隨時請教戒賢和其他高僧，對大小乘佛學了然於胸。此外，他還研讀了婆羅門教和其他印度宗教的學說，並學習梵文和印度其他方言，為以後歸國的譯經工程打下堅實的基礎。當時寺中精通佛教經論二十部以上的有一千多人，精通三十部的有五百人，而精通五十部的只有十人，玄奘便在這十人之中，其優秀的程度可想而知。

公元六三六年，玄奘離開那爛陀寺，再度前往印度各地求法。他先到東印度，再到南印度，然後折回西印度，最後返回那爛陀寺。這一次的旅程歷經五年，行程更遠，長達三萬餘里，沿途均屬熱帶地區，氣候酷熱，猛獸成群，他一一克服，遍訪大師，盡讀佛書，滿載而歸地跟戒賢大師報告，戒賢感到很安慰，派他主持寺中的講席。玄奘的講席很受歡迎，常有其他地方的僧眾前來聽講討教。就在此時，有人來那爛陀寺踢館，寫了四十條經義掛在寺門口，要求辯論。寺中遲遲無法出來回應，玄奘看不下去，對四十條經義研究一番後，跟對方公開辯論。一開始是旗鼓相當的，辯論了幾回合後，玄奘氣勢不減，反觀對手卻有些力不從心，勝負立判，玄奘再度得到大家的佩服。

＊名震天竺＊

玄奘求學期間，正值四分五裂的印度有了共主戒日王。戒日王是古印度最優秀的帝王，他不僅在政治上相當成功，也是印度宗教的保護者。他雖然篤信大乘佛教，對其他宗教也不壓迫，而是採取自由開放的態度，印度的宗教活動顯得欣欣向榮。不過，無論如何避嫌，戒日王總是難免在有意無意間，流露出對大乘佛教的喜愛。而所有的大乘寺院中，他又特別看重那爛陀寺，親自兼任該寺護法，並捐贈鉅資在該寺建造高達十餘丈的黃銅精舍，以供僧人居住和說法講經。看在其他教派眼中，戒日王的偏心是多麼刺眼啊！終於，某些小乘佛教的教徒忍不住啦，他們率先發難，寫了洋洋灑灑的《破大乘論》七百頌，要求戒日王召集大乘教徒來公開辯論，看看誰比較厲害。戒日王有意欣賞這場精彩的論戰，於是寫信給戒賢大師，希望挑選出四名學兼內外、通曉各宗的高僧前來「應戰」。幾經斟酌，戒賢挑出了玄奘、獅子光、海慧、智光四位超級大弟子。其他三人顧慮重重，有些膽怯，只有玄奘信心滿滿，利用空檔的機會，詳讀《破大乘論》七百頌，將其中的漏洞與謬誤一一找出後，用梵文寫成《制惡見論》一千六百頌來反駁。戒賢和寺內高僧讀後，均表佩服，立即抄給全寺的僧眾讀，以正視聽，以振士氣。

就在此時，東印度一個大國國王久聞玄奘大名，之前已幾度派人邀訪，玄奘都因故推辭，這次又派人來，玄奘婉拒不了，只好應邀前往。對方見到玄奘後非常高興，請他說法講經，玄奘趁機宣揚大乘佛法，並嚴詞批判該國各派「邪說」，造成很大的震動。另一方面，戒日王聽說玄奘被搶走了，很不愉快，派人向該國討回玄奘，沒想到得到的回覆是：「要我的頭可以，要玄奘回去，門都沒有！」這下觸怒戒日王了，準備發動戰爭。就在出征前夕，對方自知理虧失言，急忙以象車兩萬輛、大船三萬艘，浩浩蕩蕩，沿著恆河，親自護送玄奘回來。戒日王不愧是個明君，這筆帳就不計較了，兩國和好如初。

戒日王接見玄奘，兩人相談甚歡。玄奘介紹了中國的概況與唐太宗的英明事蹟，引起戒日王的仰慕。接著又分析起大小乘佛教的得失，條條有理，頭頭是道，戒日王讚嘆不已。戒日王又讀了《制惡見論》，大感佩服，將小乘教徒訓斥一番，小乘教徒面面相覷，不敢出來單挑玄奘，一場辯論會無疾而終。

爲了表示對玄奘的敬重，公元六四二年春天，戒日王決定在首都舉辦一次全印度佛學辯論大會，邀請十八國國王到場，此外還有大小乘僧侶三千多人、婆羅門教和其他宗教共兩千多人，以及那爛陀寺上千名僧人參加。與會的人都是飽學之士、一時菁英，玄奘則擔任大會論主，主講《大乘論》，並將《制惡見論》懸掛在會場門口，聲明只要有人能駁倒文中的立論，玄奘情願自殺謝罪。不知道是沒人能駁倒，還是被這麼大的賭注嚇著了，一連十八天，只見玄奘在高壇上滔滔不絕地演說，不僅沒人出來和他辯論，甚至也對《制惡見論》毫無異議。大會結束後，玄奘名震印度。這時，他卻想起了一件事。

光榮歸國

玄奘沒有忘記自己來印度的目的，取經求法之後，是還要返回中國弘佛的，不能永遠留在印度。就在這年六月，他謝絕了所有人的慰留，裝滿一車車的佛教經論，準備學成歸國。戒日王要送他走海路回國，他心領了，因爲他當年對高昌國王的承諾，一直不敢忘懷，他想走原路回去，先到高昌講經三年再說。回想當初來時，路途何其艱辛漫長，而歸途獲得沿途各國的禮遇，自然不可同日而語，儘管安全多了，各國的熱情迫使他必須走走停停，兩年多才到新疆。此時的西域情勢已有了很大的改變，不只當年盛情招待他的高昌國王死了，就連高昌國也已被唐朝消滅。滅亡的原因很簡單，高昌國王在玄奘離開後，曾親自到中國一遊，發現中國跟玄奘講的以及自己想像中的差太多，凋零有之，殘破有之，說富強康樂就很勉強了，因此他改而依附突厥。天曉得中國在唐太宗的領導下，居然一躍成爲超級強國，西域諸國一一遭到消滅，高昌國也不例外。玄奘得知這樣的來龍去脈後，十分感傷，一時徬徨莫名，便先在新疆的于闐住了下來。

沒有匆忙回到中國，其實是個明智的決定。事隔多年，物是人非，中國的情況變得如何，玄奘不得而知，特別是唐朝政府對佛教的態度有否改變，對他從前強行偷渡的行爲是否追究，乃是他此時必須觀察的重點。幾經考慮，他決定寫封表文給唐太宗，說明自己當初出國的原因以及如今的成果。表文送出後，他的心裡忐忑不安，不知結果如何。最後，讓他大感意外的是，唐太宗居然歡迎他歸國，還派人到于闐護送他，並命令沿途官府要負責接送與招待。這實在讓玄奘太振奮了，公元六四五年正月，他平安回到長安，只見政府官員和長安市民共數十萬人，夾道爭睹大師風采。他太受寵若驚了，將帶回來的大小乘佛教經典共六百五十七部以及其他佛門聖物，通通展示給眾人看，整個長安市籠罩在熱烈的氣氛中。此時，他才驚覺，過去道教獨走的歲月一去不復還了，眼前的中國乃是佛教氣氛十分濃郁的時代，更值得他去擴展、努力。

＊辛勤翻譯＊

不久，唐太宗約見玄奘，對他的博學多才十分傾倒，有意拉他還俗輔政，加入中央政權，但被他婉言拒絕了。玄奘告訴唐太宗說，希望將自己的餘生貢獻給佛經翻譯，最好還能得到朝廷的一臂之力。唐太宗是個很有雅量的人，當場決定一切供需與開銷，概由宰相房玄齡來負責。此外，唐太宗對玄奘口中的種種旅行趣事很感興趣，認爲口述不如寫成書本傳世，玄奘一口答應下來。

同一年三月，玄奘進入弘福寺，開始大規模的譯經準備工作。在房玄齡的協助下，玄奘得

以從中國各地精挑細選，找出數十名熟悉梵文、精通大小乘經論的佛門高僧參與譯經工程，一切經費均由朝廷負擔。準備就緒後，同年五月中旬，玄奘正式開始譯經。他精力充沛，效率奇高，當年年底前就譯出《大菩薩藏經》、《佛地經》、《六門經》、《顯揚聖教論》等三十四卷。利用譯經之餘，他同時寫作西行遊記，由他口述，得意門生辯機記錄，到了隔年七月，十二卷洋洋大觀的《大唐西域記》宣告完成。書中記載了西域和印度等地一百三十八個國家的歷史沿革、風土人情、山川物產和文化宗教等情況，是一部兼具文學和歷史價值的名著。值得一提的是，他的學生辯機後來跟唐太宗之女高陽公主有了私情，遭舉發處死，成爲中國佛教史上一宗又懸疑又浪漫的怪事。

公元六四八年，玄奘譯出大乘瑜伽學派的主要經典《瑜伽師地論》一百卷。沒多久，唐太宗又來煩他了，再度勸他還俗來共謀朝政。玄奘再次婉拒，唐太宗尊重他的意願，並在閱讀《瑜伽師地論》之後，讚賞有加，吩咐秘書省抄寫九本，分贈天下各州，以廣傳播。此後，唐太宗未再刁難玄奘，反而更加積極協助譯經工作。同年年底，太子李治爲亡母蓋的長安慈恩寺落成，特地在寺中營造一所譯經院，延請玄奘來住。在這裡，設備、資源更加豐富、充實，譯經工程更見順利。

公元六四九年，年僅五十三歲的唐太宗英年早逝，此事徹底震撼了玄奘。只要想起這位一代英主對他的大恩大德，他就無法成眠。他只比唐太宗年長一歲而已，唐太宗的死無疑讓他感受到死神向他的逼近，他必須利用有限的餘生盡量多翻譯佛經。爲此，新皇帝李治即位後，他幾乎足不出戶，日以繼夜地拼命工作。他工作是很有系統、很有步驟的，由於他精通印度佛學和中國佛學，哪些書該譯，哪些書不該譯，以及先譯後譯的問題，他都胸有成竹，合理安排。他爲自己訂好每天的工作進度，嚴格而確實地執行。有個廣告說，美國籃球明星Jondan自稱將每場比賽都當成最後一場來打。對年紀漸大的玄奘來說亦復如此，他將每一天都當成人生的最後一天來生活，因此格外充實、有意義。在有系統地翻譯印度大乘瑜伽教派的經論同時，他也逐步創立了唯識宗。因爲這派的創始人玄奘以長安慈恩寺爲基地，也被稱爲慈恩宗。他將大多數的時間花在譯經上，較少專門著作，所幸門下有大批傑出弟子，他們著書立說，發揮了玄奘的宗教思想，擴大了唯識宗的影響力，使得這一派在唐代盛極一時。

公元六五二年，有鑑於木造房屋容易失火，常常焚燬珍貴書籍，玄奘奏請朝廷幫他蓋個佛塔，以珍藏他從印度帶回來的大批佛經。朝廷答應了，佛塔迅速完成。這座佛塔仿照印度佛塔的樣式，全部用磚、石砌成，共有五層，高達一百八十尺，容量既大，且無失火之虞，一直保存到現在，這就是有名的西安大雁塔。

玄奘除了翻譯印度佛經給中國，也介紹中國文化給印度。在他遊學印度期間，就曾向戒日王詳談中國的種種。返回中國後，他又將《老子》一書翻成梵文，又把印度早已失傳的佛典《大乘起信論》譯爲梵文，介紹給印度。他和那爛陀寺的師友始終互相懷念，公元六五三年時，

他的老同學智光和慧天千里迢迢來到中國，帶來了師友的問候信和禮物，玄奘大受感動，也準備了回信和禮物託兩人帶回。

公元六六〇年，玄奘開始翻譯大乘佛教的根本經典《大般若經》。這是一部內容龐雜的佛書，梵文版共二十萬頌，玄奘的弟子認爲字數太多了，很難翻譯完畢，建議老師選篇節譯就好。玄奘拒絕了，他認爲此書原有的中譯本就是節譯本，缺點是零星不全，誤漏甚多，如果這次還是節譯，跟舊譯本有何不同呢？他很堅持將全書隻字不漏地全譯出來，這位六十多歲的老人整整花了將近四年，總算將這部巨著譯完。綜觀他回國至今，已匆匆過了十九年，成果極其豐碩，共譯出佛經七十五部，共計一千三百三十五卷。這一驚人成績，堪稱是中國佛教史上的金氏記錄。

鞠躬盡瘁

玄奘早年身體強壯，得以克服萬難，到印度取經，但在路途中，他不幸染上冷病，加上用功過度，鐵打的身體也支撐不了，因此他的晚年是與病魔不斷鬥爭的。五十七歲那年，冷病再度復發，這回的病情十分嚴重，唐朝朝野上下都極其擔心。還好唐高宗派遣御醫悉心照顧，病情才告穩定。翻完《大般若經》後，他繼續翻譯一部數百卷的大部頭佛經《大寶積經》，這時是公元六六四年。沒想到才翻譯幾行而已，他就感到身體非常不適，急忙停止翻譯，可惜有點晚了，病情再度惡化。幾天後，他突然意外跌倒，病情加劇，拖到該年的二月五日，終告不治，享年六十九歲。

玄奘翻譯的各種書籍，因為他對梵文的造詣精深，又親自主譯，所以名相的安立，文義的貫練，莫不精確異常，而且矯正舊譯的訛謬，遂在中國譯經史上開闢了一個新紀元，後人通稱他的譯籍為新譯。另外，從玄奘由翻譯而傳播的學說看來，綱舉目張，充分反映西元五世紀以後印度佛學的全貌。當時印度那爛陀寺等處的佛學，已顯然分為因明、對法、戒律、中觀和瑜伽等五科。對於最後發展的「唯識」說，他則編纂完備的《成唯識論》，以盡其奧蘊。如上所舉，可以說那爛陀寺最盛時期所傳承的佛學精華，基本上已都由玄奘譯傳於中土了。至於他在講學中闡揚的「理佛性」和「五種姓」之說，這不僅成為後來創立慈恩一派的根本典據，也被其他宗派加以採用，在中國佛學界產生了廣泛的影響。

玄奘的門人很多，參加譯業的也大都從他受業。最著名的是神昉、嘉尚、普光、窺基，稱玄門四神足。繼承法系的自然要推窺基。窺基俗有「百部疏主」之稱，對玄奘所傳的唯識學說尤有領會，建立了唯識宗。其次為普光，他對《俱舍》造詣最深，撰《俱舍論記》三十卷，為學者佩服。神昉和嘉尚則事跡不詳。

9 禪宗北派創始人——神秀

＊胡適驚天一擊＊

……此時確是神秀一派最得意之時。神秀死於神龍二年（七〇六），張說作《大通禪師碑》，稱爲「兩京法主，三帝國師」（三帝謂則天帝，中宗，睿宗）。神秀死後，他的兩個大弟子，普寂和義福，繼續受朝廷和民眾的熱烈尊崇。義福死於開元二十四年，封爲大智禪師；普寂死於二十七年，封爲大照禪師。神秀死後，中宗爲他在嵩山岳寺起塔，此寺遂成爲此宗的大本營，故宗密說「嵩岳漸門熾盛於秦洛」……

當時神秀一門三國師，他們的權威遂使這世系成爲無人敢疑的法統。這時候，當普寂和義福生存的時候，忽然有一個和尚出來指斥這法統是僞造的，指斥弘忍不曾傳法給神秀，指出達摩一宗的正統法嗣是慧能而不是神秀，指出北方的漸門是旁支，而南方的頓教是眞傳。——這個和尚便是神會。……

北宗對於神會的戰略，只有兩條路：一是不理他，一是壓制他。義福與普寂似乎採取第一條路。但他們手下的人眼見神會的聲名一天大過一天，見他不但造作法統史，並且「圖繪其形」，公開攻擊北宗的法統，他們有點忍不住了，所以漸漸走到用勢力壓迫神會的路上去。……

神會費了畢生精力，打倒了北宗，建立了南宗爲禪門正統，居然成了第七祖。但後來禪宗的大師都出於懷讓和行思兩支的門下，而神會的嫡嗣，除了靈坦、宗密之外，很少大師。臨濟、雲門兩宗風行以後，更無人追憶當日出死力建立南宗的神會和尚了。在《景德傳燈錄》等書裡，神會只占一個極不重要的地位。他的歷史和著述，埋沒在敦煌石室裡，一千多年中，幾乎沒有人知道神會在禪宗史上的地位。歷史上最不公平的事，莫有過於此事的了……

——〈荷澤大師神會傳〉

一九二九年，胡適先生發表了一篇〈荷澤大師神會傳〉，震撼中國學術界。神會是慧能的學生，慧能又是禪宗大師。胡適的研究領域原本跟禪宗是不相干的，但他的這篇文章，卻舉證歷歷，打破了千年以來人們對禪宗的錯誤認識，實在是驚天動地。胡適以敦煌出土的文獻爲依據，指出所謂五祖弘忍傳法給慧能，根本是神會捏造的謊言。神會打敗他老師的對頭北宗後，北宗消失，南宗鼎盛，後世遂對神會的說法信以爲眞。在胡適的開路下，後起的學者紛紛以新視野、新證據，爲遭污衊的北宗大師神秀重新翻案，所謂「神秀比慧能差」的印象，總算得到糾正。

神會造謠毀謗

在此之前，我們對神秀的認識，主要來自於他和慧能的較量。

唐高宗龍朔元年（西元六六一年），神秀五十五歲，五祖弘忍禪師決定要以一種特殊方式來選擇法嗣。這一天，弘忍召集七百多個弟子們，齊會禪堂，告訴僧眾說：「自古以來，正法難解，大家不要只記住我的話，作爲自己的弘教任務就算了。希望你們每個人自己隨意寫一偈，如果誰能了悟佛性，我不但將法傳給他，還把上代傳下來的衣缽也傳給他。希望大家認眞考慮一下，不要耽誤時間。」

眾僧散場後，議論紛紛，猜不透弘忍禪師爲什麼要這樣做。大家都知道，上座神秀學通內外，眾所宗仰，不管誰都會說「若非神秀，誰能擔當？」對於弘忍禪師佈置寫偈的事，沒有放在心上，甚至認爲沒有必要。神秀明白眾僧的意願，一時也不好意思搶先一步，把已寫好的偈呈交師父面前，那樣不是顯得傲慢無禮，無顏面對待僧友嗎？

一連幾天，禪寺裡顯得特別平靜，但神秀有點沈不住氣了。這天夜裡，他手持寫好的偈頌，準備送呈弘忍禪師，可是幾次到弘忍住室前都止步不前，沒有勇氣敲響師父的房門。月光下，靜靜的寺院裡，只有神秀一人坐臥不寧，還在走動，走著走著，他抬頭一看前面的粉壁，粉刷一新，準備請人畫《楞伽》變相，一轉念，乾脆把自己的偈頌寫在粉壁上，不是更好嗎？

於是立即回到住室，拿著油燈和筆墨，來到粉壁前提筆快速寫下：「身是菩薩樹，心如明鏡台。時時勤拂拭，莫使惹塵埃。」神秀寫完，又認眞檢查沒有錯誤後，才把心石放下，吹滅燈，回到自己的住室去了。

第二天，也不知是誰第一個瞧見粉壁上的這首偈頌，一時傳遍寺院，都爭先恐後地來看。弘忍禪師知道了，也趕忙來看，一眼就看出了是神秀的字體，這首偈頌不偏不左寫在粉壁的正中。弘忍原來想請盧珍畫師於今天來寺開始畫「楞伽變相」，既然偈頌題在粉壁上了，那就藉此對僧眾來一次教育吧，他隨即吩咐弟子轉告畫師盧珍不用畫了，並付了畫師酬勞錢。

神秀題偈的風波，在寺中不大不小掀起來了，他心裡想不會有人敢在粉壁牆上見個上下，即使心裡有點不服氣；就是弘忍法師見了，也會讚賞一番。果然，弘忍禪師分派弟子謝辭盧珍畫師以後，立即召集全寺僧眾說：「大家如果能按照這首偈頌去修行，也能得到勝果，希望各位好好誦念。」眾僧讀著，無不佩服神秀深得禪師秘要。

誰知，有一位僧人大聲誦念著，驚動了正在樵房舂米、大字不識一個的慧能。慧能一聽別人在誦念，便追問誦念的僧友，僧友說：「和尚求法嗣，讓大家各寫出自己的心偈。這是神秀上座所寫的，禪師深加贊賞，看來付法傳衣屬神秀是無疑的了。」慧能說：「你再誦一遍。」僧友就照誦了一遍。慧能沈默了很長時間才說：「好是好呵，但了卻未了。」僧友喝斥說：「庸俗之輩，知道什麼，不要發狂言啦！」慧能說：「你不信呀？我願述一偈。」僧友沒答理，只是對他笑笑。

到了晚上，慧能秘密告訴了一個小童子，引他到粉壁牆邊，慧能照著燈，又特請別駕張日用在神秀偈頌的旁邊，寫道：「菩提本無樹，明鏡亦非台。本來無一物，何處惹塵埃？」寫罷，慧能讓張日用念了一遍，沒有差錯，三人立即走離現場，各去各處。

第二天一大早，有人發現了原來神秀偈頌的一邊又添了一首，甚感奇怪，一時間又傳開了，有人就高聲的誦念著。不一會兒，引來了弘忍禪師的注意，弘忍走到粉壁邊，看了後說：「這首偈頌是誰寫的，也沒有見勝。」眾僧聽了，便一哄而散。

入夜後，弘忍禪師偷偷來到禪房，見了慧能，問說：「米白不白？」慧能說：「白啦，但沒有篩。」弘忍禪師用拐杖擊了三下，便轉身離開。後來，慧能在三更時分到了弘忍禪師的住室，弘忍傳授他心法，慧能跪著接受了衣法，並向禪師道：「法既授我，衣付何人？」弘忍說：「昔日達摩初來時，人們都不信，所以當時用傳衣來明確得法。現在崇信之心已經成熟，而衣卻成了發生爭端的標誌，到你這一代，就不用再傳了。你應當遠走隱居，等待時機，再行宣化。你剛才所說的受衣人，他的命彷佛懸絲一樣了。你要牢記！」然後又作了一些交待，慧能再三禮拜，隨即捧衣而匆匆走出了寺院，在蒼茫的夜色中，向南奔去。

次日，弘忍禪師宣告不再上堂，眾僧很覺詫異，恭恭敬敬垂詢禪師，禪師說：「我的道已經有人代行了，別再問了。」大家又問：「衣和法誰得了？」弘忍禪師說：「能行者得了。」

大家忽然想起來禪寺才八個多月的慧能，一窩蜂跑去尋找慧能，才知道慧能昨夜就走了。

以上這則故事膾炙人口，但經學者考證，證實是神會為了捍衛老師慧能，不惜假造出來的故事。禪學在中國源遠流長，但禪宗卻開創於北魏的少林寺達摩禪師，二傳慧可，三傳僧璨，四傳道信，至五傳弘忍大開東山法門，才宣揚開來。弘忍的兩位弟子，慧能在嶺南開頓悟一派，稱為南派；神秀在當陽，洛下開漸悟一派，稱為北派。實際上，兩派在慧能、神秀生前，並沒有發生對峙局面，只是各傳各的禪宗法門。直到慧能去世後二十年，其晚年弟子神會北上洛陽，標榜正統，說神秀一派「師承是傍，法門是漸」，才展開爭論的。由於神會捏造故事時，弘忍、神秀與慧能等當事人早已過世多年，死無對證，無人反駁，因此以訛傳訛，流傳至今。神秀蒙受千年的不白之冤，也該還他公道了。

＊兩京法主，三帝國師＊

神秀，俗姓王，隋朝末年出生於陳留郡尉氏縣（今河南省尉氏縣）。少年時，天賦聰明，精熟儒家經典，博覽史書，兼通老莊，在當時是一位名聞鄉里的儒生。

唐高祖武德八年（西元六二五年），十九歲的神秀，懷著滿腹經論，決心出家，在洛陽城內的天宮寺受具足戒。受戒後，神秀勤奮地鑽研佛教經、律、論三藏，尤其是對四分律義的研究，多有心得。爲了精進，神秀離開洛陽，到各地參學，尋師訪道。五十歲這一年，他遊學到蘄州黃梅縣雙峰山東禪寺，參拜了寺主弘忍禪師。久慕禪師大名，相見寒暄之後，神秀深感禪師出語不凡，十分欽佩，感慨地說：「他眞是我的老師啊！」

神秀躋身百名僧眾之中，首先幹起了打柴挑水的炊務活兒，默默無聞，任勞任怨，有空時就聽講誦習。如此到了第六個年頭，終於被弘忍禪師器重，特意提拔爲上首弟子。神秀在東山禪寺協助弘忍禪師處理寺務工作，講經修煉。

西元六七四年，弘忍過世，享年七十四歲。此後，神秀才離開東山寺前往玉泉山，大開法筵，名聲大振。神秀與弟子住進玉泉寺後，秉承禪宗五祖弘忍遺教，大力宣傳傳統禪法，尤其是堅持達摩以來以《楞伽經》爲主要修煉經典，並以他自己在東禪寺寫的偈頌爲修煉綱領。他認爲，人的佛性就像鏡子沾染上灰塵，需要「勤拂拭」，才能「塵盡明現」、「無所不照」。這種修持方法，必須堅持長時間坐禪，而使自我心性逐漸覺悟，達到「明心見性」境界，人們通稱爲「漸悟」。爲了使這一修持方法得到普及，神秀還依據《華嚴經》而著述了《大乘五方便》一書。大江南北的僧眾群眾，絡繹不絕地來玉泉寺詢經問法，神秀禪師「漸悟」學說的聲聞，一直傳到了大唐兩京長安和洛陽。

二十多年後，武則天皇后改唐爲周，成爲大周帝國第一代女皇帝。她聽說神秀禪師佛法無比，便於西元七百年下詔，請神秀入京都洛陽。第二年，神秀率部分弟子北上洛陽。當時，神秀已經九十多歲，無法步行上殿，武則天命神秀乘肩輿上殿，並親自到神秀面前行跪拜禮。女皇當天下令，在神秀傳教的當陽山修建度門寺，來表彰他的大德；又在他的老家尉氏修建一座報恩寺，來報答父老鄉親，又在伊闕東萬安山上修建玉泉寺，以作平時講經修習之所。但當時安排神秀住京都內道場，以便女皇隨時召問。

神秀得到女皇親行跪禮，內場供施，一時轟動朝野，京城達官貴顯士庶百姓，竟相禮謁，望塵拜伏的，每日有萬人之多，成爲國家的一件大事。當時跟他一起住在宮中的，還有一位慧安禪師，也是弘忍的門人，與神秀是師兄弟。

＊兄弟鬩牆，子虛烏有＊

由於禪學界頓漸（頓悟與漸悟）之爭的興起，歷史上某些人就編造一種歷史事實不符的假話，說慧能與神秀之間爲了衣法的繼承，彼此有矛盾。其實並無此事。他們兩人之間的關係相當好，神秀應武則天之請進住洛陽宮中之後，曾向武后建議請慧能到京，這在歷史上是有記載的。如宋《高僧傳》卷八〈神秀傳〉說：「初，（神）秀同學（慧）能禪師，與之德行相埒，互得發揚，無私於道也。嘗奏天（武則天）請追能赴都，能懇而固辭。秀又自作尺牘，敘帝意征之，終不能起，謂彼使者曰：『吾形不揚（長得不好看），北土之人見斯短陋，或不重法。又先師記吾以嶺南有緣，且不可違也。』」由此可見，慧能沒到洛陽，並不是他與神秀之間有什麼矛盾，而是慧能自謙不來。矛盾之說，實屬子虛烏有。

神秀在北方弘傳的北宗漸悟一派，受到朝廷的推崇備至，佛教像春天到來一樣，呈現出蓬勃的旺盛景象。當時的文壇領袖，中書舍人燕國公張說對神秀的崇拜更是五體投地，經常向神秀詢經問法，執弟子禮，後逢人便加贊揚說「禪師身長八尺，龐眉秀耳，威德巍巍，王霸之器也」。此外，王維的母親師事神秀的高足普寂，爾後未滿三十的王維受了母親影響，正式拜在神秀另一位徒弟道光禪師的門下，這都可以說明北宗當時在中國北方的強盛氣勢。

神秀在中宗復辟後，受到恩寵無以復加，常常隨駕出行，往來於東西兩京，弘傳禪法。神秀原是一位貫通儒學的學者，歸依佛教後，潛心研究佛教典籍。他一生的著作有《大乘五方便》（一作《北宗五方便門》）、《大乘無生方便門》和《觀心論》一卷。

神秀留洛陽六年，於中宗神龍二年（西元七〇六年）二月二十八日，在當初受具足戒的東都天宮寺圓寂，享年一〇一歲。

神秀的葬禮非常隆重，朝廷以極高的規格爲他治喪。出殯這天，皇帝親自送葬到城外午橋，又派專使送至墓地，全城王公士庶送葬到伊水旁的龍門山。皇家儀仗隊輝煌肅穆列隊至山前，太常卿鼓吹導引，城門郎監護喪葬，駙馬公主沿路設祭，龍門山上雲煙繚繞，備極哀榮。中宗皇帝立即謚神秀禪師爲「大通禪師」，名垂青史，這也是禪門最早受到的封號。

神秀弘揚佛教法門達八十年之久，他的弟子有「入堂七十，味道三千」的說法。「入堂七十」者之中，最有名的有十九人，其中有嵩山普寂（西元六五一—七三九年），西京義福（西元六五八—七三六年）等繼續領隊，大弘神秀漸悟法門，仍受到宮廷和僧俗語的崇敬。普寂的弟子道璇還把神秀的北宗禪法傳到了日本。

普寂爲了發揚師說，宣布神秀是達摩以來的禪學正統，並立神秀爲六祖，而普寂本人則是七祖。這樣一來，惹得慧能的徒弟神會十分生氣，爲了幫老師爭一口氣，他把慧能的禪法傳到北方之後，特地召開大會，指出達摩的法嗣是慧能而非神秀，還說南方慧能的禪是頓門，北方神秀的禪是漸門，頓門比漸門更高竿。由於神會能說善道，加上北宗大師凋零，無人能與之抗衡，原來在北方流行的神秀禪學日見失勢和衰微，以至於成爲絕學，不傳於後世。

10 三車和尚——窺基

三車和尚

有個傳說，說唐朝玄奘法師於出發往印度取經之前，曾對唐太宗預言：「松樹的樹枝現在朝向西方長，等朝向東方長時，我便取經回來。」有一天，唐太宗看見所有的樹枝都朝向東方長，便知玄奘法師將要回國。玄奘法師回到長安時，太宗率領文武百官到西門歡迎，儀式非常隆重，可說車水馬龍，萬人空巷。玄奘法師見到唐太宗，立刻對太宗說：「恭喜陛下，添了一位皇子。」太宗說：「我沒有多添兒子，仍然只有一個太子。」玄奘法師立刻感到奇怪：究竟怎樣一回事？

原來，他叫老修行托生到皇宮，老修行走錯門，跑到尉遲氏家中，成爲尉遲氏的侄兒。玄奘法師乃令尉遲氏的侄兒出家，但被他拒絕。於是要求唐太宗下詔書，命令他出家，並且對唐太宗說：「只要他出家，無論要求什麼條件，皆可答應。」唐太宗即時下聖旨，命令尉遲氏的侄兒出家。他奉旨出家，便向皇帝要求三個條件：「第一個條件，本來佛教不允許喝酒，可是我不願戒酒，我希望不管到那裏，要有一車酒跟著我。」皇帝知道佛教五戒中，有一戒不飲酒。但玄奘法師曾說，他有任何的要求都要答應。於是皇帝准許第一個要求。「第二個條件，我生在武將之家，習慣吃肉，以後每天要有新鮮肉供我吃。」本來出家人不吃肉，但玄奘法師聲明在先，請皇上答應他所提出的任何條件，於是唐太宗答應他第二個要求。「第三個條件，我有生以來，便喜歡美女，不論到哪裡，也要有一車美女陪同。」唐太宗順他的願，答應他第三個要求。

尉遲氏的侄兒出家時，朝廷文武百官皆送他到長安入興善寺出家。是日，寺中鐘鼓齊鳴，他聽到鐘鼓聲，頓然開悟，記起他原來是老修行，是爲了幫助玄奘法師弘揚佛法而來的。自證得宿命通後，他便放棄醇酒、鮮肉、美女三車，所以他又名「三車和尚」。

人怕出名豬怕肥，像玄奘這樣出名的高僧，便會有各種故事找到他身上來，《西遊記》是一例，上述的故事又是一例。故事眞假參半，他到印度取經，根本是偷渡出境的，當時唐太宗還不認識他，兩人自然不可能有那些對話。再者所謂老修行投胎到尉遲恭家，純屬怪力亂神，也不可信。不過，尉遲家的年輕人追隨玄奘出家，這倒是眞的，此人後來成爲玄奘的得意門生，開拓了唯識宗。他是誰呢？窺基是也。

＊出家三條件＊

窺基，字道洪，又稱慈恩大師，是唯識宗的實際創立者。因爲他在著作中常題名基，或是大乘基，因此後人稱他為窺基。他是長安人，生於唐太宗貞觀六年（西元六三二年），俗姓尉遲。祖父尉遲羅迦是隋代的代州西鎮將，父親尉遲宗是唐代的左金吾將軍，任松州（今四川松潘）都督，封江油（今屬四川）開國公，因此窺基是出生在武將門第，家世不可謂不顯赫。但奇怪的是，他從小就不喜歡耍刀弄槍，反而樂意讀些儒書，很能寫文章。九歲喪母後，常感孤單，早有出家志向。他會成為玄奘的弟子，也眞是巧合一件。

唐貞觀十九年（六四五年），玄奘從印度歸來，回到長安，從事傳譯事業，積極物色與培養傳法的人才。偶然在路上遇窺基，見其眉目秀朗、舉止大方，便有意度他為弟子，打聽到他的身分後，嘆息說：「這樣好的佛門弟子，居然浪費在將門，眞是太可惜了。」便親自去和他的父親商量，窺基的父親很疑惑：「我們家世世代代都是粗線條的武人，他適合出家當和尚嗎？」玄奘說：「像他這種氣度，如果不是閣下，絕對生不出來；如果不是老衲，也絕對無法度化他。」既然玄奘這樣給對方和自己戴高帽子了，窺基的父親便表示同意。但接著問題來了，父親同意了不算，窺基自己不願意出家。他提出三個條件，玄奘如能同意，他才心甘情願出家。這三個條件是（一）不斷欲情，（二）照常吃葷，（三）過午能食。這些條件正是佛教徒應該絕對禁止的，但玄奘為了獲得他做弟子，便佯稱答應他的要求，準備待他出家之後，再來教育，令入佛智。窺基自己願意了，但因為窺基出身貴族，出家須經手續，直到貞觀二十二年（六四八年），他十七歲時，才正式捨家受度為玄奘弟子。

窺基出家後，財色酒氣樣樣都來，玄奘也不太約束他。他先住弘福寺，同年十二月，隨玄奘遷入大慈恩寺。高宗永徽五年（六五四年），朝廷命度窺基爲大僧，並應選學習古印語文，這時他年二十三歲。二年以後，他應詔參與譯經。從此，他一直跟著玄奘參加慈恩、西明、玉華等的譯場，隨從受業。

窺基隨侍玄奘參加譯場，前後九年。其中特別值得注意的，是《成唯識論》的翻譯。唯識學是約西元三、四世紀由世親創立的，他著有《唯識三十頌》，可惜未作釋論就死了。後來在印度研究唯識學的有十家，分別是：親勝、火辨、德慧、安慧、難陀、淨月、護法、勝友、勝子、智月（後三人爲護法的弟子）。玄奘回國時，將這十位學者的《唯識三十頌釋論》都帶回來，準備將十家的《釋論》全部譯出。他本來安排由窺基、神昉、嘉尚和普光四人參與此事，但開始翻譯幾天之後，窺基就要求退出。玄奘問他爲什麼，他說：「這些書雖多，卻有不少糟粕之作，與其把時間浪費在這些佛經上，不如選出其中的精粹，精心翻譯成一本。」玄奘同意他的意見，便以護法的釋論爲主，揉合其餘九家之說，編譯成《成唯識論》十卷，而且還辭退其他聽講的三人，只給窺基一人譯講。玄奘的這種作法似有偏愛之嫌。假如按原計劃將十家的釋論全部譯出，則唯識學的內容當然會更加豐富。話說回來，唯識宗的特色是繁瑣細膩、博大精深，如果全部都翻譯出來，大概讀者會更少了。

這種糅譯的體裁是窺基獨創的，可見他對於本論的譯成，有創造性的貢獻。《唯識二十論》，原有後魏瞿曇般若流支和陳朝眞諦的兩種譯本，窺基在翻譯過程中，保留舊譯中好的部分，而改善了其他的缺點，可見他對翻譯一事並無門戶之見。他曾為《阿彌陀經》寫了一個注解《通贊疏》，用的是鳩摩羅什的譯本，沒有用他老師的譯本，證明師徒二人對於羅什的本子非常推崇。如果說羅什的本子有問題，就不可能採用他的本子。這種公而無私之精神給我們後人，做了一個非常好的榜樣。

✻痛改前非✻

玄奘在譯經期間，每天在「黃昏二時講新經論」，「譯僚僧伍競造文疏，筆記玄章並行於世」。玄奘在印度所學的微言大義，便通過這種方式流傳。窺基隨侍受業，多聞第一，他又是當時造疏最多的一人，被稱為百部疏主。他的注疏，很多是在玄奘親自指導之下寫成的。窺基在撰述中遇有疑難，隨時向玄奘請示，可惜《二十論》疏尚未完成，玄奘就去世了。公元六六四年，玄奘在玉華宮譯場逝世，譯經事業中止。窺基重新回到大慈恩寺，專事撰述。以後曾有一段時間，在他的祖籍附近遊歷，沿途仍講經造疏，從事弘化。他還曾在五臺山造玉石文殊像，寫金字《般若經》。

只是，這位「三車和尚」老毛病未改，仍舊不忌葷色。有次他到太原傳法，照樣三車同行，前車載經論箱表，中車自乘，後車載家妓、女僕和大魚大肉。在路上，遇到一位老人問他：「後車載的什麼人？」窺基答是「家屬」。老人說：「你對佛法的認識相當獨到，但是帶著那麼多不該帶的東西，恐怕會讓你分心啊。」窺基聽了，頓時後悔以前的錯誤，便獨自一人前往。

雖然如此，窺基給當時佛教界的印象，還是花花和尚一個。有個有趣的傳說：當時終南山的道宣法師是律宗初祖，因為持戒精嚴，日中一食，感得天人供養。他不需要托缽，吃飯時間到了，自然有天人供養他。有一天，窺基從終南山經過，聽說道宣法師在這裡精進，就去拜訪他。道宣法師很佩服窺基的學問，但聽說窺基對於戒律、清規不太拘執，於是想藉此機會，好好教訓一下窺基。他打算表演給窺基法師看的是每天中午都有天人供養他的畫面，可充分顯示出他嚴持戒律的德行感應。誰知道等了很久，吃飯時間都過了，天人竟沒來送供養。窺基離開後，第二天中午，天人總算送供養來了，道宣法師問他：「昨天你為什麼不送供養來？」天人說：「昨天有大乘菩薩在這山上，護法神圍得密密地，我進不來！」道宣法師聽了滿身出汗，生慚愧心，才曉得自己的念頭錯了，原來窺基的道行比他高！

西元六八二年十一月十三日，窺基在慈恩寺翻經院圓寂，年五十一歲。十二月四日葬於樊村北渠，靠近玄奘塋隴。後來於八二九年七月啓塔荼毗，遷入平原新塔。

＊禮失求諸野＊

玄奘去印之前，曾在國內到洛陽、長安、成都等處參訪研求，對《攝論》、《雜心》、《成實》、《俱舍》都深有造詣，覺得好多問題還不能解決，才發願往印度求法，以極大的努力，窮佛學的底蘊。他回國以後所譯《般若》、《瑜》、《婆沙》、《俱舍》、《雜集》、《因明》等重要教典，包羅很廣。其學說要點折中於總賅三乘教學的《瑜伽師地論》，而以之貫通一切，這是依據部派佛教、大乘中觀學說的發展而得出來的結論。玄奘在印度就學於那爛陀寺戒賢大師，對繼續發揚龍樹、提婆學說的無著、世親，及其後繼者陳那、護法之學，均親所稟受，回國以授門下，各有專弘。

玄奘譯出伽學系的典籍，爲成立唯識宗奠定了堅實的基礎，但眞正成爲一個宗派，應歸功於窺基的努力。窺基組織師說，廣制諸疏，加以發揚，對於法相唯識之學，尤其精闢獨到。玄奘逝世後，學人多認爲窺基爲玄奘的繼承者，講習取爲依據，成爲奘門的權威，爲國內外同所景仰，後遂成爲唯識一宗。

窺基的著作共四十三種，計現存三十一種。其所注疏的經典，除《金剛般若》、《法華》、《彌陀》、《彌勒》、《勝鬘》等經外，其餘所釋諸經論本文，都用玄奘譯本。窺基的著作，善於提綱挈領，建立體系，如《法苑義林章》七卷，把瑜伽一本十支和各宗不同的法義都歸納起來，抉擇貫通，細至一字之微，也有專章分析。他不但通達聲明，並且精熟因明，他的著述內也常常表現運用因明以立說的傾向。要瞭解玄奘的學，現在所可依據的，最主要的就是窺基這些著作。

玄奘在世時，中國佛學的唯識學說盛極一時，但在窺基以後，華嚴、天臺、禪宗漸次興盛。華嚴宗反對三時判教，天臺宗反對五種姓之說，禪宗不重文字、排遣名相，也立於相反的地位，唯識之學就逐漸消沈下去。再經過天寶以後的兵亂和唐武宗的滅佛，窺基著作在那時就佚失了一部分。後來研究者日少，唯識宗更加一蹶不振。

中國古話說：「禮失求諸野。」意思是說：自己家中的寶貝弄丟了，反而要到鄰居家中找。唯識宗的命運也是如此。公元六五三年，日本派遣唐使道昭來華。道昭受教於玄奘，與窺基同學，在唐七年，回國後住奈良元興寺，並巡歷各地，大弘唯識宗。道昭之後，智通、智達也入唐，從玄奘、窺基師徒學唯識學。不久，智風、智鸞、智雄等亦依敕入唐，從智周學唯識教義。窺基一傳弟子慧沼，再傳智周，智周的弟子中有新羅的智風、日本的玄昉等。最後，唯識宗在中國衰微了，在日本反而十分興盛。十九世紀中葉，中國從日本搜羅，得唯識宗著作多種，次第刊行，重加整理和研究，唯識宗的學說才又回到中國來。

11 傳度經律，與奘師抗衡——義淨

＊有夢最美＊

中國佛教史上有四大翻譯家，唐朝的義淨是其中之一。他主攻律部譯事，並注重傳授律儀，樹立新典範，被世人稱嘆。

公元六三五年，義淨出生在河北的范陽郡，俗姓張，叫張文明。范陽張氏從魏晉南北朝以來，就是中國顯赫的大姓，出現過的名人不計其數，代代富有，官運亨通。在這樣的家世背景下，他從小就受到不錯的教育，啓蒙甚早，尤其喜歡法顯和玄奘到印度取經的故事。有天，他突然跟父親要求出家當和尚，父親以他年紀太小，才十一二歲而已，很難拿到度牒。義淨卻一口咬定，說自己有辦法出家，並舉玄奘十一歲出家的事情，企圖說服老爸。張老先生果然愣住了，很驚異兒子的早熟，忙問是如何知道這些故事的。義淨拿起平日所讀的書，如數家珍，一一指給老父看。張老先生這下子無話可說了，但一想起「不孝有三，無後爲大」的古訓，他還是不能苟同兒子出家的念頭。義淨不死心，轉而求助母親。母親最疼他了，便跟張老先生商量。眼見妻兒「聯手」，張老先生無奈，只得讓義淨在范陽附近落髮爲僧。

義淨出家時，不過十一二歲，卻已經開始發憤圖強，展現他對佛門的向心力與對佛學的高度興趣。宋朝的《高僧傳》說他「遍詢匠，廣探群籍，內外咸習，古今博通」，由此可見，他在青少年就是一位精勤好學的人。十五歲那年，他已精讀許多佛典，發現戒律方面的譯作最少，有充實的必要，他認爲最好的辦法，莫過於親自前往印度，求取這方面的經典，然後加以譯出。爲此，他開始學習梵文，並增加佛學上的造詣。二十歲那年，受具足戒後，他努力學道宣、法礪兩家的律部文疏，爲他一生遵佛制、重戒行打下了堅實的基礎。接著又往洛陽、長安學《攝大乘論》、《俱舍論》等論典，之後便離開范陽郡，四處尋找取經路上志同道合的伴侶。

他的第一站是山西太原，在這裡他遇到了處一法師，徵詢處一對於到印度取經的看法。處一認爲，這是極爲了不起的志業，值得一試。義淨一聽，熱誠地邀請處一共同前往。處一同意了，並說只要義淨一動身，他就立刻加入行列。得到了處一的鼓舞，義淨又來到山東的萊州，在這裡遇到弘禕法師。此人口才極佳，滔滔不絕地述說自己對佛教的熱情，義淨見機不可失，也邀請他加入取經行列。弘禕婉拒後，義淨立刻恭維他的口才，必能說服沿路各國國王信奉佛教。弘禕禁不起這樣的高帽，樂不可支，也答應了。

儘管處一、弘禕兩人已經加入，然而義淨認爲，這樣的陣容還嫌薄弱，當然是越多人共襄盛舉越好。他走過山東，南下到江蘇省的鎮江，認識了多才多藝的玄逵法師。玄逵能詩能文，又寫得一首好字，更是研究戒律的名僧，他也響應了義淨的壯舉。此後，義淨就透過四處拜訪的方式，花費了十七年時間，跑遍大江南北，居然找齊了數十名有心之士，包括一名天眞、活潑、熱情、勇敢的小和尚，名叫善行。善行年紀雖小，對日後義淨取經的事業，卻有極大幫助。此時，善行拜義淨為師。

三十七歲那年，公元六七一年，正是唐高宗執政的時代，義淨率領著這支壯觀的取經隊伍，浩浩蕩蕩從北方殺到南方，一路來到桂林。他們的盤算是，從桂林取道廣州，然後搭船到印度去。很巧的是，他們在廣西平南一地，遇到正在擔任刺史的馮孝詮的大力贊助。看樣子，這趟遠行是很樂觀的了。

＊逐夢踏實＊

然而，這群和尚來到海邊，才猛然驚覺自己的「天眞無邪」！這支隊伍中的大部分成員都是北方人，他們以往僅知道陸路的險阻，卻沒看過海洋。他們將壯闊的海洋想得太簡單，以為沿途坐船經過的運河、長江、洞庭湖、湘江等，便是海洋的「縮影」。他們只意識到江河兩岸的田園風光有多優美，卻渾然沒有察覺航海的危機。因此，他們來到廣州，見到眞正的海洋了，「曾經滄海難為水」，才發現自己的幼稚、無知，一股對海洋的恐懼油然而生，他們遲疑了。然而，誰也不敢說，誰說出來誰就是烏龜。

玄逵法師一到廣州就生病了，直嚷著要回桂林去。其他人見狀，心中蠢蠢欲動。首先是處一法師，他對義淨說：『父母在，不遠遊』，我的母親高齡八十多歲了，極需我的照顧。我想，我還是陪著玄逵法師回去吧。」義淨一聽，已聽出幾分玄機，如果眞的掛念父母，當初又何必出家呢?他知道，這是藉口罷了。但他實在找不出強留人家的理由，便答應了：「你們兩人就回去吧。」緊接著，骨牌效應開始發酵，每個人都努力想著藉口不去，甲說水土不服，乙說年紀已大，反正不愁沒理由，沒幾天工夫，居然所有人都放棄取經的大業，義淨頓時掉落萬丈深淵中。十七年的努力，就這樣毀於一旦?承諾値幾分錢?他們向佛的心意有多少是眞的?他茫然了。「爲誰辛苦爲誰忙?」他知道眾人的士氣已經瓦解，不是他能挽回的。既然如此，好人做到底，他便將旅費平分給眾人，讓他們能順利回家。

「爲什麼要給我錢?」說這話的是小和尚善行。

「讓你方便回家啊。」義淨回答。

「我又沒有說我要回家!」

「啊…」義淨有些驚訝。

「他們都不去，我陪你去。」善行堅定地說。

此時，義淨不禁迸出兩行清淚。「太好了，謝謝你。」

最後，只剩下這對師徒，未嘗不是命運的捉弄或安排，要讓兩人名留青史。至於其他半途而廢的人，我們甚至不知道他們的大名。

師徒兩人留在廣州，準備航行。然而，新的煩惱來了。之前馮孝詮送給他們的經費，義淨已經將這筆錢分給眾人當旅費了，此時身上所剩無幾。往印度的船隻當然是有的，可惜沒錢，怎麼辦呢？說巧不巧，沒多久後，兩人居然又在廣州街頭相遇，馮孝詮一眼就認出義淨來，他鄉遇故人，相談甚歡，義淨把眾人「一哄而散」的事情說了，馮孝詮頻頻嘆息，答應幫忙想辦法。原來，馮家不但都是虔誠的佛教徒，孝詮三兄弟均擔任刺史。經過幾次家族會議，他們決定全額支助義淨取經的費用。這樣一來，原先擔心的難題就一掃而空了。

惡夢不斷

公元六七二年，義淨終於如願帶著善行，搭乘波斯商船，向印度的佛教聖土邁進。由於兩人不習水性，飽受暈船之苦，經過二十天後，總算在佛逝國下船。佛逝國位於今天的蘇門答臘，在唐代已是個佛教聖地。義淨在這裡學習梵文和聲明論，半年之後，接受了國王的召見，很受賞識。國王願意派人送他到友邦末羅瑜國，再轉到印度。這個方法雖好，但這裡的熱帶氣候和中國北方迥然不同，又得長途在海上跋涉，年輕的善行支撐不住，來到末羅瑜國後很快就病倒了，病情十分嚴重。義淨心中十分不忍，便讓善行先行返回中國靜養，而西方取經之行呢，就由他自己來完成吧。

與善行分手後，義淨隨著大船來到東印度的一個小國度。當時的印度四分五裂，小國林立，國與國之間唯一的共通點是佛教都很盛行。義淨很幸運，在這裡遇到了大乘燈上人，跟對方學習了梵文、聲問論等學問，歷時一年。講到大乘燈，此人本是中國人，幼時隨著父母來到印度，長大後跟著唐朝派來印度的使者回國，在玄奘門下學佛過一段時間。玄奘過世後，大乘燈經錫蘭回到印度弘佛。這麼豐富的人生經歷，也算是奇人一個了。大乘燈見到中國來的義淨，格外有一種親切感。當他知道義淨的來意後，強烈建議義淨到那爛陀寺取經，並自告奮勇，願意一同前往。這下子又有同伴了，不必再孤單一人，義淨相當興奮。就這樣，義淨跟著大乘燈領導的僧眾二十餘人，與幾百名商人同行，一路往西方走去。

來印度之前，走水路有水路的辛苦；到印度後，走陸路也有陸路的艱辛。走水路時，善行因此病倒歸國，義淨雖勉強撐過，但在往那爛陀寺的途中，由於要經過許多崎嶇泥濘、盜匪出沒的地區，他卻生病了。要命的是，隊伍中沒有醫生，他只能忍著巨大的痛苦，緊隨在隊伍的後面。儘管努力，幾天後，義淨還是脫隊了，獨自在渺無人跡的荒野中爬行。不久後，危險找上他來，一群強盜將他團團圍住，要他把身上的金銀財寶通通交出。問題是，他這個窮和尚哪有什麼金銀財寶？盜匪見狀，居然將他的衣服剝光帶走，留他光溜溜的在荒地中發呆。發呆中的義淨突然想到，光著身體可不行，當地人的習慣，是要將白白淨淨的人抓去殺來祭拜天神的。他急忙跳到一個泥坑中，把一些污泥塗在身上，作爲掩飾之用。就這樣，一直撐到半夜，沿著燈光來到小村莊，居然聽到有人在叫：「義淨法師！義淨法師！」仔細一聽，原來是大乘燈在高喊。義淨喜出望外，急忙爬過去：「是我啊，衣服都被強盜剝光了。」大乘燈拿出衣服給他穿上，總算結束了驚險的一天。

＊美夢成真＊

「大難不死，必有後福」。經過這次大劫的義淨，病情竟然慢慢好轉。此後，一路跟著這支龐大的隊伍，到印度各地朝禮佛教聖跡，沿途參學，經過三十多國，最後順利來到那爛陀寺。

那爛陀寺是印度佛教的最高學府，藏書最富，僧眾最多，師資最優，紀律最好，當年玄奘也曾來到這裡深造，獲益良多。在玄奘時期，剛好遇到那爛陀寺的全盛時期，全寺有近萬名僧侶，義淨來這裡時雖然規模遠不如前，也還有五千人之眾，依然是印度最權威的佛教學府。義淨和大乘燈便在這裡住下來，受到熱烈的歡迎。

那爛陀寺藏書眾多，義淨不改初衷，將心力放在戒律方面，整整十年的時間，他學到了他想學的學問，也收集到了他想要的佛典，日子過得極爲充實。他的天資極高，又很用功，專攻戒律之餘，他也遍學佛教三藏，甚至也研究起密咒來。他又遊歷印度諸國，從寶獅子等著名佛教學者那裡研習到《瑜伽》、《中觀》、《因明》和《俱舍》等學說。學習圓滿之後，他攜帶梵文經典近四百部，共五十多萬頌，準備學成歸國了。

與當初前來時歷經的千辛萬苦不同，此時的義淨已經名滿天下，各國國王對他都十分傾倒。他沿著舊路回去，先走陸路，到了東印度，再搭船到佛逝國，沿途十分順利，受到最高的禮遇。在佛逝國下船後，他整理從印度帶回來的佛經，發現有少數散落了，一個念頭突然在他腦中浮起：不如就留在這裡譯經吧，免得帶回中國途中又遺失。但要在佛逝國譯經，得有各種設備和人才，單靠他一人是不夠的，於是，他委託將回中國的商人從廣州帶些器具來。商人知道他是義淨大師，要翻譯佛經，紛紛勸他不如親自跑一趟廣州。他想想也對，在安頓好佛經後，便隨商船來到廣州。

闊別多年後，重回到這個當年一哄而散的老地方，一般人必定會感觸良多，但義淨卻沒有太多感慨，他忙著張羅大量的紙、筆、墨，並遍尋各寺廟，邀請精通中梵文的貞固法師。貞固此時四十歲，又向義淨推薦門下三個二十出頭的年輕僧人，分別是孟懷素、道宏和法朗。有了這些助力，義淨開心地返回佛逝國，從事翻譯工程。隨同的四人之中，道宏對他的幫助最大，後來更進一步到那爛陀寺深造。孟懷素則從此愛上佛逝國，終生未回到廣州。法朗後來染病身亡，可謂「鞠躬盡瘁，死而後已」。西元六九一年，義淨派人將自己的部分譯經和所著《南海寄歸內法傳》稿件先行送回國內，他的名氣漸漸在中國打開。

夢醒時分

西元六九五年，義淨回到洛陽，受到盛大歡迎，武則天親自到上東門外迎接他，安排他住在佛授記寺。同一時間，洛陽的所有僧人都披上袈裟，鑼鼓喧天，畢恭畢敬地迎接義淨，以及他帶回來的那些經典、金剛眞容和舍利子，可謂推崇備至。義淨回國初期，協助實叉難陀翻譯大本《華嚴經》（八十卷）。其後不久，便自己組織譯場，成爲武周時期的主要大譯經家之一。從七〇〇年到七一一年共十二年間，他譯出了大批經律論，包括漢譯了《金光明經》、《根本說一切有部毗奈耶》、《稱贊如來功德神咒經》、《能斷金剛論頌》、《尼戒經》、《百一羯磨》、《毗奈耶頌》等經典。翻譯之外，他又寫了五部書，分別是《大唐西域求法高僧傳》二卷、《南海奇歸內法傳》四卷、《別說罪要行法》一卷、《受用三水要法》一卷、《護命放生軌儀》一卷。這些譯書加上著作，總計六十一部，共二百三十九卷。從數量上來看，他的翻譯成績比玄奘還少得很多。不過，玄奘翻譯的時間是十九年，而他只有十二年；在人力物力上，他擁有的條件也不如玄奘；他在印度二十五年，則遠遠勝過玄奘的十七年。持平而論，義淨爲佛法獻身的精神，與玄奘幾乎是一樣的，所以宋《高僧傳》的作者贊寧說他「傳度經律，與奘師抗衡」。他在翻譯事業上認眞負責，一字一句，一絲不苟，治學態度十分嚴肅。在翻譯之餘，他還勘定了一些古人在翻譯名稱上的訛誤，這也是我們不能忽視的貢獻。

值得注意的是，義淨翻譯的佛典雖以戒律爲主，密教經典卻占有最高的比例，這可能與當時印度密教盛行有關。其次才是律部的譯典，而且全部是根本說一切有部的典籍，因爲義淨在出國前就重視戒律，研究過法礪和道宣二人有關律部的著述，所以到那爛陀寺後，刻意留心收集律部梵本，帶回國內，作爲他翻譯的重點。中國佛教界擁有系統的根本說一切有部律典，應歸功於義淨。

西元七一三年，義淨逝世於洛陽，享年七十九歲。

12 禪宗南派開創者——慧能

佛性不分南北

釋慧能，又作惠能，禪宗六祖。祖籍范陽（今河北涿縣），俗家姓盧。他的父親原本在朝為官，唐高祖武德年間（西元六一八——六二六年）被謫貶到新州（今廣東新興縣），於是舉家定居在此。唐太宗貞觀十二年（西元六三八年），慧能出生後，父親很早就過世了，母親帶著慧能寡居，家貧，慧能以賣柴奉養母親。

有一天，他賣柴回家，在路上聽到有人誦《金剛經》，他凝神細聽，聽到談論涅槃的種種妙處，不由得怦然心動，遲遲不願離去，心想：「既然天下一切眾生都可進入涅槃，像我這種不識字的窮人家也可以吧？」不過，想到自己貧窮，沒錢可以供佛修福，也無法誦經積福，他有些洩氣，便前去問誦經者：「你是從哪裡得到這部經書的？」對方告訴他：「我剛從湖北梅縣的東禪寺回來，那裡有個弘忍法師，門人一千多人，我去那裡禮拜時，聽大師講過此經。大師還常勸僧俗之人說，只要常誦此經，就可慢慢領悟佛的本性，然後就能成佛。」慧能聽了，便急忙回家秉告母親，表示要去黃梅求法。他得到母親的同意之後，又從鄰居那裡籌集奉養母親的生活費用，於唐高宗咸亨初年（西元六七〇年）離開新州北上。

他先到韶陽（又稱韶州，今廣東韶關），遇劉志略，劉有個姑母爲比丘尼，法名無盡藏，常誦《涅槃經》。有一次，無盡藏比丘尼問慧能：「我研讀《涅槃經》多年，卻仍有多處不甚了解，還請不吝指教。」慧能說：「可以的。但是我不識字，請妳把經文唸出來，再讓我來解釋，好嗎？」無盡藏比丘尼聽了，大不以爲然：「你連字也不認識，如何能明白箇中的道理呀？」慧能答道：「道，或者眞理，是與文字無關的。道，就好像天上的明月一樣，而文字只是你我的手指。手指可以指出明月的所在，但手指卻不代表明月，也不是表達著明月；另一方面，看月也不必一定要透過手指的引導的。」無盡藏聽他這麼一說，知道自己錯了，便對慧能生起了敬仰之心，稱慧能爲行者。

當時有人請慧能住進當地的寶林寺修道，慧能心想：「我原本是要去拜師的，如果從此住在這裡，那算什麼呢？」因此，他第二天就離開寶林寺北上，到樂昌縣（今廣東北部）西石窟，跟著智永學禪，先看看禪學這種東西究竟好不好，如果智永講得不好，他再北上求教弘忍。

智永接待慧能一段時間後，發現這個年輕人非同常人，不是他能教得起的，便推薦他到弘忍那裡。慧能經過三十幾天的長途跋涉，總算來到東禪寺。

經過弘忍門人的引見，慧能進到一間不太大的房間裡，看見一位七十多歲、器宇軒昂的老人正在打量他，心想：這就是弘忍禪師了。他記得之前智永跟他說過，弘忍弟子多，架子大，脾氣不佳，因此這時他絕對不能怯懦，否則會被拒於千里之外。於是，行過禮後，他鼓起勇氣，默默注視著老和尚。只見這老和尚突然冒出一聲：「你是哪裡人，來這裡想得到什麼？」慧能恭敬地回答：「弟子是嶺南人，千里迢迢前來禮拜法師，只是希望能夠成佛，並不想要其他的東西。」老和尚一聽，這小伙子口齒伶俐，口氣也不小，便假裝大怒罵他：「你是嶺南人，一定是血統不純的傢伙，怎麼能夠成佛呢？」慧能立刻反駁：「人雖有南北之分，但佛性是不分南北的。我的血統跟您不同，在佛性上又有什麼差別呢？」弘忍聽了，很感意外，沒想到這年輕人對佛性有這種理解，很喜歡他，當下就收為徒弟。又問他能做什麼勞力，慧能說：「願竭力抱石舂米，以供眾人之用。」從此，慧能便在樵房工作。

幾個月過去了，抱石舂米其實對慧能不算太難，但他因為是文盲，不能像別人一樣每天誦經，只能用聽的，聽師兄弟念經，聽弘忍大師講經。儘管只是聽，幸而他天性聰明，理解力很強，記性又好，所以長進也快。他特別喜歡聽弘忍法師講經，雖然人師講起經來不像神秀師兄那樣縱橫犀利、動人視聽，卻是娓娓道來、鞭辟入裡。每次聽完大師講經，他都要反覆琢磨，再三咀嚼。唯一令他遺憾的是，有時心有疑難，一時解不開來，礙於面子，實在不敢向大師請教。後來，弘忍法師總算記起這個小伙子來，多次找來開導詢問一番，慧能的疑惑才逐漸得到解決。

＊風動，幡動，還是心動？＊

公元六七四年，弘忍逝世。弘忍在世時，門生眾多，以神秀爲首席弟子，因此在大師死後，慧能的師兄弟都跟隨神秀而去，唯獨慧能不然。這些年來，他聽過師兄講過幾次經，學問是不錯啦，可惜對禪法的瞭解與他大異其趣。他總覺得，師兄講得「漸悟」之道實在太繁瑣了，且跟他的領悟相差甚多。他主張「頓悟」，認爲眾生覺性本有，直接體證覺性，便是頓悟成佛。他不贊成師兄那樣一味靜坐看心，認爲在一切行住坐臥的日常生活裏，也可以體會禪的境界。此禪境界如何呢？如人飲水，冷暖自知啊！

就這樣，慧能獨自一人回到廣東，伺機傳法。在他回去廣東的途中，忽然有人在背後叫他。慧能大驚，轉頭一看，原來是同在弘忍門下求法的師兄慧明。慧明出身武將世家，是練家子，不知何故來追，慧能不禁心裡發毛，有種不祥的預感。還好是他多慮了，原來慧明是要來求他說法的，慧能放下心來，說：「你既爲法而來，應該先摒除雜念，我再告訴你。」慧明照做了，良久，慧能告訴他：「不思善，不思惡，此時此刻，便是你的眞實面目。」慧明本來就不笨，一聽慧能這樣告訴他，當下頓悟。

慧能來到廣東後，有鑑於師兄神秀在北方勢力極大，而自己卻沒什麼知名度，不宜輕易露相，以免遭人猜忌。於是，他混在人群中，僞裝成不起眼的獵人，長達十五年之久。（其實他何必僞裝，他本來就很像了。）這十五年間，中國的局勢變化很大，崇尚道教的唐朝被武則天篡位，武則天爲了抗衡舊皇室，積極拉攏知名佛門高僧，慧能的師兄神秀也名列其中，得到極高的尊重。眼見師兄弘法成功，慧能覺得自己也該試試看了，聽說廣州有個法性寺，寺主叫印宗和尚，是個頗有道行的高僧，正在講說《涅槃經》，他便前往聽講，混在眾人之中。

有一天，落日的餘暉照著金碧輝煌的廟宇，晚風呼呼作響，寺外的旗杆上掛著一面長幡，風吹幡動，引起兩個和尚對「緣起究竟」的爭辯：

「看！風在飄動！」

「咄！這不是風飄動，是幡在飄動！」

「是風動！沒有風，幡不會飄，幡因風而顯，主因是風，是風動！」

「不不，是幡動！沒有幡動，又怎麼知道有風？風因旗幡而顯，旗幡是主，應是幡動！」

兩個和尚越爭辯越激烈，引起眾人圍觀。慧能心想，他出頭的機會終於到了，便當機立斷，一聲斷喝：「不是風動，不是幡動，而是你們的心在動！」眾人將眼光移到慧能身上，好奇地打量他。這時，老和尚印宗大喊一聲：「說得好！」頓時打破了一時沈默。印宗來到慧能面前，雙手合十敬禮：「這位大德，請到堂上一談，可以嗎？」

「老衲聽說弘忍大師有個高徒獨自前來嶺南，莫非就是大德你嗎？」

「說高徒則不敢，不過小僧的確是弘忍法師的不才弟子。」

印宗聽了，歡喜讚嘆，乃集寺內僧眾，爲慧能舉行落髮儀式，並請智光爲他授具足戒，印宗也拜他爲師。至此，慧能才正式成爲僧人，已經五十歲了。

韶州（今廣東韶關）刺史韋璩久慕慧能的道風，請他前來講法，聽眾逾千人。講法後，韋璩留下，單獨問了慧能三個問題，第一個是：「爲什麼梁武帝一生蓋了許多寺廟，達摩祖師卻批評他沒有積功德呢？」慧能答說：「梁武帝確實沒有功德，因爲造寺布施只是修福而已，談不上功德。功德在於法身，就是要內見佛性，外行恭敬。所有說，修身是功，修心是德，功德全由心產生。」慧能對功德的說法，與傳統佛教不同，這是他不依佛經的隨意創造。韋璩又問：「現在社會上很流行淨土信仰，認爲常念阿彌陀佛，以後就能往生西方淨土，他們說的有道理嗎？」慧能的回答是：「佛經承認有西方淨土，但只有迷信的人才會捨近求遠，想念佛以求往生西方淨土。有覺悟的人只是自求其心，畢竟生在東方的人只要心淨無過，就已經置身西方；心裡不清淨，縱使每天念佛，死後一樣難到西方淨土啊。」提倡「見性成佛」，也是慧能禪法的特色。韋璩最後一問：「沒有出家的人要如何修行，才能成佛呢？」慧能說：「修行不在於出不出家，而在於是否知道頓悟之法。排除煩惱，心裡清淨，不起邪心雜念；要經常檢查自己的過錯，心正身正：不要管他人的是非，除卻憎愛之心。總而言之，切勿離開你生活的現實去尋求出世。」韋璩聽了大喜，慢慢將慧能的禪法傳播於當時的知識界。由於他倡導的成佛之道簡單易行，逐漸受到知識分子的喜愛。此後，慧能即在法性寺菩提樹下，開演師父弘忍的法門，吸引各地的信徒前來參訪，他的弟子迅速累積爲數百名，法性寺小，難以容納，於是移居曹溪寶林寺，在這裡傳道了三十年。因爲與神秀所傳禪法不同，有北宗南宗之別。

西元七〇五年，唐中宗遣內侍薛簡到曹溪請慧能到洛陽，這是由於住在洛陽的神秀向武則天推薦的結果。慧能以久居山林、年邁體弱爲由婉拒。薛簡回京覆命之後，中宗賜慧能摩納袈裟一件、絹五百匹作爲供養，並改寶林寺爲中興寺，後又改爲法泉寺，命韶州刺使韋璩重修殿宇，改慧能在新州的故居爲國恩寺。這樣一來，南宗的聲勢也水漲船高起來。

西元七一二年，慧能回新州小住，命門人建報恩塔。隔年圓寂，終年七十六歲，唐憲宗封他爲號大鑒禪師。慧能死後，軀體不壞，由其門人裹綜塗漆，保持其生前的形象，稱爲肉身像，至今還保存在廣東南華寺。

* 身後遺澤 *

慧能的禪法，詳見於《壇經》。他不識字，但慧解超群，從弘忍得法之後，爲了與尊崇《楞伽經》的師兄神秀分庭抗禮，他一改過去禪宗的做法，用文句簡樸的《金剛經》印心，其目的是爲擺脫名相的束縛。他的禪法樸質無文，不加修飾，單刀直入，見性成佛。他的禪以定慧爲本，定慧一體，定是慧體，慧是定用，如燈與光，燈爲光體，光爲燈用，二者一而二，二而

一，不可分離。

慧能生前傳禪範圍，原來僅限於嶺南一帶。幸好他有不少得意門生，其中最得力的人物是青原行思、南岳懷讓與荷澤神會。青原行思一系的法嗣，後來演化爲曹洞、雲門和法眼三派，而南岳懷讓一系的法嗣則演化爲臨濟、潙仰二派以及黃龍和楊岐兩個支派，史稱禪門五家七宗。神會一系的法嗣，雖只傳了幾代就終止了，但是慧能的南禪北移，方法簡便易行，易於被人接受，這樣原來盛行於北方的神秀禪法就日漸衰微了。

荷澤神會（西元六七〇—七五八年）是湖北襄陽人，俗姓高，他對維護慧能的法統及禪宗的通俗化的貢獻很大，並使得提倡頓悟的南禪壓倒了漸悟的北禪。他十三歲時便去參拜慧能，兩人之間激發了發人省思的對話：

慧能：「你千里跋涉而來，是否帶來你最根本的東西？如果你帶來了，那麼你應該知道它的主體是什麼？你說說看。」

神會：「這東西就是無住，見就是主。」

慧能：「你這小和尙，詞鋒倒也敏利。」

神會：「師父坐禪時，是見還是不見？」

慧能打了他三杖，問他：「我打你是痛，還是不痛？」

神會：「我感覺也痛，也不痛。」

慧能：「那我是也見，也不見。」

神會：「什麼是也見，也不見？」

慧能：「我見，是因爲常見自己的過錯；不見，是因爲我不見他人的是非善惡。至於你不痛，那麼你便像木石一樣沒有知覺；如果是痛，那麼就像俗人一樣會有怨憤之心。見和不見，都是兩邊的執著，痛和不痛都是生滅的現象啊！你還沒有見到自性。」

神會聽了大爲慚愧，立刻向慧能行禮。

慧能諄諄地教導他：「你如果心迷不見，就請教大德高僧。你如果心悟見性，就依法修行。你自迷不悟，卻來問我見與不見，我悟不能代替你悟；你悟也不能代替我悟。爲什麼不自證自見，反問我見與不見。」

神會再次行禮，禮拜了上百次，求師饒恕，從而成爲慧能最虔誠的信徒。

又有一天，慧能向眾人說：「我有一個東西，沒有頭也沒有尾，沒有名也沒有字，沒有背也沒有面，你們大家知道是什麼東西嗎？」

神會：「這是諸佛的本源，我的佛性。」

慧能：「告訴你無名無字，你偏要叫它本源佛性，你也只能做一個注解佛法的和尚。」

在隋唐時期形成的佛教宗派中，禪宗是最富有民族特色的宗派之一。慧能是中國佛教史上的重要人物之一，後世尊他爲禪宗第六祖，但實際上他是禪宗的眞正創始人，在他以前的禪只能稱爲禪學而不是禪宗。他所創立的禪宗，在唐末五代迅速興起，進入宋代以後影響不斷增大，逐漸成爲融合型的中國佛教的主體，至今盛行不衰，而且近代已傳播到歐美。

在宋以後盛行的禪宗是以慧能爲開創者的南宗，禪宗史書文獻也多是南宗的著述，人們對曾在以長安、洛陽兩京爲中心的北方廣大地區流行的北宗已經淡忘。然而從禪宗的眞實發展歷史來看，在慧能開創南宗之前，在現在的湖北黃梅縣首先由道信、弘忍相繼開創禪宗，稱之爲「東山法門」；此後在慧能從弘忍受法南歸後，有過相當長的一段時間是南北二宗並行傳播的時期，以神秀、普寂爲代表的北宗曾在以長安、洛陽兩京爲中心的廣大北方地區十分盛行，直到安史之亂以後，由於特殊的歷史環境，南宗才得以迅速興起，並且發展成爲禪宗的主流。

在敦煌禪籍發現之前，人們主要通過唐宗密《禪源諸詮集都序》、北宋道原《景德傳燈錄》、元代宗寶本《六祖壇經》等來瞭解北宗的禪法主張。本世紀敦煌遺書發現以後，中外學者從中發現大量禪宗文獻，從中不僅發現早期《六祖壇經》（現稱敦煌本《壇經》）和慧能弟子神會與北宗辯論的《菩提達摩南宗定是非論》等語錄，也發現不少是早已在社會上湮沒無聞的北宗文獻，這爲考察北宗和南宗的禪法、彼此的爭論，綜合研究中國早期禪宗歷史，提供了極爲珍貴的資料。

13 華嚴宗創始人── 法藏

＊煉指供佛＊

隋唐時代，佛教盛行，許多名僧具有顯赫的家世背景，法藏即是其中之一。他的祖先曾是西域康國的宰相，老爸康謐在唐太宗時代於中國朝廷任官，家境相當富裕，社會地位也高，加上康國流行佛教，康家一門世世代代都是虔誠的佛教徒。

唐太宗貞觀十七年（六四三年），法藏出生在中國長安。傳說康夫人懷孕時，曾夢見自己吞下太陽的光輝，醒來後懷疑日光是佛的象徵，相信將出生的這個孩子皈依佛門後，一定能修成正果，因此命名爲藏，希望他將來能成爲精通佛教經、律、論三藏的傳人。法藏從小就受到良好的教育，他的祖父、父親都有梵文基礎，他當然也不例外，從小就打下了良好的語文基礎。

公元六五八年，法藏十六歲，他做了一項驚人之舉，跑到今天陝西扶風縣法門寺的舍利塔前，在住持老和尚的帶領下，他先合掌向佛塔致敬，然後朗朗說道：「弟子姓康名藏，願皈依我佛，參悟佛乘，今煉一指於佛前，以爲明證。」接著，便以燈火燃燒掉自己的一根手指頭，以示捨身供佛的虔誠與堅貞。一股帶著焦臭味的白煙和裊裊的的香煙纏繞在一起，他的頭上淌著豆大的汗珠，牙齒緊緊咬著，剛毅的臉上一副視死如歸的神情掩藏著巨大的痛苦。慢慢地，他昏倒在地上。

煉指供佛這一高難度的動作，一般人難以做到，非有下大決心者不可。然而，也因爲「物以稀爲貴」，一旦做到了，則往往一炮而紅，清末民初的佛門大師八指頭陀也是如此。法藏年紀輕輕，就有這樣的作爲，可見他的驚人毅力與決心。隔年，他開始在京城中遍尋名師，又到太白山上求法，住在山中潛心攻讀佛教大乘經典。直到聽說爸媽生病，他才趕緊回家。他的名氣漸漸大起來。

巧遇智儼大師

當時，中國最有名的高僧是玄奘，正在長安組織譯經場，網羅各路好手，法藏也加入了。玄奘主持譯經工作，分工極爲細膩有條理，工作人員分爲「筆受」、「證義」、「潤文」等部分，其中「筆受」是負責記錄譯文，「證義」負責審查譯文正確與否，「潤文」則是負責修飾文字。這些工作，法藏都做過，但常常跟玄奘意見相左，時起爭執。玄奘雖是前輩、大師、高僧，但是「當仁不讓於師」，法藏也不肯讓步。他從小就有不錯的佛學基礎，加上自信心強，也見過世面，對一些佛理有獨到見解，碰到他不認同的譯文，很難讓自己跟著人云亦云。既然看法格格不入，法藏便退出了玄奘的譯經場。

下一步該何去何從呢？

法藏聽說長安有另一個高僧，叫智儼，精通《華嚴經》，很多人捧場，評價都不錯，他決定去聽聽看。沒想到這一聽，卻改變了他的人生，眞是太奇妙啦！

這位智儼，少年時跟隨人稱「帝心尊者」的名僧法順出家，廣泛參學，讀過的經律論典籍，都能徹底瞭解。但佛海無邊，書海廣闊，他覺得法門繁曠、智海浩大，有些無所適從的感覺，於是想了一個怪點子：凝神定心，在所有經藏之前禮敬發誓，接著從中抽出一本，做爲今後努力的方向，結果抽到的是《華嚴經》！從此專攻華嚴，寫出大量的研究專著，並創造發揮華嚴教義，爲後來華嚴宗的成立奠定基礎。後世談華嚴宗的系譜，便以法順爲初祖，智儼爲二祖，法藏爲三祖。

智儼在長安雲華寺大振玄風，聲名遠播，吸引法藏好奇而去。拜見之後，法藏向智儼提出幾個很有深度的理論問題，表示請教之意。智儼一聽，哇，這些問題都言出意表，不同凡響，表示主人也是不簡單的人物，當下就表示願意收他當自己的傳人。智儼急著當人老師，法藏可不急，他非得聽出滿意的解答，才肯答應。當然，智儼不是浪得虛名之徒，法藏聽得心服口服，忍不住說：「難怪前夜路過這裡，發現雲華寺神光照耀，原來是老師您在這裡弘法！」既然口稱老師，這對師徒的緣分就這樣訂下來了。

＊女皇帝身邊的紅人＊

在當時，僧人在社會上有很高地位，並有種種特權，因此朝廷控制得很嚴，一般只在國家有婚喪大典時，才會辦理批准出家的手續。因此，像法藏這種崇佛多年的人，直到他的老師智儼逝世，縱使他已經二十六歲了，也還是個在家居士。智儼臨終前也擔心這個問題，特地拜託京城幾位名僧大德，希望他們能想辦法幫法藏出家，因爲這個年輕人是他的接班人啊！有了智儼的「欽點」，法藏的地位高了起來。兩年後，當朝娘娘武則天的媽媽死了，武則天爲亡母廣樹福田，房子改建爲太原寺，並舉辦隆重的法會，順帶準備批准一批出家人爲僧。受到智儼老和尚託付的那些名僧，抓準了這個機會，連署推薦法藏，法藏名氣大振。唐代皇帝姓李，自稱老子後代，極力鼓吹道教，對佛教較不重視，而野心勃勃的武則天出於政治考量，決定拉攏佛教對抗道教，眼見法藏這樣年輕有爲，正是她籠絡的對象，不只讓法藏順利出家，而且還任命他爲太原寺住持。如此一來，法藏成爲武則天的家廟主持人，也可說是她的御用和尚。四年後，法藏三十二歲，憑著多年在太原寺講經累積的聲望，獲得武則天的再次恩寵，由十位高僧爲他授具足戒，並賜「賢首」法號。後人稱他「賢首大師」，就是這麼來的。

武則天是中國歷史上唯一的女皇帝，她能從男人社會中脫穎而出，絕非只是逞兇鬥狠而已，她還有巧妙細膩的布局與策劃，特別是運用強大的宗教力量，法藏便是她在宗教上的執行人。公元六八四年，武則天廢掉唐中宗，改立四子李旦為帝，即唐睿宗。同年，改東都洛陽為神都，又改唐朝百官的名稱，這是這位準女皇帝登基前的眾多步驟之一，接下來就要有勞佛門中人了。

中國傳統社會重男輕女，武則天要稱帝，非得度過這關才能避免反彈。佛教其實也是重男輕女的，但佛典何其多，總不愁可以找到重女輕男的例子。

六九〇年，僧人懷義和法明獻上《大雲經》四卷，說根據這本書記載，武則天是彌勒佛轉世，要來人間當女皇帝的。的確，這本佛經是大乘佛典，中有菩薩轉身為天女做國王之說，佛祖更明言女性可為天下之主。不僅如此，在佛教中有過去佛、現在佛、未來佛三種，其中彌勒佛是未來佛，所謂「彌勒出生，國土豐樂」，可接引人們通往西方淨土極樂世界。既然武則天是彌勒佛轉世，只要她當皇帝，不正是百姓的福氣嗎？這套說法的出現，讓武則天樂不可支，立刻將該書頒佈天下，又廣蓋大雲寺，並派僧人講經，廣為宣傳。威力之大，連現在中亞境內居然也有大雲寺的蹤跡，果眞是佛法無邊吧！

在這種聲浪中，法藏沒有缺席，他時常配合演出種種靈異事件。有次他奉武則天之命，在傳授記寺講堂演講《華嚴經》，講到〈華藏世界品〉時，忽然發生地震，講堂寺宇，屋瓦震吼，底下的聽眾無不害怕，驚叫聲不絕於耳。此事經過好事者的渲染，輾轉傳到武則天那裡去，她非常高興，將地震說成是如來顯靈，預示中國將有女皇帝。為此，法藏又得到獎賞。

同一年九月，三十六年來所有的工作都準備完成了，以唐睿宗爲首，文武百官、皇親國戚、遠近百姓、各國元首，以及道士、沙門等六萬多人，聯合上表請求更改國號。既然萬民擁戴，武則天老實不客氣地登基，改唐朝爲周朝，自稱「聖神皇帝」。詭異的是，整個社會好像被女皇帝的非凡氣魄嚇到了，竟然沒有什麼公然起兵反抗的事件！

武則天登基後，法藏常成爲座上嘉賓，展示特異功能，以表佛法玄妙，讓武則天能得到人心。有次，東北地區的契丹部隊起兵反抗中央，武則天除了調兵遣將，也下令法藏藉助佛教神力，讓這次的軍事活動更加順利。法藏得令後，立刻建立道場，設八面觀音像，誦經行道，連續數日後，據說契丹人眞的看到無數天兵，有的則看到觀音顯靈，因而軍心大亂。僅僅一個多月而已，官兵就大獲全勝。根據後人研究，這可能是因法藏威望崇高，間接鼓勵了官兵的心理，順便動搖敵軍士氣，因此戰事才能很快平定。不管如何，這對武則天來說都是好事，她說，這是自己得到佛祖庇佑的證明。

公元七〇四年，法藏在言談之間，提到當年自己煉指的法門寺，說這座寺廟供奉著阿育王靈跡舍利。武則天一聽，馬上派遣法藏前往迎接。根據現代醫學，佛門引以爲傲的舍利子，很可能只是人體內尿酸過高留下的結石，但在古代，這可是佛門聖物，具有無窮的神奇力量。法藏到法門寺後，先做七天七夜的法事，然後開塔。只見舍利在塔中光彩奪目，再被法藏這麼神奇一握之後，光焰升騰，幾里外都看得到大光明。武則天在長安率領群眾恭迎，舉國崇佛的情緒沸騰到最高點，而法藏國師的地位，已是不容動搖，他創立的華嚴宗也跟著盛行起來。

開創華嚴宗

法藏自從入主太原寺後，每天講論《華嚴經》，堅持不懈，數十年如一日。《華嚴經》是印度大乘佛教的重要典籍，中譯本是東晉外來名僧覺賢所譯，共五十卷，三十四品。講論之餘，法藏對於《華嚴經》進行了系統深入的研究，發現當時的譯本不只文字艱澀，還與完整的原書嚴重脫誤，他很感遺憾，每日引頸期盼有人將《華嚴經》的梵文本從西域或印度帶來。等啊等的，公元六八〇年，印度僧人日照攜帶梵文本佛經前來長安，法藏急忙前去請教，想知道是否有《華嚴經》其他章節。日照給他的答案令人振奮，於是法藏用覺賢的譯本和日照帶來的梵文本對勘，果然有不少覺賢漏譯的段落，便央求日照幫助翻譯。日照欣然答應，兩人合作愉快。由於日照帶來的《華嚴經》並非完整版，法藏便慫恿以女菩薩自居的武則天派人到西域取經。多年後，取經的使者從西域歸來，不但帶回了完整版的《華嚴經》，也邀請到精通梵文的西域高僧喜學。喜學在長安主持佛經翻譯，耗時五年，總算將八十卷四萬五千偈的《華嚴經》翻譯完成。法藏對新譯本仍不滿意，又獨自以舊譯本和新譯本會同梵文本校勘，補其漏脫，順其字句，使之更加完美。《華嚴經》在中國終於有了較好的譯本，法藏、日照、喜學居功厥偉。

然而，法藏的企圖心很大，他與日照共事時，不忘打聽西域和印度等地的佛教教派情況，大受啓發。他原本就有意將華嚴學派擴大成一個宗派，只擔心《華嚴經》中譯本太簡略，無法在眾多教派中出乎其類拔乎其萃。而現在既然補足了，加上又從日照那裡聽來佛教「判教」的概況，他對自立宗派更有信心了。佛教發展到唐代，已經進入理論整理與總結的階段，許多佛教理論家往往把以前的佛教思想和著作，按照自己的標準判定高下，層層排列，使之系統化，這叫做「判教」，是一種很特殊的佛教史觀，當然也是各派用來貶抑別派、高捧自己的方式。儘管如此，任意的「判教」無法得到眾人的認同，還需有說服力才行。在法藏那個時代，信仰唯識學說的玄奘已進行過判教，認定唯識學說是佛教的最高境界，玄奘可說是法藏想當然爾的「假想敵」。日照告訴他，玄奘的朋友智光曾用判教的方式反對玄奘的老師戒賢，這給了法藏很大的信心，也發願要判教打敗玄奘。

經過多年努力，法藏終於發展一套判教方式：「五教說」，將佛教各家思想提出五種程度：小、始、終、頓、圓。「小」是最低級的、最原始的佛教思想，小乘佛教屬之；「始」稍稍高了一點，有宗和空宗屬之；「終」又高了一點，以《大乘起信論》爲代表；「頓」又高了些，以《維摩詰經》爲代表：「圓」是圓融、圓滿，是佛教思想的最高境界，《華嚴經》是「諸經之王」，當之無愧。雖然法藏這種判教方式有排擠他派之意，但不容否認地，他的思想中邏輯性很強，內容也很豐富繁瑣，其哲學思辨達到中國佛教哲學的頂峰，幾乎讓人無法辯駁。不只無法辯駁，甚至有聽沒有懂，武則天就曾聽得昏昏欲睡，害法藏急得滿頭大汗，還好他擅長用具體來比喻抽象，最後總算讓武則天豁然開朗。

＊轉換政治陣營＊

跟中國歷史上其他皇帝相比，武則天算是不錯的，她也許殘忍，卻不昏庸，很懂得重用人才。只是身為女兒身，在傳統社會中注定會失敗，這是無可奈何的宿命。武則天晚年，還是立曾被她廢掉的唐中宗為太子，但是她依然多次面臨「逼宮」的壓力。公元六九八年，這一天終於到來了，始終效忠唐朝的宰相張柬之等人，聯合發動政變，逼退高齡八十歲的武則天，擁護唐中宗復位。這場政變，叫「五王政變」。同一年，武則天在鬱鬱寡歡中去世，遺言交代要讓自己「去帝號」，以唐高宗皇后的名義入土為安。此舉等於間接承認，他和唐朝政權、父權社會的鬥爭是徹底失敗了。

武則天失敗了，但從來是他的專屬和尚的法藏並沒有失敗。這大概就是高僧的厲害之處，能洞燭機先、未卜先知。「五王政變」前後，法藏的態度很一致，一以貫之地站在唐中宗這邊，也運用宗教影響力來臨門一腳。唐朝恢復後，法藏繼續受到執政者的推崇，不只封官受爵，還得到許多賞賜，也努力透過政府的力量去興建佛寺，而這些佛寺專屬華嚴宗。

公元七一二年，法藏逝世於長安大薦福寺，享年七十歲。死後，由皇帝親自主持隆重的喪禮。他的華嚴宗也在政治力量的支持下，不斷壯大，得意門生宗密繼續擴張華嚴宗。不過，任何宗教都一樣，如果太依賴政治，最後多半成也政治，敗也政治。中唐時期，唐武宗發動毀佛活動，史稱會昌法難，跟唐朝政權最親密的華嚴宗倒了大楣，從此一蹶不振，直到宋代初年才又勉強復興。只是，禪宗趁著這段時間，已經佔據中國的佛教市場，其他宗派想再來分一杯羹，難矣。

14 磨石成鏡——南岳懷讓

你從哪裡來？

中國禪宗到了五祖弘忍手上，發生了門人神秀與慧能互搶正統的爭奪戰。慧能的門下人才濟濟，其中影響後世最大的有三人，即神會、懷讓、行思。神會爲宣傳慧能禪法，評定南北是非，力爭南宗正統，立下了汗馬功勞。而在禪宗南北爭論激烈的時候，懷讓在湖南、行思在江西，已經悄悄形成新的禪宗派別，而且勢力日見壯大。眞正能弘揚禪宗（慧能所創南宗）法門，使之源遠流長的正是慧能傳承的這兩系：南岳懷讓、青原行思。好玩的是，行思與懷讓在當時，只是與少數學人過著禪的生活，並沒有公開的開法傳禪，所以一直籍籍無名。以懷讓爲例，他之所以能揚名後代，是他的徒孫輩在京師弘揚本宗法門的結果。特別是道一（法號馬祖）自懷讓處深得奧旨後，往江西、福建一帶建立叢林、聚徒說法，弟子眾多，禪宗開始興盛。馬祖又傳百丈懷海，因爲「禪門規式」的制定，此宗更是大盛。馬祖的又一弟子靈佑及徒孫慧寂，在潭州溈山（今湖南省寧鄉縣境內）和袁州（今江西省宜春）仰山弘道、接化、師資相承，別開一派，世稱溈仰宗。懷海的弟子希運住高安（今江西省高安縣）黃檗山，其弟子義玄後在鎮州（今河北省正定縣）滹沱河畔建臨濟院，另成一大宗派。且不管這些細膩的分派，他們一律統稱江西禪派，又稱洪州宗，乃奉懷讓為本系始祖，是唐代末期群眾基礎最深厚、勢力最大的禪宗宗系。追根究底，南岳懷讓的傳承之功是不可磨滅的。

懷讓生於公元六七七年，俗姓杜，金州（今陝西省安康縣）人。關於他的誕生，有一種靈異傳說，說他出生在佛誕節當天晚上，天空中突然出現一道強烈的白光，經主掌天文的太史令呈報唐高宗，遂頒下聖旨給這嬰兒，讚美他是「國之法器」，要金州刺史「善予撫慰」。不過這種傳說在古代多是穿鑿附會之說，不足深信。倒是懷讓成長的過程中，發生了不少有趣的怪事。他從六七歲開始讀書，資質甚高，可以一目十行、過目不忘，問題是他不喜歡儒家典籍，一看到《詩經》、《尚書》、《易經》、《春秋》、《禮記》這種書，他就昏昏欲睡，讀不下去。十歲時，他的父母親赫然發現，這孩子居然對佛經很感興趣，可以徹夜不眠地讀，這實在太詭異了。當時有位玄靜法師從他家走過，對他的父母說：「這孩子將來要是出家，一定能獲上乘果，普度眾生。」眼見懷讓對儒家書籍興趣索然，再混下去也不是辦法，西元六九一年，便讓年紀還小的懷讓到荊州玉泉寺出家，拜宏景為師。

宏景精通佛學中的戒律，自然要求懷讓研習這類的書，像是《四分律》、《五分律》、《八分律》這種書。沒想到這樣一來，懷讓又快睡著了，他對這種繁瑣的東西實在興趣缺缺。有一天，他忍不住感慨地說：「出家人要行無為法，天上人間，是沒有能勝過它的。」意思是說，他想追求另一種佛法。懷讓有個同學叫坦然，見他志氣高邁，勸他投禮嵩山的老安和尚，兩人便一同前往。

「請問老和尚，什麼是達摩祖師西來的意旨呢？」坦然率先發問了。

「你們為什麼不問問自己呢？」

「我們就是不知道，才千里迢迢跑來請教啊。」懷讓也說話了。

「既然如此，那就去看看密作用吧。」

密作用？懷讓給搞得一頭霧水了，正要再問時，一旁的坦然突然開悟，大叫說：「我知道了，我知道了！」這樣一來，生性好強的懷讓反而不敢問下去，他想，只要自己多想想，一定也能領略出來的。不過，從來都是資優生的懷讓始終沒能想出來，老安和尚建議他去廣東見慧能大師。於是，懷讓帶著滿肚子的疑惑，隻身前往廣東。

慧能問：「你從哪裡來？」

懷讓答：「我從嵩山來。」

慧能問：「來的是什麼東西？怎麼來的？」

懷讓答：「如果說他是東西就不對了。」

慧能問：「是否還須要加以修證呢？」

懷讓答：「我不敢說不必修證，但可以說絕不會污染。」

慧能說：「你的看法正好和我的相同，這個不會污染的，乃是佛（祖）菩薩要我們留心維護的。好的，好的！你既然是這樣，我也就是這樣啦。」慧能沒讀過書，說起話來平易近人，卻暗藏玄機。

此後，懷讓便在慧能門下修行，過了八年，他突然省悟，無限感慨地說：「說似一物即不中。」意思是說：如果我能用任何事物來比喻禪，這就不叫禪了。言下之意，文字或語言很難以用來形容禪的，眞正的禪需靠自身體會。他又往慧能的禪房談個人領會，終於得到慧能的贊許。

＊磨石成鏡＊

他在慧能身邊隨侍了十五年，直到慧能逝世，他才離開。七一三年，他來到南岳衡山，住在般若寺，並集資將寺院重新修繕一遍，闢爲禪宗道場，般若寺從此成爲江西禪派的祖庭。隋唐時代，中國佛教形成八個宗派，這些宗派都有創使者和繼承人，他們同被奉爲祖師，祖師的庭院或他們住過的寺院，便稱爲祖庭。禪宗因爲流派最多，勢力最盛，祖庭也是所有宗派中最多的。

懷讓對生活的領悟甚深，很能給我們啓發。有一次，律宗的有源法師問懷讓：「和尙修道，還用功否？」懷讓答道：「用功。」有源問：「怎麼用功？」懷讓說：「餓來吃飯，睏來睡覺。」有源說：「人都如此，怎麼算是用功呢？」懷讓說：「那不一樣，他們吃飯時不肯好好吃，卻有百種需索；睡覺時不肯好好睡，卻要千般計較，這便是用不用功的區別。」禪家總是抱著一個持平的生活態度。他們揭示平常心即是道，道在平常生活中。什麼叫平常心呢？平常心就是生活要正常。現代人整天爲了過分的貪求，弄得飲食無味，坐立不安，失眠與焦慮。這些現象已成爲現代人的通病，都是失去平常心所致呀！讀了這則公案，能不三思？

歷史總跟人擦身而過，懷讓選擇衡山作爲個人的落腳之處，意外造就他的千古後世名，因此我們不得不稍微談談衡山的種種。

衡山是中國五岳中的南岳，在中國佛教史上一直占有舉足輕重的地位，就是這塊土地，在一千多年裏，不知有多少炳然殊姿的人物，不染俗貴，梵行精深，在高高峰頂，在幽幽林間，坐而論道，遊心太虛，修成正果。他們的慧言懿行，不僅士大夫聞風而動，也深深感化著這一代的民風民俗。

據史料記載，西元五六七年，正是陳朝的時候，天臺二祖慧思大禪師帶領四十餘僧來到南岳，在這裡住上了十年。隋朝的一代國師智者大師也曾往返於此，道風流遠。有了這些遠因，衡山注定成爲宗教聖地。唐朝時，這一帶佛法大盛，就禪宗而言，懷讓移居衡岳，前後長達三十一年，直至去世，故有「南岳懷讓」之稱。其間，懷讓唯一成名的弟子馬祖道一，即在此山悟道，並侍奉老師十年。巧合的是，慧能門下青原一系的石頭希遷，也在西元七四二年到達衡山，並且一住就是二十餘年。由此可知，自南宗慧能逝世後，由於南岳懷讓、馬祖道一、石頭希遷三位獨步天下的大宗師長期居住南岳，成就了此山對禪宗的重要性。更值得一提的是，在衡山不遠處，有一座大溈山，山上有一座密印寺，本來是猿猱雜處、杳無人跡之處，後來南岳第二世百丈懷海的弟子靈佑禪師住持此山，橡栗ㄇ食，獨棲七年，建立了溈仰宗，這是禪宗五家七派中五家的第一家。正是由於靈佑禪師住持此山四十餘年，是最初舉揚一家宗風的大禪師，故而世稱「溈山」。換言之，就連衡山附近，也都是著名的禪宗重地。

懷讓來衡山後，一開始默默無聞，後來收了馬祖道一當徒弟，開始走紅起來，「師父因徒而貴」，這是個有趣的例子。根據《指月錄》記載，馬祖道一年輕時到衡山修習坐禪，當時的住持懷讓禪師看出道一是可造之材，便過去問他：「你在這裡坐禪，究竟想圖個什麼？」馬祖回答：「想要成佛。」懷讓一聽，便拿出一塊磚頭，在庵前的石頭上磨了起來。馬祖問懷讓：「你磨這磚頭做什麼？」懷讓回答：「磨鏡子。」馬祖頓覺好笑：「磨磚怎麼可能磨出鏡子來？」這時，懷讓才說：「磨磚塊既然磨不出鏡子，坐禪又怎能坐成佛？」馬祖問：「那要怎樣才能成佛？」懷讓說：「這就像牛拉車，如果車子不動，你是打車子呢？還是打牛？」馬祖無言以對。

這段公案的譬喻相當精采，也是懷讓禪師著名的事蹟之一。對懷讓而言，習禪的目的在於見性成佛，靜坐的目的當然也是，靜坐是一種磨功，手段在磨，目的在見性，如果磨而不見性，就跟拿磚頭猛磨而想磨出鏡子來一般，終究徒勞無功；靜坐是一個過程，就像駕駛牛車，要將車子到達目的地，如果車子不走了，問題不在車子，而在牛，這牛是修禪者的自性，而非修禪靜坐的儀式，不想通這個道理，只是不斷靜坐，車子永遠動不了。

公案的後半段，還有懷讓禪師的一段指示。懷讓告訴馬祖：「你是為了學坐禪，還是學坐佛？如果是學坐禪，禪不存在於坐臥的形式上；如果學坐佛，佛沒有永存不變的外相。求法，而法無固定的歸所，因此不應有所取捨。你如果學坐佛，就等於扼殺了佛；你如果只執著於坐相，就求不到眞理了。」

最有趣的是，馬祖道一皈依懷讓之前，原本是北宗的信徒。禪宗自慧能門下分裂後，也隨之分化為南北兩宗。慧能的南宗主張「頓悟」的觀點，不打坐，不念經，不持戒，否定「我心」之外的一切「外物」；神秀的北宗則主張「漸悟」的觀點，通過打坐、念經、持戒的途徑成佛。南宗的懷讓禪師在衡山宣傳南宗教義，北宗的馬祖道一和尚居然跑來「撒野」，在離懷讓宣講教義不遠處結廬為庵，終日打坐念經，這簡直是對南宗的挑戰。南北宗向來是世仇，就算懷讓不想收道一為徒，起碼得「淨山」一番才行。

懷讓用「磨磚不能成鏡」的比喻啓示道一，並說法偈：「心地含佛種，遇澤悉皆萌，三昧華無相，何壞復何成。」道一頓開悟心地，當場拜懷讓為師，此後放棄北宗之說，改修「我心即佛」、「見性成佛」的頓悟法門。十年後，道一在他地開堂說法，弘傳南宗教義，成為一方宗主。後人遂將懷讓磨磚的地方稱爲「磨鏡臺」，並刻上「祖源」二字。磨鏡臺今天仍在，位於衡山山腰，與半山亭對峙，古木參天，清幽秀麗，令人想見當年。

你得到我的心了

師徒兩人分開後，感情仍然十分深厚。有一次，懷讓派人去問道一：「你近年在做什麼？」道一的回答很妙：「自從胡亂後，三十年不曾缺少鹽醬。」這種禪機禪語，大概只有師徒兩人才懂，其他人沒有他們的道行，只能用猜的。有一種解釋說，「胡亂」就是胡人安祿山的叛亂，安史之亂發生後三十年，正是懷讓過世的那年；如果從平定安史之亂開始算，到馬祖道一逝世時，也剛好是整整三十年。馬祖在世期間，門徒甚多，供奉甚富，當然沒有鹽醬等生活上的問題了。

懷讓晚年，曾將六位門生叫來：「你們六人，可算是我的入室弟子了。信、解、行、證四個階段，你們已經通過前三個，現在該由我來爲你們做點印證了。不過你們六人，只從我身上各得其一。」

懷讓停頓了些許，又說：「你，常浩，是具備威儀的，可說是得了我的眉。」

「智達，你能顧盼自雄、處變不驚，可說是得了我的眼了。」

「坦然，你善於聽理，可說是得了我的耳朵了。」

「神昭，你善於和氣，已經得了我的鼻。」

「嚴峻，你善於說理，得到我的舌頭。」

印證過了五人，最後，懷讓將眼神落在馬祖道一臉上。「道一，你瞭解了古今的眞理，我們禪宗將因你而大盛，你得到的是我的心。好自爲之吧！」

懷讓在道一離開南岳不久，於唐天寶三年（七四四）八月十一日，圓寂於南岳般若寺，唐敬宗賜謚大慧禪師，世稱禪宗七祖。慧能南宗正是通過青原行思、南岳懷讓，形成了唐代中國佛教「一花五葉」（南岳懷讓系後衍化出潙仰、臨濟宗；青原行思繁衍出曹洞、雲門、法眼三宗）、「五葉流芳」的興盛局面。

15 一行到此水西流——一行

讀書筆記

在中國歷代高僧中，不乏多才多藝的和尚，他們不只精通佛法，還有其他「世俗」上的貢獻，有的是文學家，有的是生意人，有的很有政治頭腦，有的很有科學天才。盛唐時期的佛門高僧一行便是其中一例，他既是密宗的大師，又是偉大的天文學家，這是很不容易的。

一行原叫張遂，生於唐高宗弘道元年，時值公元六八三年。他有很顯赫的家世背景，祖父是唐朝初年的功臣張公瑾。唐高祖李淵建立唐朝，兒子李世民的功勞最大，但因不是長子，無緣當太子，心有未甘，跟大哥建成、小弟元吉明爭暗鬥，最後釀成玄武門之變的慘劇。事變發生前，李世民找人卜卦，結果大兇，人人驚慌失措，獨獨張公瑾力排眾議，主張不管占卜吉凶，應該先發制人。李世民聽從張公瑾的建議，帶領手下將士在玄武門手刃親生兄弟，然後奏請李淵封他爲太子。事情已經無法挽回，李淵只好在同一年宣布退位，李世民正式登基，就是有名的唐太宗。唐太宗大封有功將士，並命有名的畫家閻立本在凌煙閣畫壁畫，將二十四個功臣畫上，張公瑾是其中之一。

這樣的家世背景，並沒有給張遂帶來任何好處，因爲種種緣故，到他這一代，已經家道中落、生活貧困了。所幸張遂十分好學，常到長安的玄都觀中向道士嚴崇借書。有一次，他向嚴崇借來西漢大學者揚雄的《太玄經》，過沒幾天，就拿去歸還了。嚴崇見此光景，很不以爲然的對他說：「這本書的含意十分深奧，學問十分厚實，如果仔細挖掘，可以增長見識。你既然來借這本，就該好好讀完，怎麼可以半途而廢呢？」嚴崇的話出自好意，不無道理。張遂卻說，他已經全部讀完了。嚴崇心想，這本書是揚雄模仿《易經》而寫的，義理玄遠，他自己花了許多時間反覆研讀，仍覺得不甚了了，眼前這小伙子年紀輕輕，也沒花幾天功夫，就說自己讀完了，其誰能信？如果不是說謊，就是一知半解地讀過。這種求學的態度，未免太混了吧！看到嚴崇的眼神，張遂知道那是什麼意思，便拿出厚厚的兩本筆記來，說是閱讀此書的心得，請前輩指教。嚴崇接過一看，一本叫《大衍玄圖》，一本叫《義決》。仔細一讀，咦，條理清晰明朗，看法也透徹精闢，這實在……太叫人驚奇了！頓時之間，嚴崇對張遂無限讚嘆，以後逢人就說：「張遂這年輕人前途無量，眞是顏回再世！」

嚴崇在長安很有名氣，經他的宣傳後，張遂很快走紅，大家都爭相認識這位青年才俊，包括惡名昭彰的武三思。武三思是武則天的姪子。武則天當了多年的女皇帝後，垂垂老矣，誰來繼承皇位，讓她大感頭痛。起先她中意姪子武承嗣，後事考慮到武家的基礎太過薄弱，只好選定當過皇帝被她廢掉的李顯做太子。此事成爲定局後，武承嗣怏怏而死，武三思則不死心，繼續進行各種活動，覬覦太子的位置。他的方式之一是拉攏才高名重的人，一聽說張遂年輕有爲，立刻派人前去，想要強行交朋友。面對這種盛名之累，張遂不想接受，也無法拒絕，他只好選擇逃避，逃到南方的荊州當和尚，法號一行。

＊一行到此水西流＊

南來荊州後，一行逃過災難，過了一段清靜的日子。後來經人介紹，他來到嵩山少林寺，拜當時擔任少林寺住持的普寂禪師爲師，普寂是神秀的大弟子。神秀和慧能，一北一南，各自發揮所長，神秀代表的禪宗北宗在中國北方聲勢很盛，唐中宗時，神秀已高齡九十九，下令普寂接班。神秀逝世後，普寂自然是禪宗北宗理所當然的掌門人，一時「北宗門下，勢力連天」，蔚爲顯學。少林寺在神秀、普寂這對師徒的經營下，規模越來越大，殿宇閣樓超過一千間。一行首次拜訪普寂時，恰逢普寂在少林寺宣講一切無不是緣起、佛性無所不在，吸引許多信徒聆聽，一行夾雜在人群中聽講，聽得如癡如醉。對他來說，普寂的話有如一道閃電，擊穿了他心中的混沌，讓他瞥見世間的熱鬧不過是虛幻的七寶樓台，成見像敗葉一般紛紛掉落。一行深感不虛此行，聽完演講後，立刻拜普寂爲師，成爲禪宗的一員。

普寂在禪寺舉辦佛法大會，數百里之內的各路名僧大德皆慕名而來，人數上千，盛況空前。為了讓大會錦上添花，普寂決定敦請著名隱士盧鴻寫篇開場白。盧鴻的文筆絕妙，學問飽腹，只是個性有點怪，文章寫好後，便跑去告訴普寂：「這可是我的嘔心瀝血之作，文中數千言，字字珠璣，含意深遠，一般人是看不懂的。今天的法會必然群賢畢至，少長咸集，裡頭總有一兩個聽得懂的，所以你必須找一個最聰明靈巧的弟子出來，讓我親自教他朗誦此文的技巧，才不會當眾丟臉。」普寂覺得這傢伙未免太目中無人了，不過既然是自己有求於人，因此含笑回答：「能夠得到盧先生的教導，這是我的門人畢生的榮耀。」於是命人傳來一行。

一行來了之後，普寂告訴他盧鴻之意，並請他先讀讀盧鴻的文章。一行原本就有一目十行、過目不忘的特異功能，匆匆看過後，把文章又放回桌上，施禮告退。盧鴻見這個年輕人如此傲慢，對他的佳作這樣不屑一顧，不禁勃然大怒，卻又不好當眾發作，氣得說不出話來。法會時間到了，只見一行飄然出場，也沒帶稿子，便朗聲背誦盧鴻的文章，一字不漏，清音高亢，抑揚頓挫尤其分明，現場人群大吃一驚，而最吃驚的是盧鴻本人，他這下才知道後生可畏，長江後浪推前浪，一代新人換舊人。法會結束後，盧鴻將普寂拉到一旁：「這個年輕人眞是了不起，聰明伶俐、膽識過人，別說我不敢指導他，就算你大概也很難再教他什麼，不如放他出山，好好到處跑跑，增廣見聞。」普寂微笑：「我也正有此意。」就這樣，在兩位前輩的鼓勵下，一行離開嵩山少林寺，獨自出來闖天下。

一行在遊歷的過程中，曾到天台山的國清寺，只見一個環境清幽的院落，門口留著一條溪水，院子裡長著幾十棵粗壯的古松，綠意濃郁得幾乎要掉下來，空氣裡安安靜靜的，似乎不敢驚動眼前的美景。再仔細一看，院子裡有一位僧人正用籌棍演算習題，一面對著徒弟說：「前些時候聽說有人要來拜我爲師，學習這些絕活，算算日子，應該是今天吧，怎麼還沒看到人呢？莫非沒有人引導他？」一行聽了，暗暗吃驚，正要敲門，那僧人又說話了：「咦，院外的溪流之聲大異尋常，往日水往東流，今天卻向西流，嗯嗯……一定是我的學生到了。」一行低頭看身旁的清溪，哇，到底怎麼回事？溪水居然掉頭向西流去了，莫非這是天意，冥冥中早已注定好的？興奮的一行推門而入，恭恭敬敬地拜師學藝。這時，門外的溪水又重新向東流去了。老僧人含笑，將自己一身的數學之事都傳授給他。一行往後能在天文、曆法上有驚人的造詣，這位老僧人給他的幫助是很大的。後人爲了紀念此事，特地在天台山的清溪畔、國清寺前勒碑刻石，上面寫著「一行到此水西流」七字。

＊移星換斗＊

武則天晚年的中國，非常動盪不安，公元七一三年，李隆基接下大唐江山，是爲唐玄宗，唐代繼唐太宗之後，又步入另一個高峰期。唐玄宗爲了穩定社會，十分積極進行各項改革，也不吝挖掘人才。當他聽說一行和尚的種種事蹟後，便極力敦請一行前來長安。當時的一行，正在荊州的當陽山中跟著悟眞和尙學習梵律，對於朝廷的「好意」，他屢次稱病推辭，最後實在推不開來，只好出山。把一行請到皇宮後，唐玄宗心想：「這和尙好大的架子，居然讓我三請四請，不知能耐如何？」於是問：「師父有何專長？」這話當然是明知故問，如果不曉得人家專長，怎麼會堅持將他請來呢？一行謙虛得很：「小僧別無所長，只是記性稍好罷了。」記性稍好？唐玄宗命人取來一本宮中的名冊遞給一行，一行接過後快速地瀏覽一次，還給唐玄宗，然後從第一頁開始，一頁一頁背誦下去，流利的程度就像是在展示自己的傳家寶一樣，半字不差。唐玄宗邊看名冊，邊張大嘴巴，驚訝得說不出話來，急忙走下來施禮：「大師眞是神人啊！」

從此，一行很得玄宗的信任，兩人常常晤談。一行把握這個機會，遇到應該犯顏直諫的時候，他也很不客氣地要玄宗改進。有一次，玄宗要爲女兒辦理超大型的世紀婚禮，準備大肆鋪張一番，一行勸說這樣未免勞民傷財，應該取消，玄宗從善如流。這件事傳出去後，大家知道一行在皇帝面前具有影響力，各種請託、關說的壓力接踵而至，讓一行大感困擾。有一天傍晚，一行從興唐寺中出來散步，打算好好驅除一日的疲勞，沒想到暮色中撞出一個老太太，不分青紅皀白就跪在他面前。一行睜眼一看，原來是從前曾接濟過他的鄰居王姥姥。

「王姥姥快快請起，有什麼要事呢？」

「我那不成材的兒子不小心殺了人，被判了死罪。我知道你現在是皇帝身邊的紅人，你一定要叫聖上赦免我兒，可憐可憐我吧。」

「這……家有家規，國有國法，豈能由我說了算？不如讓我給妳一些金錢，好好安排以後的生活吧。」

王姥姥一聽，從地上跳了起來，指著一行的鼻子破口大罵：「眞是枉費我當年那麼疼你！你喝過我的奶水多過我兒喝的，今日竟然這麼現實，走紅了就忘了昔日的恩人，我眞是看走眼了。」

王姥姥痛哭離開了現場，只留下錯愕的一行。他眞沒想到自己出山後，居然淌出這麼大的渾水來，果然紅塵是非多啊！

一行對政治開始感到厭倦，不過，王姥姥對他恩重如山，不想點辦法似乎不行。他在各地遊歷多時，對密宗頗多接觸，也學了一些神通靈異的法術，這時剛好可以派上用場。一行派弟子到山中抓來七隻小豬，綁在麻袋中，只見一行唸唸有詞，不知念的是什麼咒語。幾天後，唐玄宗急急派人來找，說是昨夜天上的北斗七星消失無蹤了，不知是何緣故？一行說：「天人可以感應相通，如果百姓的日子不安定，就會招致這種現象，唯有請皇上特赦天下的犯人，才能讓上天滿意。」唐玄宗立刻照做，王姥姥的兒子因此逃過一劫。當晚，北斗七星的光輝再度佈滿星空。一行的法術，未免太神奇了吧！

＊天文學家，密教大師＊

實際上，唐玄宗找一行來長安，主要目的並非要諮詢他政治方面的事，而是要讓他發揮所長，主持重修曆法的事。對一行而言，這種純粹學術的工作是比較快樂的。從公元七二一年開始，一行花了六年的時間在撰寫《大衍曆》，期間他廢寢忘食，嘔心瀝血，工作既緊張又充實。在《大衍曆》出現之前，唐朝使用的曆法叫《麟德曆》，誤差較大，一些日蝕之類的天象都與曆法所載不同，要製造新的曆法，非得從天象方面尋找科學根據不可，因此一行先製造了一些先進的儀器。七二三年，一行用他發明的儀器證實恆星位置確有移動，並據此畫成三十六張天文圖，深得玄宗的嘉許。接著，一行改進了漢朝的渾天儀，又用圭表測量同一時間裡日光在各地投影的影差，以計算太陽距離赤道南北的遠近。例如太陽在最北最高時，圭影最短，這就是夏至；太陽最南最低時，圭影最長，這就是冬至。依此可確定二十四節氣的區分和測定時刻。依據實測結果，一行糾正了古書中的錯誤數據，並且是世界上第一次用科學方法實測子午線，意義重大，而且也提出新的觀點：在較小的有限空間範圍中得到的認識，不能任意向較大的範圍和無限的空間推廣。

唐玄宗敦請一行入朝，除了希望他重新整理曆法，另一個目的是想請他協助善無畏翻譯密宗的根本經典之一的《大日經》。密宗也稱為密教、秘密教、瑜伽密教、金剛乘、眞言宗等等。

所以稱之爲「密」教，原是爲了與大小乘的「顯」教相對。照密宗的說法，顯教是釋迦牟尼的應事佛所說的種種經典，密教則是釋迦牟尼的法身佛所說的奧秘大法。密教的教理組織不易說明，但以高度組織化的咒術、儀式和種種神格信仰爲特徵。現今的密宗雖然盛行於西藏，其實在西藏之前，中原地區早就傳入了，那是在隋唐之際，當時還比較零散片段，不成體系，傳進來的密典也以雜咒居多，僅限於驅除邪魅、預測吉凶、消災招福等方面。唐玄宗開元年間，印度的密教高僧善無畏和金剛智前來中國傳授密法，一行即是善無畏的高徒，兩人一起翻譯出了《大日經》。一行在老師的鼓勵之下，親承講傳，筆受口訣，寫出重要的《大日經疏》二十卷，書中組織密法教理，解釋經文意義，而且還發揚大乘佛教既出世又入世的精神，使密教合理化。當然一行本人在天文、曆法上的貢獻，也可證明是這種精神的實踐者。

比較可惜的是，由於工作量太大，曆法和密教兩頭忙，身體負荷不了這樣大的勞累，公元七二七年，一行終於病倒了，他無法將密法口頭傳授給弟子，使得善無畏所傳的胎藏界密法，到他爲止就中斷了。反觀由金剛智傳給不空的金剛界密法，卻因爲不空門下甚爲壯大，不只順利繼承下來，還傳播到海外。傳教要有健康的身體和不錯的運氣，由此可知。這年的九月，一行在長安華嚴寺修完《大衍曆》的草稿後，就染病不起，玄宗得知後大驚，急忙召集各路名僧爲他延治祈禱。當然，這樣的效果是微乎其微的，沈重的病情一直拖到十月，終告不治死亡，死時才四十五歲而已，甚至比他的老師普寂還要短命許多。傳說一行死後，遺體停放二十一天，不但沒有腐爛，面目栩栩如生，更奇異的是，遺體上的毛髮還繼續生長。

傳說唐玄宗時常在大明宮秘密宣召一行，問他許多有關唐朝國運的問題，一行本來不想回答，後來被逼得沒辦法了，只好含糊地說：「陛下當有一次萬里之行。」又送他一個錦囊，叮嚀不到危急時刻不得打開。一行死後，唐玄宗遇到安史之亂，逃到四川避難，突然想起錦囊，打開一看，裡面放有中藥當歸。當歸的字面意思是「應該回去了」，唐玄宗因而領悟所謂的萬里之行，原來就是這趟逃難之行啊！類似這種未卜先知的怪事很多，應該是後人穿鑿附會所致，不足深信。

16 日本律宗始祖——鑒眞

遠來的和尚

鑒眞生於西元六八八年，俗姓淳于，揚州人，自幼便喜歡鑽研各種學問。十四歲時，被智滿收爲沙彌，配居大雲寺，開始潛心研究佛教經典，對佛典的「五明學」下過很大功夫，尤其是對曆算、工藝與醫學都深入鑽研，可謂多才多藝。十七歲時，依道岸律師受菩薩戒。兩年後，出遊洛陽，隨後又到長安。次年，他在長安實際寺依恒景律師受具足戒。成年後的鑒眞，足跡主要停留在長安和洛陽。當時，道岸的師父文綱、師兄弘景均應召來到京城，鑒眞跟隨這些名師學習佛學知識，遍讀群經，對於佛學中的律藏造詣尤深。唐代律學除了獨占優勢的南山宗外，還有相州日光寺法礪的相部宗和西太原寺懷素的東塔宗，一時三足鼎立。爲鑒眞授戒的道岸、恒景都是律學的一時大師，又是南山宗開創人道宣律師的再傳弟子。不過，鑒眞對律學並不持一家之見，於三宗都有接觸與研究，因此他的視野比較廣闊。二十六歲時，他已經是能融貫各家專長、聲名遠播的律宗大師了。

值得一提的是，融濟、文綱是律學始祖道宣的弟子，而道宣與唐代醫藥大師孫思邈有極深的友誼。兩人在醫學和佛學方面互相影響、互相學習，現今治療神經衰弱的「天王補心丸」，便是道宣自己患心氣不足時創製的。鑒眞從這老師那裡獲得許多驗方，日後還將得自道宣「奇效丸」帶到日本。

在長安、洛陽苦學有成的鑒眞，回到揚州主持龍興寺、大明寺，在江淮地區講律傳戒，名聲大噪。他在寺院裡設悲田、福田，這是寺廟裏附設的醫療慈善機構，並積極參與其事，自製丸散膏丹，爲貧苦民眾送診施藥。

本來，他的心願不過是在家鄉佈道而已，誰知命運讓他的人生有了奇妙的轉折。

西元七四二年十月下旬，揚州城來了一批風塵僕僕的僧徒。細看之下，他們的長相不像中國人，也不像常來中國經商的波斯人，而是從另外一個國度來的。這支隊伍之中，有兩個名叫榮睿、普照的日本僧徒，他們專程從日本千里迢迢來到長安，再轉來揚州，爲的就是準備邀請大明寺的高僧鑒眞去日本傳授戒律。

西元六、七世紀之際，日本社會正處於大變革時期，文化迅速發展。爲了適應文化發展的需要，日本迫切要求學習先進的科學文化與技術知識。剛好這時，他的鄰居大隋與大唐帝國正是經濟、文化的高峰期，堪稱世界第一大國。因此，日本政府派出一批又一批的使團來中國進行文化交流，並派遣大批的留學生、學問僧來中國學習。隋朝二十八年內，日本政府三次派出遣隋使；唐代二百年間，日本又先後十九次派出遣唐使，其中人數最多時達五、六百人，可見當時的盛況。

佛教自西元六世紀傳入日本以來，到西元七、八世紀時已非常鼎盛了，成爲日本的國家宗教。日本朝廷爲了掌握佛教事業，認爲必須以國家名義來制定授戒制度。而日本的佛教界也深感日本佛門戒法不全，急切從唐土聘請傳戒高僧，以建立如法的僧伽制度。雙方一拍即合，日本佛教界領袖隆尊長老向日本政府提出這個想法，並推薦榮睿、普照這兩位年輕的僧徒，前往唐土聘請傳戒高僧。就這樣，榮睿、普照肩負著日本政府與法門的重任，於西元七三三年隨第九次遣唐使來到中國。這時，正是唐玄宗執政時期，中國空前強盛。

榮睿、普照來唐後，在洛陽、長安學習佛學達十年之久，期間雖在長安聘得道璇去日本傳戒，但是道璇的學問資歷還不高，加上僧員不足，仍無法完成正規的受戒儀式，兩人心中十分焦急。後來，兩人從大安國寺的道航和尚那裡得知，原來道航有個叫鑒眞的老師住在揚州，是一位學識淵博的高僧。兩人大喜過望，爲了完成來唐的使命，便約了長安的道與澄觀、洛陽的德清、高麗的如海，跟他們一起來揚州拜謁鑒眞，希望看在這些高僧的面子上，鑒眞能推薦幾位德學兼備的傳戒師到日本傳授戒律。

「大師您好！我們是來自日本的僧人。我國在海之中，距離中國相當遙遠，雖有佛法而無傳佛法的高人，非常期盼在暗室中有人爲我們點燃燭火。能否請大師撥冗，推薦幾名弟子隨我們回國？」榮睿、普照來到大明寺，恭敬地請求鑒眞。

鑒眞平時已聽說日本的情況，略有所悉，現在又看到兩人的一片誠意，深感日本是一個

「有緣之國」，便揮揮手對底下的弟子說：「有誰自願隨這兩位師父到日本的？」

底下一片安靜，連呼吸聲都很清楚。突然，一位叫祥彥的僧徒出來說道：「日本太遠了，要橫渡大海，只怕很難活命。」

「祥彥不願意，其他人呢？」

鑒眞又問了幾次，沒有任何回答，他火大了：「這是你們獻身佛門的精神嗎？你們怕死不敢去，那老衲去！」

一聲「老衲去」，底下騷動起來，包括榮睿、普照在內。兩人是又驚又喜，沒想到可以請到大師。鑒眞的學生反應則不同，他們見到老師回答的語氣是如此的堅決，不禁大爲感動，當下就有十七人表態，願意追隨師父東渡傳戒，包括原本不願意的祥彥。這時，鑒眞已經五十五歲，從此開始了他那照耀史蹟的偉大事業。

＊六次東渡日本＊

唐朝的法律禁止僧人私渡日本。道航是當朝宰相李林甫的哥哥李林宗的「家僧」，透過道航，鑒眞一行獲得李林宗的介紹，得到揚州倉曹李湊的支持與幫助，建造船隻，備辦乾糧，藉口要去天台山進香。弄了半天，西元七四三年三月，鑒眞做好了一切東渡的準備，正要啓航。

不料，浙東一帶出現海盜，隨行的僧徒又發生意見糾紛，讓整個計畫出現意想不到的變化。

原來，鑑眞的徒弟道航認爲，這次到日本去，如果要完滿傳授戒法，就需要學識精深的僧人和能工巧匠，閒雜人等能不去則不去。他覺得高麗僧人如海除了會坐著念經，其他的一概不會，實在沒必要讓這傢伙在船上卡位、浪費糧食。這樣一來，當然引起如海的憤怒，他自認沒有功勞也有苦勞，豈能如此受辱？「既然不讓我去，大家都別去吧！」於是，如海向官府誣告，說道航等人私通海盜，準備引海盜到城裡殺人放火。淮南採訪使班景倩大驚，立即將榮睿、普照、道航等人拘捕審問，幸好鑑眞要偷渡到日本的消息沒有洩漏。事後，眞相大白，如海以誣告罪被打六十大板，並勒令還俗，而榮睿等人已飽嘗了四個月的鐵窗「風」味。釋放時，淮南採訪使仍以「今海賊大動，不須過海」爲由，沒收了他們的船隻。就這樣，第一次東渡計劃失敗了。

榮睿和普照不死心，仍然決心請鑑眞東渡日本，所以又一次秘密到大明寺拜訪鑑眞。鑑眞爲其眞情所感動，決意再次東渡。同年十二月下旬，鑑眞出錢八十貫，買了嶺南道採訪使劉巨鱗的一艘軍船，準備大批物資，雇用十八個水手，連同僧人、各種工匠與藝人，一行共八十五人，在十二月下旬的一個月明之夜，從揚州悄悄開航，沿長江東下。這回沒被發現！眾人正在高興時，船到浪溝浦遇到大風暴，風浪擊破船隻，只好停留一月修船，再度下海。誰知船至揚子江口時，又遇滔天風浪，停泊一個月後再次啓航。倒楣的是，船隻在衢州群島再度觸礁沈沒，船上東西全被海浪捲走，眾人登上一個荒島，最後被官船送回寧波，大部分人遣送回鄉，而十七位僧人則被送到浙江鄞縣的阿育王寺。第二次東渡，又這樣告吹了。

第二年春天，鑒眞一行人受聘到紹興龍興寺講律授戒，順帶解釋了他想東渡的動機，同年秋天回到阿育王寺，沒想到又節外生枝。原來，紹興的僧人不瞭解鑒眞東渡的意義，不想讓這樣一位大師離去，便向官府控告，說榮睿引誘鑒眞，官府隨即逮捕了榮睿，普照因躲在民家未被逮去。榮睿在押送解京途中，在杭州得病，假稱病死，才得脫難。如此一來，第三次東渡的計畫尙在醞釀中，便因被人告密而流產了。

連番幾次挫敗，並沒有打擊到鑒眞的信心。相反地，他看到日本僧人榮睿和普照爲了請他東渡日本，居然不避生死，他再次下決心東渡。爲了避開眾人的注意力，鑒眞派人先去福建購買船隻，備辦海糧。七四四年冬天，鑒眞率領榮睿、普照、思托等三十餘人，聲稱巡禮聖跡，秘密從浙江小路往福州，想先走水路到山東。意外再度發生，揚州龍興寺的弟子靈佑不忍老師如此勞累奔波，發動僧徒阻止鑒眞赴日。江東道採訪使下牒諸州追攔截，鑒眞一行剛到浙江黃岩縣的禪林寺，便被官兵重重包圍，遭強行押回揚州大明寺，第四次東渡計劃又成了泡影。揚州佛徒聽說鑒眞回來，欣喜若狂，競相前來供養、慶賀，但鑒眞卻悶悶不樂，重重痛罵靈佑後，數月不見笑容。後在靈佑等人的不斷懺悔下，才勉強恢復笑意。

在這樣的形勢下，榮睿、普照感到自己再留在揚州龍興寺，只會讓官廳持續監視鑒眞。爲了製造假象，他們移居安徽安慶，在那裡足足等待了三年。西元七四八年，兩位日僧偷偷來到揚州崇福寺，鑒眞又悄悄進行第五次東渡，申請同行的和尚有三十五人，船員十八人，共計六十多人。他們在六月二十六日夜，從揚州新河秘密登舟，尙未出海，即遇風浪，飄到浙江海面，先後在三塔山、署風山各停住一個月，十月十六日登程後，又遇狂風怒濤，在大海中整整飄流了十四天，最後漂到了海南島西南角。他們碰上四個商人，一起到振州接受地方官府的招待，然後輾轉北返，從雷州海峽，經由廣西、廣東、江西、安徽，返回揚州。一路上歷盡艱辛，前後歷時二年，不但做白工，還多災多難：路經端州時，榮睿病死；途經吉州時，跟隨鑒眞最久的學生祥彥也病死；鑒眞自己也勞累過度，受暑熱得了眼疾，加上醫治不當，不幸雙目失明。福無雙至，禍不單行，沒有什麼比這更慘了。

鑒眞雖遭受接二連三的沈重打擊，但他瞭解到日本老百姓的期盼，因此，始終有一股強大的力量在支持他。西元七五三年，日本遣唐使藤原清河在歸國前，特來揚州拜訪鑒眞，代表日本國迎請他去日本傳律授法。鑒眞不加思索，決意乘遣唐使船渡日。聽到鑒眞又要出海的消息，廟裡的和尙們又想阻止了。爲了避開官府及僧徒的阻攔，鑒眞和他的弟子在十月十七日夜，秘密乘船離開揚州。普照從鄮山阿育王寺趕來，在黃泗浦會合，一行二十四人搭上遣唐使船，於十一月十五日夜啓錨。終於，鑒眞一行又踏上了第六次東渡的征途，經過兩個月的艱苦航行，於次年二月到達當時日本的首都奈良，得到當地官府的迎接。那時鑒眞已是六十六歲的失明老人了。

鑒眞和尚從七四三年起到七五四年止，歷經十一年，前後六次東渡日本，眞是備受艱辛，屢遭磨難，終於達到東渡日本、弘揚佛法的目的。他的航海過程，是我國歷史上少有的航海經歷。

日本律宗始祖

鑒眞到日本後，即開始傳戒，建立了日本律宗，自此日本有了正式的律學傳承，他也被尊爲日本律宗初祖。他還爲日本天皇、皇后、太子等人授菩薩戒。又分別在奈良東大寺、下野藥師寺、築紫觀音寺造戒壇，被稱爲日本三戒壇。日本天皇又送給鑒眞伽藍一座，建成了日本著名的唐招提寺。另外，他還爲日本帶去了許多佛像及《華嚴經》、《大佛名經》、《大集經》、南本《涅槃經》、《四分律》、天臺《止觀》、《玄義》、《文句》、相部律宗《四分律疏》、南山律宗《四分律行事鈔》、東塔律宗《戒本疏》、《比丘尼傳》等佛典。當時的日本佛典多從朝鮮傳入，口授、手抄的錯誤在所難免。據《續日本紀》記載，天皇曾爲此委託鑒眞校正經疏錯誤。

鑒眞居留日本十年，除講律授戒，也傳授其他技能，包括醫療技術與知識。他的醫術在日本也有很大影響，被日本人譽爲「醫術之祖」。鑒眞歷次東渡，都攜帶有大量的藥材與香料。初到日本時，因治癒了光明皇太后的疾病，皇室把備前國水田一百町賜給他。隋唐年間，中國醫藥知識及醫藥典籍相繼傳入日本，但日本人對於鑑定藥物品種的眞僞、規格、好壞尚缺乏經驗。鑒眞儘管雙目失明，還是利用鼻子的嗅覺、舌頭的味覺、手指的觸覺，將藥物的知識傳授給日本人，矯正過去不少錯誤；同時對於藥物的收藏、炮炙、使用等知識，也毫無保留地傳授給日本人。現今日本奈良東大寺正倉院收藏有六十種藥物，據日本學者考證，這些藥物有的是鑒眞帶去的，有的是鑒眞同時代的人從中國運去的。

鑒眞及其弟子大都擅長書法，去日時攜帶王羲之、獻之父子眞跡，影響所及，至今日本的書法風氣不衰。此外，日本的豆腐業、飲食業、釀造業等也認爲其行業技藝均爲鑒眞所授。

七六三年五月六日，鑒眞卒於唐招提寺，享年七十六歲。弟子思托記述其六次東渡事蹟，經日本著名文學家眞人元開潤色後，寫成《唐大和尚東征傳》，流傳至今。

17 石頭和尚——希遷

奪牛毀廟的輕狂少年

唐代有個禪師，曾爲世人開列十味奇藥：「好肚腸一條，慈悲心一片，溫柔半兩，道理三分，信行要緊，中直一塊，孝順十分，老實一個，陰騭全用，方便不拘多少。」這十味奇藥的服用方法是：「此藥用寬心鍋內炒，不要焦，不要燥，去火性三分，於平等盆內研碎，三思爲末，六波羅蜜爲丸，如菩提子大，每日進三服，不拘時候，用和氣湯送下。果能依此服之，無病不瘥。切忌言清濁，利己損人，肚中毒，笑裏刀，兩頭蛇，平地起風波——以上七件，速須戒之。」能用這麼有趣的方式表達其人生觀的，不是別人，正是石頭希遷大師。

石頭希遷禪師（七〇〇—七九〇），俗姓陳，端州高要（今廣東省高要縣）人。據《宋高僧傳》記載，希遷年幼聰敏，年輕時即沉毅果斷，自信力特強。同鄉村民畏怕鬼神，常以殺牛斟酒的方式來祭祠鬼神，希遷爲了打破村民愚昧迷信的行爲，就常將神祠搗毀，並救出將被村民宰殺的牛隻。這位後來慣於靜坐沈思的一代哲人，年輕時代竟是如此剛強好動、敢作敢爲，實在令人驚異。不過，從這件小事也可看出他對原始自然神靈崇拜的反對，直接影響他日後走上追求佛陀智慧，以及長於精巧思維的道路，這是處於兩種文化之中抉擇的成果。

後來，他聽說慧能大師開法，便去投奔慧能。慧能在廣東曹溪安度晚年，希遷的故鄉離曹溪不遠，這也是一種緣分吧。只是，希遷到慧能門下才不久，慧能就過世了。過世前，希遷上前問：「師父！你在世時，我依止你學道，你圓寂以後，我怎麼辦？」慧能回答說：「尋思去！」希遷沒聽懂慧能的意思，此後每天打坐參禪，心想師父大概要叫他自己思索。後來，一位老首座問他：「你怎麼老是在這裡打坐呢？」希遷說：「慧能大師叫我要『尋思去』。」老首座大驚：「唉呀！『尋思』是叫你要到青原山，去訪問你的師兄行思禪師，不是叫你在這裡打坐參禪啊！」

禪宗公案中有許多這種機鋒，無法以平常的邏輯思考模式去推敲，否則就難以理解了。話說回來，既然是機鋒，除非當事人，我們通常有看沒有懂。能懂的，都是頓悟之人。

＊參禪悟道的禪宗傳人＊

希遷到江西青原山參訪行思禪師後，兩人又展開一番高深莫測的禪機禪語。行思禪師問道：「你從那裡來？」希遷很有自信的回答說：「曹溪來。」意思是說，我從曹溪六祖師父那裡來。行思禪師再問：「你得甚麼來？」既然從師父那裡來，你得到甚麼東西來呢？希遷回答：「未到曹溪亦未失。」你問我在那裡得到甚麼，佛法也講得、失嗎？我沒有到曹溪，我就具有眞如自性，我還要到那裡得甚麼呢？我沒有到的時候，也沒有失去啊！行思禪師再問：「既然你沒有失去甚麼，你又何必要到曹溪去呢？」希遷回答：「假如不到曹溪，我怎知道本來就沒有失去呢？」經過這番交鋒，行思對這個有慧根的師弟很滿意，便收他爲徒。希遷也很爭氣，不久後就讓行思稱讚他說：「角雖多，一麟足矣。」意思是說，我的徒弟雖多，有你就足夠了。

爲了讓希遷增廣見聞，行思又命他持信，往參曹溪門下的另一位宗匠南岳懷讓。行前，行思特地吩咐：「你交信後，快點回來。對了，我有個鈍斧子，你順便帶去吧。」師徒兩人極有默契，旁人是搞不懂的。

希遷找到懷讓後，還未交信，劈頭就問：「既不仰慕聖人之德，也不重視自己的本心，你認爲如何？」懷讓一愣，摸不著頭腦：「你問的太高遠了，何不向下問？」希遷又問：「我的意思是說，寧可永劫受沉淪，不從諸聖求解脫。」懷讓說不出話，而希遷也絕，帶著信回去了。行思見狀，非常驚訝：「這麼快？信交給他了嗎？」希遷回答：「我沒給他。你不是給我一把鈍斧頭嗎？因此我才快去快回。」行思聽了，並不講話，只垂下一隻腳，希遷會意，又去找懷讓，說：「昨天我來到你這裏，有一個荒唐的青年禪僧，不動地坐在石頭上面。」懷讓禪師聽後問道：「你有沒有弄錯？」希遷禪師道：「沒有弄錯！」於是，懷讓禪師吩咐侍者：「你到山門外調查一下，坐在石頭上的那個禪僧是誰？假如是昨天剛來的那個青年禪僧，你就責備他玩弄什麼玄虛？假如他承認，你就問他說：『石頭上的東西，移植後還有活的可能嗎？』侍者就用這句話回報希遷禪師，希遷回答說：「諸佛如來的世界裏，沒有可搬動的東西，也沒有死活這句話。」侍者回來將希遷的回答報告懷讓禪師，懷讓禪師自語似地說道：「這個禪師，他的後代子孫將使天下人的嘴噤若寒蟬。」接著，他又派侍者去考問希遷：「如何才算是眞正的解脫？」希遷：「誰綁住了你？」侍者：「什麼才是淨土？」希遷：「誰污染了你？」侍者：「什麼才是涅槃？」希遷：「誰把生死給了你？」侍者回來把這些問答報告給懷讓禪師，懷讓禪師聽後雙手合十，一言不發，久久才說出一句話來：「在那石頭上，能聽到獅子的吼聲。」這是形容他對這位後生晚輩的佩服。

經過這一番鍛鍊，行思付法與希遷，希遷成爲行思的傳人。日後禪宗派別越分越細，希遷師承住在青原山的行思，也稱青原系。

＊各開宗派，共振禪風＊

唐玄宗開元十六年（七二八），希遷於羅浮山受具足戒。天寶初（七四二），希遷到湖南南岳，在南台寺東面的石頭上結茅庵，人稱石頭和尚，宋朝的宗密在其禪史著作中，也習慣稱希遷禪法爲石頭宗。之後，更前往湖南長沙大興禪風，與當時在江西的馬祖道一禪師，各據一方。後世為了加以區別，於是有「湖南禪」和「江西禪」之分。

希遷的禪法機鋒簡捷，單刀直入，馬祖禪師稱其禪風為「石頭路滑」。在這種禪風中，體現出他的佛性平等、大道遍在、無念無修等思想。希遷主張佛性平等，眾生都有佛性，佛性在心中，無所謂得和失，只有自己是否體悟的問題。

關於「石頭路滑」，有個有趣的故事：有一天，馬祖座下的鄧隱峰禪師來向馬祖辭行，馬祖問他：「你要去那裡？」鄧隱峰答道：「到石頭和尚那裡參學。」馬祖就告誡他：「石頭路滑。」隱峰禪師帶著自信地說：「竿木隨身，逢場作戲。」禪師到了石頭和尚處，就繞著和尚的禪床走了一圈，振了一聲錫杖，然後問和尚：「佛法的宗要是什麼？」石頭便仰天大呼：「蒼天！蒼天！」鄧隱峰不知所然，無言以對，只好回到江西去向馬祖求救。馬祖就教他：「你下次去，等到石頭和尚一開口，你就噓噓兩聲。」鄧隱峰於是又回到湖南石頭處，又問：「佛法的宗要是什麼？」沒想到這回和尚卻噓噓兩聲。鄧隱峰不知如何接口，只有鍛羽而歸。馬祖知道了，便安慰他：「早跟你說過了，石頭路滑嘛。」

石頭和馬祖兩位禪師之間的過招，時常傳為美談，這只是一例而已。兩人的過招有惺惺相惜之意，而非惡性鬥爭。潭洲慧朗禪師初參馬祖時，馬祖禪師看到就問道：「你來求甚麼？」慧朗：「求佛知見。」馬祖：「佛已超越知見，有知見就是魔。」慧朗聽了，恭敬禮拜。馬祖禪師又問：「你從甚麼地方來？」慧朗回答道：「南嶽。」意思是說，他從湖南南嶽石頭希遷禪師那兒來的。當時，馬祖道一禪師在江西大振禪風，石頭希遷禪師在湖南闡明心要，因此有心向禪的人不是向江西馬祖大師問道，就是向湖南石頭和尚請法，來往「江湖」，成爲一時美談，「江湖」一語也就延用至今。馬祖聽說慧朗的師父是石頭，便很不客氣地罵道：「你從南嶽來，辜負石頭的慈悲，你應該趕快回去，其他地方並不適合你去！」慧朗只好再回到石頭禪師那兒，請示道：「如何是佛？」石頭答道：「你沒有佛性。」慧朗滿懷疑惑：「蠢動含靈都有佛性，爲什麼我沒有佛性？」「因爲你不是蠢動含靈。」「難道慧朗不如蠢動含靈？」「因爲你不肯承擔！」慧朗終於言下大悟。

又有一次，希遷禪師在湖南，有僧求見，希遷問僧來自何方。學僧回答：「從江西來。」希遷禪師一聽：「啊！江西來，鐵定見過道一禪師囉！」學僧說：「當然見過。」希遷禪師手指身旁一堆木材說：「道一像這堆木材嗎？」學僧無言回對，故與希遷禪師無法契機，又回到江西馬祖道一禪師那兒，並將所聞告訴禪師。道一禪師一聽，淡然一笑：「你說，那堆木材有多重？」學僧說：「我沒仔細稱量過。」道一禪師道：「你的力量實在很大呀！」學僧傻了，問：「爲什麼呢？」禪師說：「你到湖南那麼遠的地方去，又揹了一堆木材回來，豈不很有力氣？」

以上兩個故事告訴我們，石頭和馬祖雖然各開宗派，卻能因材施教，同振禪風，不至於互相挖角、彼此攻訐，這在宗教史上是很難能可貴的。

＊機鋒妙語，點化門人＊

希遷禪師在南臺二十三年，教化許多弟子。代宗廣德二年（七六四），希遷應門人之請，下山住端梁弘化，和當時師承南岳懷讓住江西南康弘化的馬祖道一，並稱二大士。希遷弟子甚多，晚年付法給藥山惟儼。希遷禪師門下有藥山惟儼，經數傳後其弟子發展為曹洞一宗；而門下另一弟子天皇道悟一系，則發展成了雲門、法眼兩宗。

藥山惟儼悟道的過程很妙，他曾問希遷：「佛教講的三乘十二分教，我多少瞭解一些，但對於慧能大師所說『直指人心，見性成佛』，我就搞不懂了，希望大師能慈悲指示。」希遷的回答是：「這樣也不得，不這樣也不得，不管這不這樣都不得。你懂了嗎？」惟儼傻住了，直呼不懂。希遷說：「你的因緣不在這裡，先去馬大師那裡吧。」於是惟儼稟命，恭禮馬祖，再度請教。馬祖說：「我有時教他揚眉瞬目，有時不教他揚眉瞬目，有時揚眉瞬目者是，有時揚眉瞬目者不是。懂了嗎？」這次惟儼懂了，當場頓悟。馬祖為了試探他真懂假懂，便問：「你懂了嗎？說來聽聽！」惟儼回答：「我在石頭那裡，有如蚊子上鐵牛。」馬祖笑說：「你既然知道了，就好好保持下去吧。」惟儼又回到石頭希遷的門下。

除了藥山惟儼，希遷還指導過許多門人。有個門生道悟，問石頭希遷禪師：「曹溪慧能大師的悟境意旨是誰得了？」希遷回答說：「會佛法的人得了。」道悟又繼續問：「那師父您得到了沒？」希遷回答得乾脆直接：「不得。」道悟不解，又問：「爲什麼不得？」希遷說：「我不會佛法。」

這個故事很有意思。希遷禪師何嘗不懂佛法？他回答「不得」，其實說的就是「得」。要領悟生命或眞理，努力學習是一個途徑，因此「會佛法」的人在學的過程中「得」；但是苦學並非唯一的途徑，「不會佛法」不見得就「不得」。希遷的答覆暗示「得」可以從「會佛法」來，也可以從「不會佛法」來。

其次，這個故事也透露佛法並無止境，佛法有可傳的，也有不可傳的，「會佛法」的人固然懂得可傳的佛法，卻未必懂得不可傳的佛法。可傳的佛法可學可得，不可傳的佛法，苦學不必然得。希遷的話中有話，似乎有意提醒他的門生道悟，慧能的悟境固然可以被「會佛法」的人所得，但如只得慧能悟境，而不自己修持那些不可傳的部分，還是「不會佛法」，還是「不得」。這是希遷面對佛法的謙遜，卻直指佛法無邊，問題不在會與不會，得與不得，而在悟與不悟，應該可以啓發在塵世中打滾的愚蒙的人，是否能免於惶惑憂煩，就看我們是不是把「得」丟到一旁，認眞學、踏實活，果能如此，得在其中，悟在其中。

另一個故事也類似這個意思，主角還是道悟。

道悟：「如何是佛法大意？」

希遷：「不得不知。」

道悟：「向上更有轉處嗎？」
希遷：「長空不礙白雲飛。」
道悟：「如何是禪？」
希遷：「碌磚。」
道悟：「如何是道？」
希遷：「木頭。」

以上這則故事，也可跟以下這則參看。五泄靈默禪師開悟前，去見石頭希遷禪師，一見面就說：「你只需說一句話，若能使我有所悟，我就留下，否則就去別的地方。」石頭和尚端坐不動，不發一語。靈默扭頭就走，石頭突然叫一聲：「和尚！」靈默聞聲回頭，石頭說：「從生至死，就只是這個，你回頭轉腦想那麼多做什麼？」靈默當下大悟。

這個故事也有意思。禪師們都知道開口就錯，因此要「不立文字，言語道斷，心行處滅」，也就是不用語言文字表達，不用心念意識去揣摩、衡量和思考。因此，當靈默去見石頭和尚，石頭雖答：「從生至死，只是這個。」其實有講等於沒講。你想知道的「那個」，就是我所呼喚的「那個」，也就是你自己。你的心不能放下，反而到處追求，以生死心揣摩開悟不開悟，以生死心希望我回答你。我告訴你，你現在發問的這一念，就是我給你的答覆！

肉身疑雲

貞元六年（七九〇），希遷禪師過世，享年九十一。有五位門人為其建塔，三十年後，國子博士劉軻為其立碑，長慶（八二一－八二四）年中，謚為無際大師，塔名見相。著有《參同契》、〈草庵歌〉各一篇行世。

《參同契》被日本曹洞宗僧人作為早晚課誦的經典來讀，那確實是石頭禪的精華。石頭希遷還受過禪宗先行者傅大士（四九七——五六九）的影響。傅大士是一位道冠、儒履、佛袈裟，和合三家成一家的高僧。石頭《參同契》也有融匯三家成一家的味道。

希遷之下，青原系的禪風多受其影響，其「即事而真」和「理事無礙」為曹洞、雲門、法眼所吸收，成為諸宗的基本思想。但在當時，他的宗門並未達到和江西的洪州禪齊名的地步，晚唐、五代以後的禪史編修者才開始抬高希遷。爾後，希遷在日本走紅的程度，甚至超過在中國，因此發生了「肉身疑雲」。

石頭希遷肉身問題，是二十世紀中國佛教敏感問題之一。一九七〇年代中，香港《快報》出現「無際大師肉身供奉東瀛」的消息，說一日本牙醫在南嶽將石頭和尚肉身偷運到日本去了。一九九五年，中國大陸的滕穎教授與美國學者詹姆斯・羅伯森（James Robson）先生見面，從日本人松本昭新出版的著作中，證實了在一九一一年辛亥革命期間，日本牙科醫生山崎彪在福建漳州發現了這尊肉身，木牌上寫明「無際大師肉身」字樣，並將其從新、舊黨人的戰火中搶救出來，由上海運到日本。不過，從歷史事實看，石頭從未到過漳州。這位「漳州無際和尚肉身」很可能是唐宋間當地一位以「無際」為法名的和尚的眞身；而所謂「南嶽石頭希遷無際大師肉身在抗戰期間被日本人盜走」一說，則純屬傳聞，查無實據。肉身雖非希遷所有，但日本人之看重他，也就可想而知了。

18 洪州宗始祖——馬祖道一

磨磚與坐禪

唐朝有個著名的禪師，叫百丈懷海，他在悟道前，有次隨侍師父到郊外，忽然見一群野鴨飛過。師父問：「那是什麼？」百丈說：「野鴨子。」師父再問：「到哪裡去了？」百丈答：「飛過去了。」師父回頭扭住百丈的鼻子，百丈痛而大叫，師父笑說：「又道飛過去也。」百丈因而大悟。

這是禪宗非常著名的一則公案。百丈開悟的契機，是一群飛行中的野鴨子。他師父指著野鴨明知故問：「那是什麼東西？」百丈回答「野鴨子」，當然沒錯，師父再問野鴨子到哪兒去了，百丈答「飛過去」，這也不離事實。然而，他的心並不在當下，而是跟著鴨子飛走了。師父立即捏住他的鼻子，藉此機緣點醒他：既然此刻已沒有野鴨子，心中也該不留痕跡才對，幹嘛回答什麼「飛過去了」。最有趣的是扭鼻子這個動作，師父有意告訴他：此時此刻正在痛，這就是眞實的「現在」。現在最眞實，當下最重要，目前最親切。

百丈的師父是誰呢?他是馬祖道一。在中國禪宗史上，馬祖道一具有革命性的地位。他和石頭希遷各立門派，有人戲稱石頭近似杜甫，深邃綿密、沈郁孤高，而道一則像李白，機鋒峻

烈、大開大合。

道一是南岳著名禪師懷讓的法嗣，也是洪州宗的始祖。漢州什仿（今四川什仿）人，生於唐中宗景龍三年（西元七〇九年）。因俗家姓馬，世稱馬祖道一。他的長相很特殊，宋《高僧傳》卷十說他雙眼像虎，走路像牛，舌頭可碰到鼻樑，奇怪極了。他幼年時代就有出家的想法，在本縣羅漢寺隨處寂和尚削髮爲僧，二十歲時追隨渝州（今重慶）圓律師受具足戒，取得正式僧人的資格。與此同時，著名的僧人、也是新羅國的王子無相，到四川見處寂時，與道一相談甚歡，道一又拜他爲師。另外，他還在四川各地遊歷，想求取佛法。

可惜的是，奔波多年後，他心中的疑竇仍在。於是，唐開元年間（西元七一三—七五六年），他離開四川，到湖南衡山居住，整天枯坐習禪，希望能悟道。碰巧，附近般若寺裡住著六祖慧能的弟子懷讓，懷讓問他：「大德整天禪坐圖什麼？」道一見他也是出家人，會提出這樣的問題，不免有點奇怪，便直接了當地答覆說：「圖作佛。」懷讓一聽，從地上揀起一塊磚，拿到石頭上磨。道一見他這個舉動，覺得更加奇怪，便問：「你磨磚作何用？」懷讓答：「磨作鏡。」道一哈哈大笑：「磨磚豈能作鏡？」懷讓反問：「磨磚既不能作鏡，坐禪豈能作佛？」懷讓的這一反問，使道一大受啓發，於是要求懷讓開示。兩人經過一番問答，最後懷讓對他說偈：「心地含佛種，遇澤悉皆萌；三昧華無相，何壞復何成？」道一聽了這首偈語，大徹大悟，遂執弟子禮，追隨懷讓達十年之久。

繼承與突破

道一離開懷讓之後，到了洪州（今江西地區），初住建陽佛跡嶺（今福建境內），後來到臨川（今江西境內），又至南康龔公山。所到之處，他都弘揚懷讓的禪法，也興建禪林（寺院），建立所謂洪州宗。洪州派受到重視的原因之一，是因爲它被視爲有組織的禪宗團體之起源。據歷史記載，禪林的設置並不始於道一，在禪宗四祖道信和五祖弘忍就開始了，如道信的雙峰山和弘忍的東山寺，都是規模相當大的禪林，每處都住幾百人，實際上已具叢林制度的雛形。這些禪師雖聚徒而居，但都是個別寺院、甚至個人的非常制聚集，並無宗派意識之建立。只是到了道一及其弟子百丈懷海時期，叢林制度更加完善。繼承馬祖衣缽的百丈懷海，創建叢林清規，較道一更進一步。比較特別的是，道一的禪林只設法堂而無佛殿，這與他的禪學思想一致，因爲他主張眾生心性與佛性無異，眾生的自心就是佛，何必還要另設佛殿？

道一提倡「即心即佛—非心非佛—平常心是道」的禪法。這是很特別的佛性思想體系，不但簡潔有力，內在邏輯演繹相當嚴密，頗有「正—反—合」的性質，也修正了慧能、懷讓的學說，很有震撼力，以下舉幾個有趣的實例來說明。

慧海禪師初次參訪道一，道一問他：「你來我這裏，有什麼事嗎？」慧海回答道：「我是爲求佛法而來。」道一說：「我這裏連一物也沒有，你跑來這裏求什麼佛法？你自家寶藏不顧，拋家散走，哪裏有什麼佛法可求？」慧海無奈地問：「那麼請問禪師，什麼是慧海的自家寶藏？哪個是慧海的本來面目？」道一回答：「現在問我的那個當下即是你的寶藏，一切具足，全無欠缺，你何苦向外覓求？」

道一指點慧海，純粹是「即心即佛」觀點的反映，用來說明佛性本在我心，不須外求。「即心即佛」是禪宗的傳統思想，自從慧能大加傳播後，雖然深入人心，反而成爲另一種「執著」，或者說是僵化的教條。有一次，某個小師父在道一面前畫個圖相，加以禮拜。道一想起以前懷讓點化他的往事，想如法炮製，便說：「你想成佛嗎？」小師父居然說：「我不想這些有的沒的。」此時道一赫然發現，自己已落入「即心即佛」的執著中了，立刻跟小師父坦承：「我不如你。」此後，道一在弘法時，時時因機施教，如果有人落入知解窠臼，他就否定「即心即佛」的說法，而改說「非心非佛」。他曾解釋說，「即心即佛」是爲了「止小兒啼」，當小兒不啼時，就說「非心非佛」。這種說法並不矛盾，只是從兩個方面詮釋眾生心性與佛性無異，視野更寬，層次更高。

不過，由於這種做法太具革命性，剛開始時，他被認爲是慧能、懷讓學說的叛徒。有人指責道一：「我看你跟你師父懷讓一點都不像。」道一說：「那一點不像！我最像我師父了！」對方反問：「那有？」道一振振有詞：「我像我師父的『不像他師父』，所以我最像我師父了。」

這段對話中，道一的答案很逗：原來，懷讓與他師父慧能也不相像，這是禪宗的傳統——每一代都不一樣。然而，他們都是完全依照善知識的教導，建立心靈方程式的修法完全一樣，而能夠發展出一套與善知識不同的心靈方程式。因此，依止善知識要會學，而不是賴著善知識！由此可知，道一是眞正能發揚師說的好徒弟，他不拘泥，而能有所突破，很不簡單。

至於「平常心是道」，這種觀念讓禪宗與生活有了更密切的結合。道一認爲，「道不用修」、「任心爲修」；道在生活中，在平常心裡；不做作，不說教；只要活活潑潑接觸生活，便有機會悟道。因此，道一習慣以日常生活中隨時隨地而發的「接機」（討論禪機），取代了傳統看經坐禪的方式。這樣一來，道一種種「接機」的方式，經弟子有意收集，便成了「公案」，而他的教學方式，也成爲後世禪師教學時的主要參考。

＊公案與「體罰」＊

「公案」此一詞語，的確早在唐代佛教文獻中即已出現，但是開始如禪宗宗風般應用公案的，一般佛教學者認爲始於洪州派的馬祖道一。現存的公案，往往保存了古代禪師在生活中教學的詳實內容，縱使不是修道人，也可從中得到許多趣味與智慧。

舉例來說吧，南泉普願參見道一後，頓然得魚忘筌，到達遊戲三昧的境地，有時甚至比老師道一還高竿。一天，南泉給僧人舀粥，道一跑過來問：「桶裏是什麼？」南泉說：「這老頭子怎麼張口就說這種話？」馬祖不再吭聲，從此別的和尚也不敢再考他。這是公案的趣味。

再舉一例。龐蘊居士參訪道一，問：「不與萬法為侶者是什麼人？」萬法是一切有形的現象以及一切無形的道理、觀念，舉凡生活中所思、所見、所用、所接觸，無不是法。究竟是什麼人才能不與萬法相伴呢？這種人一定是個解脫自在、大徹大悟、無罣無礙的高人，無法用語文描述出來。龐蘊問這個不尋常的問題，道一便用不尋常的方式回答他：「待你一口吸盡西江水，我就告訴你。」這話講得怪極了，似乎沒有回答，其實道一想說的是，即使把這個人帶給你看，你也無法體會他的內心世界有多廣大，還不如有言勝無言。龐蘊一聽，立即開悟。為什麼那種「答非所問」能讓他頓悟呢？因為江水是絕對無法一口吸盡的，同理，能夠「不與萬法為侶」也是無法想像的。只要能想到這點，他的期待心馬上消失，計較心、分別心也立刻放下，悟境便出現眼前了。這是公案的智慧。

有人也將道一的教學方式作一統計，發現約略可分成六種。一是用語言教學，或反問，或比喻，或暗示，這是最普遍的。二是或打或喝，所謂「當頭棒喝」，正是禪師的教學方式之一。三是身體動作，也就是肢體語言的使用，道一也運用得淋漓盡致。四是符號。五是用隨身攜帶的用品，如拂子。六是其他，在具體的日常生活場景中，隨時隨地都能發揮自如。

這就是為何世人會公認馬祖道一是唐代最大的禪師之一了，事實上我們可以說，禪確實通過他而有了一個飛躍。他對待發問者的方式最具革命性的原創力。有一個發問者是水潦和尚，當水潦和尚向道一追問禪的眞理時，曾被一腳踢倒。另一次，道一打了一個和尚，因爲他想知道佛法的第一原理。還有一次，道一打了某人一耳光，那人錯在於向道一追問「如何是佛祖西來意」。

表面上看，道一處理這些問題的粗暴方式，和別人所問的問題全然不沾邊，除非我們把它理解爲一種體罰，這種體罰專門用來對付那些居然愚蠢得提出這種有趣問題的人。奇怪的是，那些挨打的和尚居然毫不惱怒。相反，有一個和尚還十分興奮激動地說：「眞奇怪，眞奇怪，經典中的全部眞理，竟然顯現於一根頭髮尖上！」禪師的當胸一腳，何以能產生出這種具有超驗性質的奇蹟？

從教育的角度看，道一是最能夠因材施教的良師，上可媲美孔子，下可給現在的芸芸老師「當頭棒喝」：原來教學可以這樣教！同樣是來問「西來意」：達摩祖師來中國傳授的意旨到底是什麼，道一便能給予不同學生不同的答案。甲來問，道一回答：「我今天沒心情，你去問智藏禪師吧。」乙來問，道一說：「小聲點過來，我告訴你。」乙靠近後，得到的是一記耳光。丙來問，道一回答：「你是什麼意思？」丁來問，道一揍人，並說：「我如果不打你，人家會笑我。」戊來問，道一回答：「禮拜吧。」對方一禮拜，道一伸腿就踢。

五人之外，最後，無業禪師也來參訪道一，道一見他相貌瓌偉，語音如鐘，便說：「巍巍佛堂，其中無佛。」無業跪問：「我研習佛理好多年了，也算粗窮其旨，常聞禪門即心是佛，實在搞不懂。」道一說：「只未了的心即是，更無別物。」無業不懂，又問：「如何是祖師西來密傳心印？」道一揮手：「別鬧了，先滾出去吧，以後再來。」無業才要出去，道一又叫他回來：「大德！」無業回頭，道一猛然問他：「是什麼？」無業忽然領悟，當場禮拜，道一罵道：「這鈍漢，幹嘛禮拜？」

道一用這些「怪招」的原因，在於他想讓學生知道：究竟什麼是佛法的根本大意，並不重要，重要的是懂得自性具足，不假外求。他時常直接扣緊學生的自心，當下指點，這正是他「平常心即是道」的宗旨。禪的立場是忘卻一切疑問，因為疑問本身是違背禪的精神的。禪希望我們著眼於發問者自身，而不是他所提出的任何問題。他這種果決截斷傳統方式的思維，何其膽大，何等嶄新！他不但不執著於看經、坐禪、說法，而且從精神主體上也明確宣告脫離對佛祖的執著。慧能只敢說「禪非坐臥」，道一則更進一步，質疑、否決了一切，無疑是禪宗內部的大革命！

道一在人生最後幾年，行為越來越激烈，已接近後期禪宗那種「呵佛罵祖」的作風。呵佛罵祖的急先鋒是丹霞禪師，他去拜訪道一時，不但未加參禮，還公然跑入僧堂內，騎在某聖僧的脖子上。其他僧人大驚，急忙報告道一，只見道一笑笑：「這傢伙深得我心！」

＊官禪與民禪＊

唐大歷年間（西元七六六—七七九年），道一住鍾陵開元寺（在今江西南昌附近）時，各地學人都慕名來從他學禪。唐德宗德元四年（西元七八八年）。道一去世，終年八十歲。臨終前幾天，道一得了重病，院主來探望他，問：「大師近來身體可好？」道一：「日面佛，月面佛。」這又是個奇怪的答案。佛教說日面佛的壽命爲一千八百歲，而月面佛的壽命只有一晝夜。道一的意思是說，只要活得明心見性，隨緣任運，不管是長壽，還是短壽，都不虛度此生。

道一是大禪師，門人眾多，其中有懷海、智藏等著名人物一百三十九人，散居全國各地，多是一方宗主，因而禪宗大盛。他在洪州大開法筵，因此他的禪法，後人稱之爲「洪州宗」。道一的思想對後世禪宗的發展影響巨大，禪宗眞正落實到生活中來，正是由他開始。他的思想體系後來發展出溈仰宗和臨濟宗，進而又有黃龍、揚歧兩個流派的出現。後期禪宗的五家七宗，道一的思想體系占兩家四宗，勢力最大，有「臨濟遍天下」之說。此宗於宋代由日僧榮西傳入日本，成爲日本佛教界的主要宗派之一，至今盛傳不衰。

有人會感到奇怪，一樣是禪宗，有的能風行千餘年，如道一的洪州宗，有的則默默無聞，如神會的荷澤宗，這是爲什麼呢？

宗教在傳播早期，喜歡依附政治力量，好處是透過執政者的權力與聲望，可以讓該教迅速

流傳。然而，與政治力掛勾太過的結果，往往成為「成也政治，敗也政治」的局面。畢竟政治是一時的，宗教長久的根本之道還是在民間。禪宗從五祖弘忍以來，跟政府的關係日益密切，他的弟子神秀、慧能分裂成北宗、南宗，神秀在北方有皇室家族支持，鼎盛一時，慧能避難南方，深耕民間，表面上聲勢較弱，實際上基礎穩固。無奈慧能的得意弟子神會護師心切，為了跟北宗爭雄，也走政治路線，最後雖然打敗北宗，但他自己的荷澤宗也沒撐多久。與「官禪」相對的，是洪州宗這種「民禪」。他們的信徒都是勞動階層，最貼近現實生活，最簡潔明瞭、通俗易懂，因此一直活躍至今。

19

百丈禪師——懷海

「我要做佛！」

叢林以無事爲興盛。修行以念佛爲穩當。精進以持戒爲第一。疾病以減食爲湯藥。
煩惱以忍辱爲菩提。是非以不辯爲解脫。留眾以老成爲眞情。執事以盡心爲有功。
語言以減少爲直截。長幼以慈和爲進德。學問以勤習爲入門。因果以明白爲無過。
老死以無常爲警策。佛事以精嚴爲切實。待客以至誠爲供養。山門以耆舊爲莊嚴。
凡事以預立爲不勞。處眾以謙恭爲有理。遇險以不亂爲定力。濟物以慈悲爲根本。

——叢林要則二十條

距今一千三百多年，在唐玄宗開元時期的某一天，一位小孩跟著媽媽去廟裡拜佛。看到眼前許多佛菩薩，小孩高興異常，牽著媽媽的手，瞪著一雙好奇的大眼睛問：「媽媽，這是什麼？」媽媽俯著身子對他說：「這是佛菩薩。」小孩子聽後，大聲嚷嚷道：「媽媽，佛怎麼和人一樣，我長大了也要做佛！」大約六十年後，這位從小立志成佛的小孩果然成爲中國佛教禪宗中一位經天緯地的人物，他就是奉新百丈寺開山之祖懷海大師。懷海也是以上「叢林要則」

的作者。所謂叢林，就是禪林，指的是禪宗寺院。

懷海大師俗姓王，祖籍山西太原。西晉永嘉之亂時，他的先祖遷居福建長樂。懷海年少時就在潮陽西山寺（今龍泉寺）隨慧照禪師落髮爲僧，十九歲時又到衡山跟法朝律師受具足戒。離開衡山後，懷海雲遊天下，來到廬江（今屬安徽）浮槎寺，翻閱經藏，在青燈黃卷中，一過就是幾年。

＊馬祖門下，野鴨悟道＊

此時，禪宗高僧馬祖道一正在江西宏揚禪法，懷海知道後，於西元七六六年，偕同西堂智藏禪師、南泉普願禪師，前往江西歸投馬祖道一禪師，成了馬大師侍者。每次施主送齋飯來，懷海一揭開飯盒蓋的時候，馬大師就拈起一塊燒餅，問大眾：「是什麼？」每回都這樣。就這樣，懷海在馬祖身邊待了三年。由於懷海利機穎悟，頗能契入馬祖的禪機示教。一日，馬祖與懷海師徒二人行於寺外山坡上，忽見一群野鴨飛過，馬祖問道：「那是什麼？」「是一群野鴨子。」懷海不假思索地回答。「飛到那裡去了？」馬祖再問。「飛過去了。」懷海回答。馬祖當下把懷海的鼻子用力一扯，懷海大聲叫痛。馬祖指著懷海的鼻子問：「不是已經飛過去了嗎？」懷海大悟，但他一句話也不說，反而回到房裡痛哭。其他僧人前來表示關切，懷海請他們去問老師，馬祖卻表示懷海自知緣故。這些人回去後，竟看見懷海正在呵呵大笑，不禁深感費解，於是問他：「為何從前哭，現在笑？」懷海信心十足地說：「我就是從前哭，現在笑。」

此段禪門公案寓意深遠。馬祖問懷海所見為何物，懷海答以野鴨飛過，此已在時空上犯下錯誤，談禪豈可明分此處彼處或過去現在？所以馬祖一捏，將時空分界當下粉碎，懷海於是頓悟。懷海告訴禪友自己從前哭而現在笑，此即時空觀念一變，永恒的本體現前，我與世界便自不同，當下認識了自我。

頓悟之後的懷海，處處表現他的機鋒。有一回，懷海與智藏、普願三人陪同馬祖賞月。馬祖問三人如何度此良宵，智藏表示宜勤於供養，懷海表示宜勤於修行，普願則一言不發，拂袖而去。其後馬祖評論，講經歸智藏為首，說禪歸懷海第一，而普願則超於物外。

一天，一位學僧問馬祖：「大師，請不要談論那些空泛的理論和概念，請你直接告訴我何謂佛法大意？」馬祖說：「我現在心情不好，無法對你說，你去問智藏和尚吧！」學僧來到西堂向智藏請教，智藏反問道：「你為什麼不去問師父呢？」學僧說：「是師父讓我來問你的！」智藏說：「我今天頭痛，不能為你解說，你去問懷海吧！」學僧又去問懷海，懷海毫不客氣地說：「我一點也不懂！」於是這位學僧把經過告訴了馬祖，馬祖說：「藏頭白，海頭黑！」

所謂「藏頭白，海頭黑」是說智藏的帽子是白的，懷海的帽子是黑的。這裡有一個典故，傳說有兩個強盜，一個戴白帽，一個戴黑帽。戴黑帽的強盜，不搶人家的東西，只是用計謀搶

走白帽強盜所搶的東西。馬祖的意思是懷海比智藏更徹悟。懷海認為這個問題超乎肯定與否定，不是用言語所能表達的，所以他說：「我一點也不懂！」

又一日，懷海參訪馬祖，侍立一旁，馬祖轉眼注視繩床角上所掛的拂子，馬祖道：「就是這個作用，應離開這個作用。」懷海就把拂子掛回原來地方。突然間，馬祖振威大喝一聲，震得懷海耳聾三天。三天後，馬祖問懷海：「你以後要如何接引學人？」懷海拿起拂子，打了起來。後來懷海便拿此事對弟子開示：「禪教大法並非微小的事，我昔日被馬大師一喝，耳聾三天。」黃檗希運聽老師這麼說後，不覺駭然：「今天老師舉這個公案，使我們見到大師的大機大用，但假如只是照抄他的方法，恐怕無法接引學人。」懷海聞言，嘉許黃檗見解超越自己，後來仰山慧寂禪師便讚嘆：「百丈得大機，黃檗得大用！」

＊百丈山上的野狐傳說＊

懷海侍奉馬祖六年，終於得到印可。馬祖圓寂後，懷海來到靖安寶峰寺，在馬祖墓塔旁結廬而居。在靖安住了一段時間後，懷海來到江西奉新，住在小雄山普化院。小雄山又名長嶺，在今羅市鎮境內。在小雄山的西邊，還有座大雄山。大雄山又名百丈山，坐落在西塔鄉境內。此山雄傑葱秀，清溪潺潺。早些年，奉新人甘貞就在此建庵。懷海入住小雄山普化院後，甘貞聽說他禪法精深，於是自當嚮導，將懷海迎入百丈山所建庵中，並將庵改名「百丈寺」。百丈寺經過懷海幾年的苦心經營，終於成爲一處弘揚禪法的大道場。當時，四方學子聞風而至，從學僧眾達千人。人們稱這裡的禪法爲「百丈禪」，稱懷海爲「百丈禪師」。

懷海的弟子中，傑出者有黃檗希運、溈山靈佑、百丈法正、西院大安、大慈寰中等。其中，黃檗門下出臨濟義玄，創臨濟宗；溈山門下出仰山慧寂，創溈仰宗，爲禪宗五大宗派的二派。臨濟宗後來又衍生出楊歧、黃龍兩宗，並先後傳入日本。

懷海與弟子相處融洽，發生許多著名的公案。有一回，靈佑在懷海身旁，懷海叫靈佑撥弄火爐，檢視是否仍存火星。靈佑回答「無火」，於是懷海親自起身，前往爐前，以火鉗深深一撥，結果仍撥出一點火星，靈佑當下大悟。次日，靈佑隨同懷海入山出坡，懷海問靈佑是否已帶火種，靈佑表明已帶，然後拾起一支柴交給懷海，懷海不覺莞爾。

此段公案中，火種代表佛性，懷海授意靈佑撥爐中火，亦即暗示靈佑找尋自己佛性。然而想找到成佛的本心，又談何容易？於是懷海只好親自示範，唯有深深一撥，自性始能朗現。而懷海提醒靈佑是否已帶火種，則旨於策勵靈佑生活中不忘自性。

懷海教弟子時，常採用提醒學生反省的方法。每當僧眾返身將要離開時，懷海常常大喝一聲，把大家叫回。當眾僧回轉身後，他又只問一句：「是什麼？」懷海的這種做法，就是讓弟子在驀然回首中，得到「道在空空廓廓處」的意境。這種教學方法，禪林稱爲「百丈下堂句」。

成語「騎牛覓牛」或「騎驢覓驢」也源出懷海在百丈的禪理。某天，雲遊四方的福州長慶大安禪師來到百丈，他問懷海：「人們學佛，不知像什麼？」懷海一語破天機：「大似騎牛覓牛。」意思是說，生活裡到處是佛法，捨棄眼前事物，到處求禪覓佛，豈非騎牛覓牛？大安又問：「學到佛法後如何？」懷海道：「好比騎牛回家。」大安再問：「得法後，不知怎樣才能長久保持下去？」懷海答道：「那又好像牧牛人執鞭看牛，不讓牛踏壞田裡的莊稼。」大安於是大徹大悟，留在百丈山，後來成爲名聞天下的湖南大溈山同慶寺典座。

當年的大雄山山高林密，人跡罕至，常有青猿等野獸出沒，在懷海說法的故事裡，常常有人與獸和諧共處，共聽禪法的傳說。據說百丈山古時藏猿甚多，其中有一種青猿，經常到百丈寺後聽經，聽完就長嘯而去。此外，百丈山有一座「黃犬墓」，相傳懷海說法時有一隻黃犬經常在堂前竊聽，黃犬死後，僧人禮葬牠於百丈寺西邊。

在人、獸和諧共處的傳說裡，最有名的自然是「野狐聽禪」的故事。相傳懷海每次登場講經時，常有一老者混在眾僧中聽講。一天，懷海講經完畢，僧眾們先後退出法堂，惟有老者遲遲不肯離去。懷海問他原由，老者回答道：「我並非人類，乃是野狐化身。我前生就在此山說法，有人問我：『一個大修行的人，還落因果嗎？』我答曰：『不落因果。』就因這次錯誤解答，竟然使我五百生墮爲野狐之身。但我至今不悟，還請大師指點！」懷海答道：「你應該回答『不昧因果』。」老者大悟，向懷海深深施禮感謝道：「如今我可以解脫野狐之身了！明晨時分，還望大師爲弟子收屍於山後！」第二天早飯後，懷海帶眾僧到後山尋找，果然發現一野狐死在岩下，便以僧禮將牠火葬。此後，野狐死處被人稱爲「野狐岩」，佛家也由此引申不懂禪法者爲「野狐禪」。

＊農禪並重，自食其力＊

懷海在百丈山宏揚的是「農禪」，要求禪僧們自食其力，不要沿襲印度的僧侶乞食制，而是一邊勞作、一邊坐禪。風靡全國禪林的「一日不作，一日不食」的名言，就出自百丈寺，出自懷海。

懷海倡導僧眾勞作，自然也身體力行，以身作則，直至九十多歲，他還是和年輕人一起下地勞動。百丈寺的主管看懷海如此高齡，依然下地，心裡大爲不忍，於是有天晚上偷偷把懷海用的鋤頭藏了起來。第二天，大家下地勞動，懷海四下搜尋找不到自己的鋤頭。等到中午大家勞動回來，懷海堅持不吃飯，餓了一頓。主管和僧眾們跪請老師進食，懷海說道：「一天不作，一天不吃，我怎麼能讓別人代替我的那份勞動呢？」眾僧拗他不過，只好把鋤頭還給了他。「一日不作，一日不食」的訓詞成爲懷海倡導「農禪並重」思想的一段佳話。

在百丈山，至今仍能尋覓到懷海宏揚「農禪」的證據，這就是「大義石」和「木人家」。

「大義石」在百丈山西面，據說懷海的弟子法正曾在這塊石頭上責令眾僧開田，並向僧眾們講解佛法大義。「木人冢」在百丈山東南，裡面安葬的不是人，而是木頭。相傳懷海開寺時，曾有木人爲之耕田，後葬在這裡。不管是神話還是原始的機器人，懷海倡導「農禪並重」的思想，卻由此讓人窺斑見豹。自唐至今千餘年，「農禪並重」的思想一直成爲天下禪僧的傳統，比全靠施捨過日子，自然增添了許多積極意義。

由於懷海倡導農禪，所以在百丈山留下了許多充滿了田野風味的禪宗法理。某次，眾僧在田裡勞動，廟裡傳來吃飯的鼓聲，一位僧人聽後即扛起鋤頭，招呼也不打，便回去吃飯，而其餘僧眾仍在勞動。懷海見後說道：「俊哉！此是觀音入理之門。」回院後，懷海問那位僧人：「你剛才聽到了什麼，便就回來？」僧人答道：「我剛才肚子餓，所以聽到鼓聲就回來吃飯。」懷海哈哈大笑，非常滿意，因爲他認爲生活裡到處充滿著禪，眞正的禪在於順應自然，脫掉做作，隨運隨緣，去除憂慮自在逍遙。於是，在懷海的禪法中，也就有了「解脫無礙」的心法。

＊百丈清規，流傳千年＊

懷海在百丈山倡導「農禪並重」的思想，使他名滿天下，然而眞正讓他成爲一代宗師的，是他在百丈寺創立的《禪門規式》，即「百丈清規」。

「清規」即「戒律」，他爲什麼要制定一套「戒律」？原來，佛教傳入中國四百年後，達摩祖師才到東土，禪宗八傳至百丈禪師，均爲以心印心，以道相授；或岩居穴處，或寄居律寺，未曾有叢林住持之名。懷海有鑒於禪宗的弘揚已日漸受到重視，弘化層面也越來越廣，上至君王將相，下至儒者百姓，莫不傾心歸附，習禪出家徒眾也越來越多。加上禪宗發展到懷海時，許多禪僧都以「我心自有佛」爲藉口，將一切佛教生活規律都拋棄，行爲放蕩，已危害到禪宗的自身生存。爲了整理禪宗，他根據中國國情，結合禪宗自身的特點，參考印度佛教大、小乘中的戒律，於西元八一四年初，在百丈山另外創立一套「叢林清規」，即《禪門規式》。因創始於百丈山，又名「百丈清規」。後頒行於天下，故又名「天下清規」。

《禪門規式》對整治禪宗非常重要，禪宗僧侶由此從一般寺院中分離出來，成爲佛教宗派中的一個獨立宗派，禪宗戒律也由此而中國化。懷海立清規時，表明「吾所宗不局大小乘，非異大小乘。當博約折衷，設於制範」，因此，大眾不論職位高下，盡入僧堂。堂中設長連床，施椸架，掛搭道具，臥必斜枕床唇，謂之帶刀睡。因爲坐禪太久，只要稍事休息即可。早上坐禪，晚上聽法，飲食隨眾，而且行普請法，上下均力。寺主長老則居於「方丈」之室，不立佛殿，唯樹法堂，代表尊重現前說法者，故於長老說法時，兩序大眾須雁行立聽。從此，禪宗有如法的依止處，叢林制度清規得以卓立。

懷海所訂的清規，原文於宋代失佚，直到元朝至元元年，才由東陽德輝奉順帝敕命，重新編輯。千年以來，《百丈清規》雖屢經修，但卻始終以此爲藍本。宋儒曾仿效此清規而創立書院。元、明、清三朝更以書院爲鄉學，作爲養士之所，此皆拜《百丈清規》所賜。宋代大儒程明道一日走過定林寺，偶見寺院齋堂儀法，喟然而嘆：「三代禮樂，盡在是矣！」由此可知，此部清規不僅樹立禪宗的生活規範，同時亦受當時學者尊敬與重視。

「百丈清規」誕生後不久，懷海禪師便在百丈寺圓寂。這一天，是八一四年正月十七日，享年九十五。他的靈骨安葬在百丈寺西「大寶勝輪」墓塔中，唐穆宗贈謚「大智禪師」。有關懷海說法開示及與禪人的對話，由門人神行梵雲記錄編集而成《百丈語錄》。

在中國禪宗發展史上，百丈懷海是彪炳史冊的人物：中國禪宗戒律的規定，始於懷海；直至如今，在一般禪寺的祖師殿中，居中的是達摩祖師像，其右側供奉的就是百丈懷海。

20 逢佛殺佛——臨濟義玄

臨濟祖師

臨濟寺的澄靈塔，坐落於河北省正定縣城生民街東側的臨濟寺內，俗稱青塔或衣鉢塔。塔高三十一公尺，是一座磚砌八角九級密檐式實心塔。塔下爲寬廣的八角形石砌台基，台基之上設須彌座，束腰的部分雕飾著非常富麗的奇花異鳥圖案，上面是仿木構的磚雕斗拱、平座、欄杆，再上面便是磚製三層仰蓮，用來承托塔身。

澄靈塔所在的臨濟寺，是一座歷史悠久的寺院，東魏興和二年（西元五四〇年），它的前身——臨濟院在城東南二里附近的臨濟村創立，原本是私人住宅，到晚唐，也就是西元八五四年，鎮州太尉墨君和把臨濟院改成臨濟寺，邀請當時的禪學大師義玄前來做主持。由於義玄的禪法有別於其他禪宗派系，便以臨濟寺爲名，稱爲「臨濟宗」。澄靈塔就是用來紀念義玄大師的。

臨濟宗成立後，四方信徒紛紛來此參師求學，不僅極盛一時，甚至風光至今，現今台灣還有人是臨濟宗的五十七代傳人，這也是目前在台灣流行最廣的禪宗派別。宋代以後，臨濟宗在日本「學徒雲集，朝野尊尚」，成爲日本佛教主要宗派之一。此宗認定臨濟寺爲其祖庭，視澄靈塔爲其重要的祖塔之一，因此，日本僧眾多次派遣代表團前來拜謁祖塔，進行佛教文化交流。

義玄到底是個怎麼樣的人，爲何能造就這樣歷久不衰的風潮呢？

事實上，這樣一個響叮噹的人物，他是哪一年出生的，至今也還是個謎。只知道他是晚唐曹州南華（今山東東明縣）人，很小的時候就出家了，一開始是律宗信徒，爲了探求佛旨，不畏艱辛參學諸方，大江南北走透透。

有一次，他到天臺山的平田禪院拜訪普岸，來到路口，遇到一位大嫂正在役牛耕田，他問：「平田往哪走？」大嫂打了牛一棒說：「這畜生到處走，連路也不識。」臨濟又問：「請問平田路向哪兒走？」大嫂說：「這畜生五歲，還役使不得！」臨濟心想：「欲觀前人，先觀所使。」便從這件事裡悟到了如何解決難題的禪理。到了寺裡，普岸問他：「你可見過我嫂嫂沒有？」臨濟說：「早已收下她了！」這段饒於趣味、耐人咀嚼的對話，既從側面反映了平田禪院「農禪合一」的佛教生活，也表現禪門善於在行住坐臥的日常活動中，開導人領悟禪旨。

＊黃檗傳法＊

有了這次奇妙的經驗後，義玄對禪宗產生興趣，特地去拜洪州宗的黃檗希運爲師。黃檗乃福建人，是百丈懷海禪師的得意弟子，也是個佛門奇僧，他的教學方式對義玄影響很大。

剛開始時，義玄在黃檗禪師門下，行爲稱得上是精純專一，可惜始終無法頓悟。有一天，寺裡的睦州首座問他：「你到這裡多少時間了？」義玄回答：「三年了。」睦州又問：「你參問過老師嗎？」義玄回答：「沒有。」他實在是個內向的人。睦州告訴他：「你去問問住持和尚，什麼是佛法的大義。」義玄就去問了，話音未落，黃檗就打他。義玄回來後，睦州問他：「你問得怎樣？」義玄答道：「我話還沒有說完，和尚就打我，我也不知道爲什麼。」睦州說：「你還沒弄清楚，再去問問吧。」義玄又去，黃檗又打。就這樣，三度發問，三度遭打。

義玄心灰意冷，對首座說：「承蒙您慈悲爲懷，鼓勵我去問佛法，也感謝住持和尚不吝賜教，只恨我太愚鈍，不能領會深義，我只好離開這裡了。」首座說：「你就是要走，也應該去向和尚告辭。」於是，睦州首座先到黃檗那裡爲義玄說好話：「三次向你問法的那個和尚非同常人，如果他來告辭，你要指引他一條路。往後雕琢成一棵大樹，天下人都可以享受到蔭涼。」

義玄去向黃檗告辭時，黃檗告訴他：「你今後別的什麼地方也別去，只要去大愚和尚那裡就行了，他一定會指點你。」於是，義玄直接去找大愚。

大愚見到義玄，問：「你從哪裡來？」義玄答：「從黃檗那裡來。」大愚問：「黃檗有什麼話語？」義玄答：「我三次去問佛法大意，三次都被師父打了。不知道我有沒有過錯？」大愚說：「黃檗是老婆心切，這麼婆婆媽媽的，爲了幫助你悟法，弄得自己都累死了，可是你還到我這裡來問有沒有錯。」義玄一聽，豁然大悟道：「原來黃檗的佛法也不多啊！」大愚一聽，一把揪住義玄道：「你這尿床鬼，剛才你問有錯沒錯，現在又說黃檗佛法沒多少，你明白了個什麼道理？快說！快說！」義玄卻不答話，直朝大愚的肋部打了三拳頭，大愚推開他說：「你的老師是黃檗，悟不悟不關我的事。」義玄回來，把事情的始末原原本本地告訴了黃檗，黃檗聽完便說：「大愚這老鬼眞饒舌，等將來我一定要痛打他一頓。」義玄便說：「等什麼，要打現在就打。」說完，便揮拳朝黃檗打去。黃檗大喝道：「你這個癲和尚，竟敢在虎口拔牙！」義玄便大喝一聲！

這則義玄悟道的公案，相當生動有趣，棒與喝兩種方法都被用到了，但實際上，棒與喝在禪宗裡並非處罰，而是要透過非常手段，打破學禪者的成見，讓學者不知所措，陷於困境之中，到走投無路之際，頓然領悟。義玄領悟的過程如此，所以後來他在帶領學禪者參悟的過程中，乃就經常以大喝一聲的方式教導，「臨濟喝」之所以馳名，源自於此。

又有一次，黃檗希運率僧眾在茶園鋤地，與臨濟義玄「打架」，把茶園搞得鬧翻了天。那天，義玄跟著師父黃檗希運到山坡鋤地種茶，義玄到茶園後先向黃檗問安，然後按著鋤頭沒有動靜，等著黃檗反應。黃檗問他：「你累了嗎？怎麼不工作？」義玄說：「才剛來呢！怎麼會累？」黃檗知道義玄搞怪，拿起拐杖就打，義玄用手接住拐杖，並順手把老和尚推倒。黃檗喊：「維那！快來！拉我起來。」維那是寺院中領眾的幹部執事，也可說是寺院中上殿過堂勞務等各項活動的領班者。維那見此，一邊扶他起來，一邊嘀咕：「義玄這傢伙瘋了，太不像話！」以常情常理衡量，把方丈和尚推倒在地是逆上，應該受罰並逐出山門。沒想到恰巧相反，義玄沒事，倒是維那被黃檗打了一頓。維那大惑不解，挨打的怎麼會是他？而臨濟義玄還一邊鋤地，一邊說風涼話：「許多人死後用火葬，我在這裡幫忙活埋。」原來，他鋤地不是為了種茶，而是準備活埋方丈和尚黃檗希運。

其他人看不懂，然而這對師生可是心有靈犀的。

黃檗年紀漸大，有意傳給義玄，也是用極巧妙的暗示方法。有一天，剛開始幹活，義玄走在黃檗身後，黃檗發現他沒帶工具，便問：「你的鋤頭哪兒去了？」義玄說：「給一個人拿走了。」黃檗說：「你過來，我跟你商量個事兒。」義玄走到黃檗身邊，黃檗提起鋤頭說：「這東西天下人都提不起來。」義玄馬上伸過手來奪過鋤頭，提起來說：「為什麼在我手裡？」黃檗輕鬆地笑道：「好啦，今天有人幹活了。」黃檗安心地回到寺中，因為他知道有人接他的班了。還有一次，義玄正在栽松樹，黃檗便對他說：「深山裡面栽這麼多樹幹什麼？」義玄回答：「一來給山門添景致，二來給後人做標誌。」說完，義玄用鋤頭在地上搗了三下。黃檗說：「就是這樣，你也已經挨了我三十大棒。」義玄又搗了三下，噓了一噓。黃檗發自內心地感嘆道：「我宗法門到你手上，將大興於世。」

學禪多年後，義玄已經累積很多心得，想離開黃檗，黃檗問他去何處，他答：「不是河南，即河北去。」唐宣宗大中八年（西元八五四年），他應邀到河北鎮州主持臨濟寺，不僅將江南廣為流行的禪宗傳播到北國，而且以北方人豪邁勇猛的氣質，闡發禪宗新義，為禪宗的發展開創了新局面。他學識淵博，禪風峻峭，廣收徒眾，自成一家。

義玄的門風有一個特點，即棒喝。他在黃檗山因棒喝而得悟，所以他也用棒喝來訓示事門人，後世稱此為棒喝禪。為了讓學僧在入學前，不必受那麼多經典的束縛和壓力，也不需進行長時間的艱苦修行，義玄直接了當地採取用棒打和喝斥兼施的手段，來交流禪學道理，使學僧頓時明白禪理，達到開悟。

例如某天，義玄對門徒說：「你們聽著，如果你們想求得佛法，就要不惜喪身捨命。當年，我在先師黃檗門下三次問法，三度被打，如今也還想挨一頓打，誰來下手？」一個門徒說：「我來打。」臨濟把手中的拐杖遞給他，門徒剛想接，臨濟劈頭便打。為什麼打？因為這位門徒還執著在義玄話中的表面含意，未能突破語言對人類的限制，因此義玄當頭就打！

義玄的喝法，根據他自己的說法有四：「有時一喝如金剛王寶劍，有時一喝如踞地獅子，有時一喝如探竿影草，有時一喝不作一喝用。」這四喝在禪宗當中又被稱為「臨濟四喝」，相當耐人尋味。如金剛王寶劍，指的是有些喝斥猶如金剛石做的寶劍那麼銳利，是要用來斬斷糾葛不清的思緒或感覺，目的在斷切執著；如踞地獅子，指的是有些喝斥有如雄獅踞地，威武雄猛，足以讓百獸妖魔一聽斃命，可用來驅除妄念；如探竿影草，說的是有些喝斥有如將竹竿探入水中捕魚，將草浸在水上讓魚聚到草影之下以便打撈，目的在聚精會神，以產生清淨之心；最後一種喝斥，目的不在喝斥，無所爲而爲，已到無分別的境界。公案記載，臨濟禪師說出這四喝之後，接著就問學生「你對這說法作何領會？」學生正要回答，臨濟隨即大聲斥喝。

＊逢佛殺佛＊

義玄也很注重靈活的運用語言藝術，他在教學中獨創了一整套「三玄」、「三要」、「四科簡」、「四賓主」、「四照用」等爲主的教學方法。

所謂玄，是指原則。「三玄」之一是「體中玄」，指由正面言說來顯示本宗道理；之二是「句中玄」，指「語義玄」，指以語義不太明確的言詞來顯示妙理；之三是「玄中玄」，指極盡言說之妙，以體現眞理中的原則。所謂要，是指要點。「三要」，第一要強調破除客觀環境中的一切事物；第二要剝除語言的表面含意，不死啃言詞；第三要重視隨機應變和語言交流。這「三玄」和「三要」相配合，使禪師和學僧之間的語言交流符合禪理要點。

舉例來說，義玄曾這樣告誡弟子：「三乘教法的十二部經典，是給人擦拭污濁的舊紙，佛是虛幻之身，祖師達摩是老比丘。你是娘生娘養的不是？你想成佛，就被佛魔抓住；你想求祖，就被祖魔抓住。如果有所求，都是苦事，不如無事。如果說佛是終極眞理，爲什麼他八十歲還死在拘尸那枷的雙村林間，佛如今在哪裡？顯然他跟我們一樣有生也有死。」這段話充分使用了他主張的「三玄」來開示弟子。

他又說：「各位道人，你如果想得到眞理一般的見解，就不要受人拘惑。向裡向外，當逢著便殺，逢佛殺佛，逢祖殺祖，遇到羅漢就殺羅漢，遇到父母就殺父母，這樣才能眞正解脫，不再拘泥於物相，而超脫自在。」「各位道人，佛法沒有什麼好用功的。只要平常無心，屙屎拉尿，穿衣吃飯，睏了就睡。愚人會譏笑我，智者會理解我。古人說得好：『向外花工夫，都是疾頑人。』」由此可見，他用的語言都十分犀利，頗能震撼人心，達到啓發的效果，也成爲後人頻頻引用的名句。

義玄的教學方法還有「四料簡」和「四照用」。他說：「我有時奪人不奪境，有時奪境不奪人，有時人境具奪，有時人境具不奪。有時先照後用，有時先用後照，有時照用同時，有時照用不同時。」所謂「奪人」，指擯斥人物自身主觀的事物和見解，「奪境」，指擯斥人物對客觀環境的事物和見解。「照」指寂照，指承認萬物皆空；「用」指妙用，指承認一切假有。他的言說全在靈活運用，隨機而施，講空說有，言不盡意，沒有一定的常規，讓別人聽起來，總在理解又不理解之間，而說教者並不迷失禪理。

舉例來說，有次義玄來到達摩塔前，塔主問他：「你要先拜釋迦牟尼，還是先拜達摩？」

義玄回答說：「佛和祖都不拜。」「他們跟你有仇嗎？」塔主問。義玄不加理會，拂袖而去。這則公案中，義玄用的就是「奪境」，用拂袖而去的動作擯斥塔主對客觀環境的事物和見解。

義玄還設師僧問答成敗的方法爲「四賓主」。所謂「賓」指學僧，「主」指禪師。雙方進行禪理交談時，有四種情況：「賓看主」，即學僧的認識和見解比禪師高明更深刻透澈；「主看賓」，指禪師的理論比學僧的更高深透澈；「主看主」，是禪師與學僧的見解相一致，無高低之分；「賓看賓」，是禪師和學僧的見解都錯誤，這是雙方無可挽救的慘敗境地。所謂「看」，即指相對比量事物的轉化情況。

有一次，義玄和王常侍來到僧堂。王常侍問義玄禪師：「這一堂人還看經嗎？」義玄回答：「不看經。」王常侍問：「還學禪嗎？」義玄回答：「不學禪。」王常侍問：「既不看經，也不學禪，他們到底在幹什麼？」義玄回答：「都教他們成佛作祖去。」王常侍笑道：「金屑雖貴，在眼成翳啊。」義玄道：「你俗人，你不懂這裡面的道理。」王常侍啞口無言。在這則公案中，義玄是主，王常侍是賓，兩人的對話是「主看賓」的情境。

＊床下小男＊

義玄雖然創造了種種理論與方法，卻不希望弟子依樣畫葫蘆，否則他的禪法只不過是另一個框框而已。傳說他逝世前曾說：「我死後，不要斷了我的佛法香火。」高徒三聖走出來說：「我們怎敢斷滅和尚的正法眼藏呢？」義玄便問：「今後有人問你，你怎麼向他說？」三聖慧然便大喝一聲。義玄聽了，嘆道：「誰知道我的正法眼藏，就在你這瞎驢手上斷滅了。」說完，便端坐而逝。當然義玄的正法眼藏並沒有斷滅，他只是嘆息這個徒弟的不知活用罷了。

總而言之，義玄的宗旨是打破一切枷鎖。他認爲「佛」就是「心清淨」，「法」就是「心光明」，「道」則是所思所行「處處無礙」。要求學人把解脫的希望寄托在「自悟」、「自信」、「自主」的基礎上，反對崇拜偶像，輕蔑教條的學習方法，主張以直截了當的簡捷手段或言辭，使人忽然省悟，這是臨濟禪的特色。

西元八六七年四月十日，義玄於大名府（今河北大名）興寺東堂圓寂，他的弟子們收其衣缽，於鎮州城內臨濟寺建塔葬之。他的傳法弟子有灌溪志閑、寶壽沼、三聖慧然、興化存奘等二十二人。其中慧然集錄了義玄的重要演說，編輯成《鎮州慧照禪師語錄》。

附帶一提的是，由於禪宗對日本影響極大，日本人借去的漢字中，有很多是禪宗大師的文字，比如德山宣鑒、臨濟義玄。他們知道禪宗大師取名都取四個字，於是有樣學樣，也給子孫取名四個字。不過文字是借來的，他們用不習慣，取出來的名字有些便不倫不類，有的叫床下小男，有的叫御手洗屁。

21 政教合一——八思巴

＊鬥法＊

茫茫大草原，風吹草低見牛羊。六盤山，天高雲淡，望斷南飛雁。

「大師，你先請了。」說話的是一位帥氣的少年英雄，臉上的落腮鬍，給人一種成熟的感覺。

「王爺，那我就獻醜了。」說話者做喇嘛打扮，年已半百，風采十分迷人。他先派人帶上一個半天高的大水桶，裡頭裝滿清水，並請現場人士一一檢查，證實貨眞價實。而後，該喇嘛縱身一跳，噗通一聲，隱沒在水中。被稱爲王爺的少年趨前一看，水中清澈見底，不見半個人。

「咦，大師哪裡去了？明明跳進水中啊，怎麼不見了？」

人群之中，突然走出一人，趨前向少年施禮，說：「抱歉，讓王爺受驚了。」

少年抬頭一看，這人不是別人，正是剛剛跳進水中的喇嘛。「好厲害，你怎麼做到的？」喇嘛笑而不答，只遙指遠方群石堆積而成的小山丘。「王爺，請派人前往看看石頭上是否有人的足跡？」

少年派人去了，回來報告，都說沒有什麼腳印。

「王爺請仔細看，待會兒那裡會留下老僧的足跡。」

少年微笑，「不可能」三字正要脫口而出，只見喇嘛口念咒語，突然縱身一跳，開始在空中飛行，現場觀眾才眨幾次眼，喇嘛已在遠方的小山丘降落，一聲轟然巨響。

「快過去！」少年領著眾人跑過去，只見喇嘛的腳下似乎出現異狀。喇嘛「拔出」雙腳，石頭上留下清晰的腳印。現場一片歡呼聲。

「我們偉大的帝師八思巴，雖說是無量光佛化身來到人間，但是若論神蹟與通達，我感覺還是這位滿臉鬍子的噶瑪拔希佔了上風。」少年自言自語。

這位少年，便是後來的元世祖忽必烈。前一年，也就是一二五二年，他從兄長蒙哥手中接下經營中原和西藏地區的棒子。才剛上任，他立刻表現出超越同儕的見識與才能，開始他的王霸之業。第一站是位在雲南的大理國，他很快揮兵掃平這個不算弱小的國家。途中經過四川的藏族地區，他想到了西藏對他霸業的重要性，於是立刻下令召來薩迦派的八思巴和噶舉派的噶瑪拔希。這兩派在當時的康藏地區，各有自己的影響與勢力，兩人的聲望也在伯仲之間，只是八思巴十七歲便接下大位，能力如何，頗受矚目。忽必烈出身游牧民族，向來重視密法咒術之類，八思巴和噶瑪拔希既然都是大教派的教主，不如就讓兩人鬥法，來分個高下。四十九歲的噶瑪拔希立刻表演了水遁、空中飛行等神通，薩迦派的這方不免有些緊張。

「亮幾手給他們看吧，否則我們薩迦派就丟臉了，以後如何在西藏立足？」薩迦派的信徒這樣要求八思巴。
年輕的八思巴低頭想了一下，看著滿場投來的眼光，他不得不展示點神通了。只見他抽出利劍，用劍砍下自己的頭、手、足，讓肢體分離，然後以密法加持，使分離的肢體化爲五方五佛。
現場一片驚嘆聲，而噶瑪拔希早已不見人影。看來，八思巴是獲勝了。
西藏密宗中，常有這類的鬥法故事，甚至在中國佛教、道教互相競爭時，也不時傳出和尚與道士鬥法的情節。當然，年代久遠，無從判定眞僞。不過，在八思巴的領導下，薩迦派的聲勢蒸蒸日上，卻是不爭的事實。

＊少年教主＊

元朝是中國武力強大的時代，對西藏採取懷柔政策，並對他們的宗教領袖招安。當時西藏佛教有些儀式與苯教（或譯奔頗教、笨教）混合，與元室蒙古族的薩滿教氣息相通。元世祖忽必烈登基後，便以西藏佛教作爲國教，迎請薩迦派五祖八思巴爲國師，賜封爲大寶法王（「大寶法王」是元明兩朝對西藏高僧的封號），立爲天下教主，兼掌西藏政權，此後，開始了西藏政教合一的基礎，直至元朝滅亡，帝師皆由藏僧嗣位。西藏佛教也因八思巴而遍行中外，元朝的疆域東至海，西及歐洲，南達南洋群島，北至西伯利亞，無不受西藏佛教所化。八思巴的功勞，由此可見。

西元十一世紀時，西藏王族袞曲爵保從釋迦智學習顯密教法，後來在衛州建薩迦寺（西元一〇七三年）聚徒講學，逐漸形成了「薩迦派」。此派寺廟圍牆畫有象徵文殊、觀音與金剛手菩薩的紅、白、黑三色花紋，因此又稱爲「花教」。教主由袞曲爵保家族世代相承，八思巴則是薩迦派的第五祖。

奇妙的是，八思巴的爸爸並非薩迦派的第四祖。當時藏人的習俗，如果一家之中有兄弟數人，往往只留一人在家娶妻生子，其他兄弟則出家學法，以求前途。八思巴的阿公生了兩個二子，大兒子薩班出家，後來成爲薩迦派的第四代教主，二兒子結婚，生了四個兒子，長子就是八思巴。也就是說，四祖薩班是五祖八思巴的伯父。

八思巴，又作發思巴、帕思巴，生於西元一二三五年，是西藏薩迦族人。據說他聰穎絕倫，自幼通曉群經，精通密法，三歲時便能講喜金剛修法，大眾嘆爲稀有，於是稱他爲「八思巴」，即「聖者」之意；用我們的話說，就是「神童」。四歲時，跟隨伯父薩班到吉莊的帕巴瓦底寺（中國和尼泊爾的邊境）參學；七歲時，已能誦經數十萬言，還通曉其中的大義；九歲時，講喜金剛本續《二觀察》，因而聲名大著；十歲，在拉薩大昭寺受沙彌戒，跟著傑隆堪布聽受「三百學處」。

宋末元初，西藏佛教正是薩迦派的盛世。元世祖忽必烈未登基前，曾率兵南征，他深知藏人勇猛善戰，不易以武力征服，欲借助宗教力量達到和平，下令禮遇薩迦四祖薩班，並輾轉派遣駐守西涼的闊丹汗（成吉思汗的孫子）邀請他入宮。薩班接到信後，派人送去他的兩個姪子，其中一個是年方十歲的八思巴。八思巴年紀雖小，卻是薩迦派法定的繼承人，由他代替薩班前往，非但不是不禮貌，反而是一種尊重。八思巴此行，是西藏宗教界領袖與蒙古王室建立聯繫的開端。幾經磋商，雙方談妥條件後，西藏答應歸順蒙古。

一二五一年，薩班病危，傳法給十七歲的八思巴，是為薩迦派五祖。兩年後，經由闊丹汗的介紹，八思巴獲邀到忽必烈陣營，回答有關藏族歷史及宗教的許多問題。他和敵派教主噶瑪拔希鬥法的傳說，就發生在此時。忽必烈深深被他的年輕博學折服，與妃子等人相偕皈依，接受喜金剛四種灌頂，並以西藏十三萬戶作為供養。嚴格說來，八思巴不只在法術上勝過對方，他從一開始就表現得謙虛、誠實、效忠，這些都讓忽必烈對他有很不錯的印象。反觀噶瑪拔希鬥法失敗後，竟然不告而別，自然不可能得到忽必烈的青睞，只好投入其他陣營。

二十一歲時，八思巴在聶塘從名稱獅子法師受具足戒。二十四歲時，蒙古佛道二教舉行辯論，八思巴以佛教觀點批判《老子化胡經》，論破道士。依照約定，樊志應等十七位道士剃髮為僧，八思巴更加為忽必烈尊崇。此外，忽必烈更擬下令西藏各派教徒一律改從薩迦派，八思巴即時勸阻，免除了一場宗教專制危機。我們從這裡也可看出八思巴聰明的地方，他知道佛教各派都是在教義裡，和政治、經濟各種因素的影響下自然形成的，絕非人力可以隨便改變，如果硬要改變，一場宗教戰爭勢必無法避免。他給忽必烈的建言，很少只圖利薩迦派，多半是造福整個西藏佛教，例如他要求免除西藏寺院對國家負擔的稅捐和差役，又希望朝廷派出的使者別住在藏區的寺院，這些建議都獲得忽必烈的首肯，而他也因此提高了自己在西藏佛教界的地位。

然而，八思巴和噶瑪拔希的鬥法並未完全落幕。

噶瑪拔希離開後，轉而投入蒙哥陣營。蒙哥是當時的蒙古大汗，擅長率兵打仗，攻無不克、戰無不勝，歐洲人怕死了，稱他爲「上帝之鞭」。但做爲帝王，蒙哥顯得目光如豆。他一味地固守在經濟文化都相當落後貧困的漠北，不肯離開，反而將整個帝國最廣大、富庶的中原地區，交給弟弟忽必烈去管理。忽必烈是很有野心的人，他用懷柔的方式經營中原地區，時機一到，天下就是他的。

八思巴二十五歲那年，蒙哥在南宋戰場陣亡。消息傳來，忽必烈「士氣大振」，決定和蒙哥寵信的幼弟阿里不哥爭奪大汗的位置。兩人經過一年的血戰，忽必烈大獲全勝，在蒙哥死後投靠阿里不哥的噶瑪拔希，此時大難臨頭，遭到忽必烈和八思巴的清算，先蹲大牢，後遭流放，噶舉派的聲勢爲之一衰，直到多年後宗喀巴崛起，才一舉扳倒薩迦派。八思巴因爲長期與忽必烈關係良好，他的薩迦派從此雞犬升天。

忽必烈即位後（一二六〇年），尊禮八思巴爲國師，並授以玉印，令其主持宣政院，總攝天下佛教及康藏政務。我們別忘了，這年八思巴才二十六歲，是歷史上最年輕的國師，意義是很重大的，尤其對混亂已久的西藏來說，更是一個全新的局面。西藏自九世紀中葉吐蕃王朝內訌以來，一直是分崩離析的情況，長達三百多年的分裂割據，直到八思巴的出現，才重新統一西藏。此後，國師與皇帝的詔敕，在藏土同時並行，政教合一的制度由此開始。薩迦王朝統治西藏近百年，每一國師圓寂，即由同派繼承嗣位。至於元朝朝廷內外，上自帝王，下至士庶，對於藏傳佛教莫不熱忱信仰。

西元一二六四年，忽必烈遷都燕京（北平），改年號爲至元。同年，中央設總制院，執掌全國佛教和西藏地區事務，爲全國最高僧官機構，八思巴再度以國師之位統領總制院，鞏固了中央和西藏地區之間的聯繫。

＊創立蒙古文字＊

蒙古族本來是沒有文字的，一二〇四年時，成吉思汗曾要求維吾爾人塔塔統阿幫蒙古造字，結果造出來的跟維吾爾文大同小異。後來忽必烈很不滿意，一來他認爲遼、金各國都有自己的文字，蒙古怎麼可以沒有呢？二來他覺得維吾爾體的蒙古文只是一種文字的借用，不能算是蒙古字，三來在實際運用上，他深感這種文字不夠準確，不能很完整地傳達意思，有必要重新造字。造字是何等大的工程，主事者需要飽學多聞，想來想去，忽必烈的心中冒出了一個不二人選，他隨即下令，要八思巴制定蒙古文字。

突如其來的沈重任務，讓八思巴嚇了一跳，轉而一想，這可是很有意義的使命呢，於是他回到西藏薩迦寺，從一二六五到一二六八年期間，他沈心靜氣，在許多學者的幫助下，參考了藏文及梵文，制定一套方形拼音文字，有四十一個字母，一共千餘字，也就是後人所謂的「八思巴文」。翌年，八思巴回燕京，進獻他創造出來的蒙古文字。忽必烈十分高興，也感到滿意，不久就頒布推行，並規定凡璽書及行省路縣公文，一律使用蒙古新字，各族文字爲副。

無論從準確性或實用性來看，這套文字的水準都很高，大大超越了維吾爾蒙古文，最難能可貴的是，這套文字還可用來拼寫漢語，中國典籍如《貞觀政要》、《帝範》等書都透過這套文字翻譯給元朝皇帝觀賞。蒙古新字頒行天下後，共使用了一百多年，直到元順帝兵敗山倒，由中原逃回漠北後，才漸漸停止流行。至今尚流傳不少刻有八思巴文的錢幣、碑刻、印刷品等文物，可供考古之用，而現在蒙古所用的則是舊維吾爾文。

八思巴停留燕京期間，與各族佛教界人士廣泛接觸，讓他渡化的比丘、比丘尼、沙彌高達四千餘人，在家信眾則不可計數，種族遍及印度、西夏、蒙古、高麗、大理、維吾爾、西域、西藏等地區。此外在學術方面，八思巴也積極與許多漢族、印度學者校對佛經，他翻譯的代表作是《根本有部出家羯磨儀軌》，個人的著述則有《彰所知論》、《有部苾芻習學略法》、《有部出家羯磨儀軌》三十餘種，皆收錄在《薩迦五祖集》中，至今仍然流傳。其中，《彰所知論》是八思巴特地爲皇太子寫的佛教綱要書，漢文譯本收在大藏經中，是他的著作中流傳最廣的一部。

＊政教合一，死後哀榮＊

在八思巴回西藏深思新蒙古字的同時，也著手安排西藏地方行政機構的建置。之前，他幾度聽說有少數西藏的僧俗勢力心懷不軌，伺機蠢動。爲了確保薩迦派在西藏的絕對領導權，他建議忽必烈在西藏設置本欽一職，以總管西藏地區的行政事務；而本欽的任免權，則操之在國師（就是八思巴本人）之手。換言之，本欽只是八思巴在西藏的代理人，他是實權的掌握者。舉兩個例，首任本欽是八思巴伯父薩班的人馬，辦起事來深得八思巴的旨趣。第二任本欽原是八思巴的侍者，照理說忠誠度不成問題，但在擔任本欽後，幾度違逆八思巴的意思，八思巴便派人殺了他。

一二七四年，八思巴將國師的大位讓給弟弟。三年後，他在後藏的曲彌仁摩寺舉行了盛況空前的法輪泉法會，到場參加的康藏僧眾超過七萬人。元朝政府很捧場，由元世祖擔任護法檀越，到場參加的每個人都可獲贈金子一錢。可想而知，這使八思巴的聲望如日中天，不可一世。然而，猜忌他的力量沒有完全消失，一二八〇年，八思巴突然以四十六歲的壯齡暴斃，死因可能是權力之爭，遭人謀害，但史實已不可考。元世祖得知消息後，大爲感傷，在燕京爲他興建一座雄偉的舍利塔，敕謚「皇天之下一人之上開教宣文輔治大聖至德普覺眞智佑國如意大寶法王西天佛子大元帝師」的稱號（這是古人的習慣，越長越表尊重），並詔令各郡建立帝師八思巴殿。

元朝皇室對八思巴始終追念，元仁宗於大興教寺建帝師八思巴殿，又下詔各郡建帝師殿；元英宗即位，又下令各郡建八思巴殿；元晉宗命人繪八思巴圖像十一幅，頒行各省，塑像供奉。元朝德輝重編的《百丈清規》中，載有八思巴涅槃日的法會儀式和誦文，足見八思巴受到元朝尊崇之一斑。

八思巴的貢獻並不只於佛學，他還致力於中原與西藏文化的交流，例如將中原的印刷術、戲劇藝術等傳至西藏；將藏族建築技巧、雕塑藝術等引至中原，北京妙應寺的白塔，就是經他設計並指揮建造的；他還渡化尼泊爾的雕塑師阿尼哥出家，並隨同入京，對中國的雕塑藝術有極大的影響。因爲八思巴的應世，西藏佛教的勢力達到顛峰，爲藏傳佛教寫下歷史的新頁。

22 藏傳佛教黃教創始人——宗喀巴

巧遇恩師

宗喀巴是藏傳佛教黃教的創始人。

公元十五世紀，佛教在中國內地歷經一千五百年的曲折發展後，早已結束和傳統儒道思想分庭抗禮的局面，顯得有些停滯不前。然而在西藏高原，這一外來宗教卻面貌一新，正異乎尋常地蓬勃發展，形成當地獨具特色的黃教教派。公元一四〇九年（明成祖時期），拉薩正舉行空前盛大的法會，主持該次法會的，便是藏傳佛教史上千古絕響的黃教始祖宗喀巴。

一三五七年，宗喀巴出生在今天青海省西寧市附近。據說他的母親懷孕時，曾夢見天際雲中高聳如山的金身，放出太陽般的光明，冉冉下降，金身慢慢變小，然後進入母體內。宗喀巴的媽媽醒來後，覺得渾身舒暢，神智清明。生產之際，又作了一夢，在某個黃色小房間中，許多僧人正對著一尊金像膜拜，氣氛莊嚴肅穆。醒來後，一個男嬰呱呱墜地，這就是宗喀巴降生的過程。當然，類似這種神話傳說，中國古代皇帝也層出不窮，當成有趣的故事看待是無妨的。

宗喀巴出身於佛教家庭，父親是地方官吏，家境還算不錯。由於出生時的奇特遭遇，宗喀

巴的老爸有意栽培這個小孩，便帶著三歲的宗喀巴去見喇嘛教的第四代活佛。在父親的強烈要求下，活佛為宗喀巴授了近事戒，這是一種不入寺院、在家修行的戒律。活佛又看了宗喀巴的面相，預言「這小孩為第二佛陀轉世」。宗喀巴的老爸欣喜若狂，吩咐家人要好好照顧這個小佛陀。

不久後，西寧有名的大喇嘛頓珠仁欽有事拜訪宗喀巴的父親，一見到宗喀巴時，他驚為天人，決定收為徒弟，好好栽培。為了小孩的前途，加上收了頓珠仁欽不少禮物，宗喀巴的父親很慷慨地答應了。此後，宗喀巴便在頓珠仁欽的栽培下，不能蹦蹦跳跳，沒有童年，而是專心學佛。兩人的感情極佳，情同父子。頓珠仁欽每次召集寺內喇嘛講經說法時，總將可愛的宗喀巴帶在身邊。因為耳濡目染，宗喀巴跟著師父熟背了許多佛經文句和段落，這株佛苗正一天天長大。一三六三年，宗喀巴年滿七歲，到了佛教一般規定可以正式剃度出家的年紀。頓珠仁欽召集所有喇嘛，為他舉辦沙彌戒。七到二十歲之間的男性出家者，都要接受這種佛教為他們舉行具有十條戒律的授戒。從此，宗喀巴成為寺裡年紀最小的喇嘛。

十年過去後，宗喀巴年滿十六歲，在佛學顯教典籍和密教儀軌上已打下不錯的基礎。頓珠仁欽感覺到這個孩子是佛教未來的重要人物，必須到外面繼續深造，接受層層考驗與折磨，才能進階到更高的成就。於是，他幫宗喀巴擬定了詳細的遊學計畫。為了確保旅途成功，他還為宗喀巴設會供輪，以祈求護法金剛的加持與保佑。宗喀巴對師父的用心良苦感激涕零，依依不捨地離開。這是他們第一次分別，也是最後一次，不久頓珠仁欽過世，宗喀巴在任何場合，只要提到師父，就會合掌祝福，淚流滿面，他是永遠忘不了這個有恩於他的啓蒙老師的。

＊立宗答辯＊

頓珠仁欽爲宗喀巴擬定的遊學目的地是西藏，先前藏再後藏。由於青海到西藏的路途遙遠，山高水深，他整整走了一年，才到前藏。第一個遊學的廟宇是頓珠仁欽的母寺第瓦寺，宗喀巴在這裡得到很好的照顧，先後學習了《現觀莊嚴論》、《大乘經莊嚴論》、《辨中邊論》、《辨法法性論》、《究竟一乘寶性論》五部經論。藏人學經的習慣很特別，學完一經後，得參加這部經論的辯場，由大家提問，答辯者需回答無誤，才算學成。因此這不只是考學問而已，口才、反應、機智、台風等都非常重要。宗喀巴在第瓦寺苦學兩年，十九歲參加辯場，以《現觀莊嚴論》在各寺院巡迴立宗答辯，出口成章、雄辯滔滔、思維敏捷，沒有任何中斷、雜亂、錯誤、重複或詞不達意的地方，獲得的評價很高，順利通過考驗。

從二十歲開始，宗喀巴輾轉在前後藏各地寺院求師問學。他從薩伽派佛學大師仁達瓦那裡學習顯教經論，又從其他喇嘛那裡學到中觀六論和一些戒律、詩韻詞藻等等，只要是能打聽得到的飽學高僧，不論路途有多遙遠，他都前往虛心受教。他這種勤奮向學的精神，也讓各地喇嘛留下深刻的印象。這些飽學之士中，對宗喀巴影響最大的是仁達瓦。此人在西藏享有盛名，年紀僅長宗喀巴數歲，兩人亦師亦友。宗喀巴向他學習了《俱舍論》，覺得很受用，乾脆拜他爲師，遍學所有顯教典籍。收了這麼聰明的學生，仁達瓦的壓力不小，曾說：「要教他佛理，我得全神貫注，否則稍不注意，就被他問倒了。」

除了向各地名僧大德討教，宗喀巴也勤於自修，從不鬆懈。他讀起書來非常認眞，往往從各家註解中反覆研習領悟，最後得出自己的見解。他曾談到自己的治學之道：「不多聞則如燈不明，片面粗略不足取。」當然，能夠多聞、涉獵，他的條件似乎比別人雄厚，例如超強的記憶力。有一次，他在拉薩和下游的蔡寺讀經，有三個不服氣的喇嘛來找他比試記憶力。大家選好從未讀過的經文後，從日出比到日落，宗喀巴熟讀經文四頁，其他三人最多只能熟背一兩頁，宗喀巴獲勝。有了不錯的記憶力，他堅持廣泛閱讀，每天強迫自己熟記佛教經文十七頁，務必做到永不忘記。人家之所以是大師，不是浪得虛名的。當時有位西藏學者就讚美他：「這樣的天才加上刻苦精神，在其他喇嘛身上是看不到的。」

一三八〇年，宗喀巴二十四歲，他在這一年到後藏寺院辯場，依照《俱舍論》、《量釋論》、《集論》、《戒經》等四部經論立宗答辯，一次就順利通過了。這樣，連同之前《現觀莊嚴論》，他已有五部經論通過答辯，而他實際通曉掌握的經論，則遠遠超過這些，這五部可算是他的「看家本領」。由於這五部經論代表佛教顯教的不同階段，能掌握這些，表示他對顯教已有系統的瞭解。

一三八五年，二十九歲的宗喀巴受比丘戒。事後，他一面繼續求師問學，一面開始在各寺廟巡迴講經，並著手撰寫著作。在西藏宗教的名聲與影響力逐漸擴大，並沒有讓他陶醉在一片讚美與欽慕中，他按照恩師頓珠仁欽給他的計畫，完全顯教的學習後，接下來就將精力全部花在密教的研習與修持。

＊密教揭密＊

密教的產生很有趣，它是在印度大乘佛教衰弱後，逐漸興起於印度本土的新興教派，說它是大乘佛教和印度婆羅門教的結合，並不爲過。密教尊奉的最高神叫大日如來，據說大日和釋迦牟尼爲同一個佛，大日是法身，釋迦牟尼是應身。密教自稱，他們的教法是法身佛大日對自己眷屬所說的奧秘大法，都是秘密眞言，隱奧無窮，因此稱爲密教或眞言教。他們又說，與密教相對的是顯教，是應身佛釋迦牟尼對一般凡夫俗子的說法，能夠以語言文字表示其教義，沒什麼秘密可言，故稱顯教。在佛教史上，通常把密教以外的各種佛教宗派通通稱爲顯教。

這樣看來，密教以後起之秀的姿態，爲了提高自己的地位，不惜「捏造」故事來自我抬舉，這是很正常的情況。從信仰的角度來看，信者恆信，不信者恆不信，如此而已。密教跟顯教最大的不同，是把大乘佛教或顯教那種繁雜細密、艱深晦澀的理論研究，轉換成較爲簡便的宗教實踐修持。在具體修行儀軌上，他們有一套嚴格的規定，從設壇、供養、念經、誦咒都有一定的規範，不可亂來。這些規範密法，必須由傳法師傳授，在傳法師舉行灌頂儀式後，才算是正式入教。密教認爲，如果眾生能修持三密，即以手作特定手勢（身密），口誦眞言咒語（語密），心觀佛尊（意密），就能使身、口、意三業清靜，自身三密與佛的三密相應，就能立竿見影，立地成佛。

公元八世紀左右，簡單易行又能快速成佛的密教傳入西藏，很快就受到社會各階層的熱烈歡迎，特別是文化水準不高的下層民眾，不必苦讀大量佛經，只要口誦眞言，多念咒語，就能升登佛界。這種對來生殷切期盼的方式，能讓社會相對穩定，有助於百姓容忍今生的痛苦，他們對統治階層的腐敗墮落也就不太計較了。西藏過去的信仰本來便很重視鬼神與巫術，如今和充滿誦咒、作法色彩的密教結合，構成了藏傳佛教的主要內容。注重密教，提倡密修，是西藏各喇嘛教派的共同特點。

＊特異功能＊

宗喀巴早年的啓蒙恩師頓珠仁欽，其實就是一位密教造詣極高的喇嘛。宗喀巴六歲時就被灌頂了，並且學會一些簡單的持咒、唸誦密法，從此對密教一直很有興趣。他在學習顯教經典的過程中，曾陸續學到密教各派的「道果法」、「大手印法」、「那饒六法」等等。完成顯教的研究後，宗喀巴開始專心加強密教修持，在往後的四年間，他的功力大增，先後學到了《時轉金剛經》的灌頂經教秘訣與金剛乘四部密（作密、行密、瑜伽密、無上瑜伽密）等。

跟顯教的方式不同，密教的灌頂、經教、念咒等等，一般都以秘密的方式由師父口耳相傳，其修練實踐也往往遠離塵囂，以非常神秘的做法進行。顯教重視修心，重視智慧、哲理、邏輯思維方面的發展；密教則重視修身，偏重在心理機制上的調整，透過肉體功能達到修行的目的。這種修練方式，通常不藉助文字經典的外在力量，主要是靠堅毅耐勞、苦練苦修，挑戰意志力的極限，只要時間夠久，程度夠高，就能超凡入聖，達到「空明無我」的奇妙境界。

正因爲密教是這樣神秘，從一出現就受到顯教的譴責，斥之爲「畜生之學」。身爲顯密兩教的全能型大師，宗喀巴力求調和兩教。他修持密教時，既注重理論，加強對密教經典的深入研究，也重視個人具體實踐修持，他曾多次閉關，親身體驗各種修法。他最反對的是密教中劃地自限的風氣，主張打破門戶之見，對各類密教典籍全面研習，別只自我陶醉在某種修練上。他還堅持先顯後密，認爲密教徒必須先有顯教的理論基礎，才能進行密教專修，才能讓顯教的人刮目相看，進而提昇自己的修行境界。他的這些看法，對當時的西藏佛教產生很大的影響。

由於密教修行強調肉體境界的提昇，他們的修行者常會種種高深莫測的特異功能，像是吞刀吐火等等，宗喀巴也不例外。據記載，他不僅修得了「預知陷秘的無礙神通」，能未卜先知、遙感預測，而且能用念力阻止意外發生。有兩次寺院突然失火，火勢極爲凶猛，眼見佛殿就要遭殃，人人驚慌失措之時，宗喀巴入坐定中，安居修法，微風不起，火勢立刻平息。在他的事蹟中，這類的特異功能實在不勝枚舉。

＊大演說家＊

宗喀巴名氣打響後，開始有人拜他爲師，當他的弟子。他的習慣是到各地寺院遊走流動，不會固定在同一個地方太久，他的學生也必須有這種耐力才行。一三八九年，宗喀巴應邀到門喀寺講經，寺內僧眾一致要求他在定期的講經中，盡可能開講多部經論，滿足大家的需求。他答應下來後，先閉關二十天，準備好所有教材和資料，然後才出關開講，其愼重認眞的態度可想而知。接下來，他共講經十五座次，每座次講解不同經論，每天從黎明講到黃昏，三個月下來，總共講完了十七部經論。這種以多部經論同時開講的超人記憶講論，在當時西藏佛教圈造成了大轟動，他的地位更加崇高了。

宗喀巴在傳佈佛法方面，特別注重對佛教經論的口頭講解，認爲這是誘導信徒、感化眾生最直接也最有效的方式。在這方面，宗喀巴同樣具有得天獨厚的優越條件，他有雄辯家的所有條件，不但聲音充滿魅力，氣息也十分充足，穿透力極強，無論場地多大多小，聽眾很多很少，遠近中間旁邊都能清楚聽見他在說什麼。他也不強調語調要高，或者節奏要快，他是隨著現場氣氛與講經內容做調整，該抑揚頓挫時絕不含糊交代過去，該慢下來仔細講解時絕不快速說完。加上他的思維敏捷，邏輯組織能力很強，容易引起共鳴，信徒因此越來越多。

有一次，一個叫賈曹傑的年輕喇嘛來踢館。這位賈曹傑是眞有兩下子的學問僧，他曾依十部經論立宗答辯，比宗喀巴的五部還猛，是藏傳佛教史上第一人。他也到處巡迴演講，獲得的好評亦多，只不過他對宗喀巴能這麼有名一直很不服氣，決定要親自較量看看。他找到宗喀巴講經的寺院，進入寺門後，碰到宗喀巴正在對僧眾說法，他也不脫僧帽，直接走到前面去。宗喀巴見狀，就從正在說法的法座上下來，坐在底下繼續講經。這個賈曹傑居然大搖大擺地坐到法座上去，漫不經心地看著宗喀巴，但宗喀巴沒理他，繼續講自己的。過了不久，奇妙的事情發生了，宗喀巴講經的內容聲聲入耳，不斷注入賈曹傑的腦中，不只充滿魅力，而且還頗有見地。賈曹傑收斂起囂張的架勢，凝神靜聽，發現宗喀巴講的都是他沒聽過的人間至理、嘉言妙論，每句話都無懈可擊，精闢絕倫。他對剛剛自己的舉止覺得慚愧，馬上離開法座，脫掉僧帽，改坐到弟子席中，並情不自禁地對宗喀巴頂禮膜拜，祈求收他爲弟子，做他的至尊上師，眼淚應聲而落。此後，賈曹傑一直隨侍在側，直到宗喀巴逝世，他都不曾離開。

這便是宗喀巴的魅力所在，不只在他的學問淵博、口若懸河，而且他的誠懇態度，從不盛氣淩人，不擺出大師的架子壓人。只要願意向他請教，他一定知無不言，言無不盡。這種作風，有利他調解密教不同派系之間的紛爭，不但讓他的影響力擴增，也使他認識到：如果要讓自己的教法法力無邊，「像河流一樣潮湧興盛」，則必須取得西藏地區政權的支持。爲此，他開始積極和統治西藏的帕主政權加強聯繫，先由書信往來稱讚對方，再建議對方「以佛法治民，管理國政，必能成就今生與來世的大事業」。他的這番呼籲，獲得了執政當局的支持，連帶對他的弘法事業有了正面影響。

＊宗教改革＊

宗喀巴會這樣積極奔走，與當時西藏的宗教環境息息相關。舉目四顧，喇嘛教的風氣越來越壞，出現「頹廢萎靡之相」，特別在十三世紀政教合一以來，喇嘛掌握政權，開始不安於室，不但謀求政治權力，還加強自己的經濟實力，生活放蕩，爲所欲爲，腐敗貪瀆之風由上而下，瀰漫整個宗教界。況且各教派山頭林立，各擁其主，宗喀巴早就看不慣了，他決心來一次宗教改革，使宗教回到宗教，喇嘛變成喇嘛。他的方式很有趣，是先從戴黃色帽子開始做起。在他之前，西藏佛教史上有兩位高僧戴過黃帽，他們都立志要進行宗教改革，因此宗喀巴此舉饒富深意。

三十二歲的宗喀巴決定從清理教風、整頓戒律入手。他四處奔波，向各寺院的喇嘛宣講大小乘的戒律和實施細則，號召佛門教徒遵守戒律，徹底擺脫世俗社會的誘惑，重新回到嚴格的宗教生活中。爲了加強說服力，他帶著底下數十名常隨弟子以身作則，坐臥起居、衣食語默、齋講唸誦，都按照戒律而行。他的這番舉動，受到執政當局的熱烈歡迎，畢竟政府也是喇嘛米蟲的受害者，他們希望透過這種活動，來保障西藏地區的長治久安。

在清除穢行、整頓戒律之外，宗喀巴還強調「宗派融合」的重要，努力破除各宗各派的門戶之見。他認爲，成佛的途徑極多，不是只有哪種方式是不二法門，一切佛說都不應捨棄，而應對大小乘佛法和一切顯密學說進行全面的把握，先顯後密，顯密雙修。由於他的學問眞的很大，能做到他主張的那些境界，一時之間得到許多響應。不過，密教的出現本是爲了方便成佛，如今居然要顯密雙修，對許多信徒來說，簡直是不可能的任務，因此宗喀巴的苦心到頭來，還是徒勞無功。

在宗教改革的過程中，宗喀巴非常在意宗教理論的建立，尤其是建立自己的學說，更成了當務之急。從一三八八年開始，他就開始堅持不懈地著述，終其一生，共完成了上百種佛學著作，其中在當時較有影響力的，是針對喇嘛教戒律鬆弛有感而發的作品。一四〇二年到〇六年之間，宗喀巴完成了他一生中最重要的兩部著作：《菩提道次第廣論》和《密宗道次第廣論》。兩書自成一家，構成宗喀巴完整的佛教思想體系，代表了他在顯密兩教方面的全面見解與看法。他每寫完一部著作後，會立刻到各地寺院現身說法，因此傳播得很快，可說是深諳行銷手法。

千古黃教

一四〇九年藏曆正月初一，拉薩大昭寺舉辦藏傳佛教史上空前絕後的大祈願法會，宗喀巴擔任這次法會的主持人和名義上的創辦者，每天要升座講經給數萬人聽，奠定他成為西藏佛教領袖的地位。法會結束後，宗喀巴趁熱打鐵，選定拉薩東方一處山頭，建立自己的專屬廟宇，並以首席弟子賈曹傑負責監工，所有修建工程均按照戒律規定程序嚴格進行。新建的寺廟取名為甘丹寺，落成後，宗喀巴和師徒結束了長期的流浪巡迴生涯，正式定居此廟。至此，以甘丹寺為主寺的新教派——格魯派正式成立，精神領袖不做第二人想，當然是宗喀巴。這個新教派教徒一律仿造宗喀巴戴黃帽，因此又稱為黃教。

黃教成立後，吸引許多原屬其他的教派前來歸附，壯大的程度連千里之遠的明朝政府都很重視，多次派人前來邀請宗喀巴到北京作客。宗喀巴以大病初癒為由，婉拒了明成祖的好意，但為了表示誠意，還是派了得意門生釋迦也夫前往北京進貢。釋迦也夫受到明成祖的熱情招待和優渥的賞賜，黃教也受到封賜。後來，宗喀巴利用明朝賞賜的財物，在拉薩北方郊區修建了一座富麗堂皇、雄偉壯觀的寺院，取名爲色丹寺。在此之前，宗喀巴的另一名得力門生扎西貝丹，在西藏當局的財力贊助下，也在拉薩西部郊區修造了哲豐寺。因此，黃教在拉薩的東、西、北有了三座大規模的寺院。在這些大廟做基礎下，黃教的發展後來居上，成爲西藏地區一股龐大的寺院集團力量。

宗喀巴結束漂泊不定的生活後，固定居住在甘丹寺，偶爾也到另兩座自己的地盤講經，增添不少安定感，步履所及，不出拉薩地區。儘管年紀有些大，他的精神抖擻，一如往常，努力勤勉地工作。一四一九年，宗喀巴六十三歲。這年的春夏時節，他在甘丹寺講解多種顯密經論，又完成幾部著作，完全看不出已經是個花甲老人。甚至，他還有空四處抽查僧眾是否違反戒律，身體極爲硬朗，誰也沒想到這是他人生的最後一年。十月十九日，他照常講經論道，頭腦十分清楚，但是到了晚上，他突然覺得身體不適，隨即病情加重，幾天後，十月二十五日，一代宗師就這樣逝世於他的甘丹寺僧房中了。

在他逝世前兩日，他對後事做了巧合的安排，把衣帽傳給首席弟子賈曹傑，讓他接受自己的法位。他一生的弟子眾多，除了賈曹傑，值得一提的是扎什倫布寺的創建者根敦主巴。根敦主巴是宗喀巴所有弟子中最幼齒的一位，宗喀巴死時，他只有二十八歲，但智慧極高，多才多藝，三十年後，他在後藏地區蓋了唯一一座黃教廟宇，與前藏的三座可稱黃教四大寺。

十六世紀，拉薩哲豐寺成爲實力最強的黃教寺院，一五四六年，它的住持逝世後，該寺上層僧侶找來一個三歲小孩擔任「轉世靈童」，繼任爲黃教教主。這位小朋友叫做索南嘉措，是黃教史上第一位活佛。此後，黃教各大小廟宇就有了層出不窮的小活佛。再經過一百年左右，黃教分成兩大活佛系統：達賴和班禪，從此他們牢牢掌握西藏的政權與教權，宗喀巴的黃教至今仍然歷久不衰，依舊是西藏佛教最大的宗教派別。

23 淨土宗八祖——袾宏

＊徘徊在功名與出家之間＊

明朝末年，浙江地區的杭州是中國南方最富裕也最繁榮的地方，在中國佛教史上更有特殊意義。明末四大高僧之一的袾宏，便在這裡弘揚他的居士佛教觀念，影響相當深遠，直到今日。

袾宏的老爸沈德鑒，是明末杭州的員外，有點讀書底子，膝下單薄，只有袾宏這麼一個兒子，因此期望很深，希望他能光耀門楣，爭一口氣。袾宏生來就十分聰明，也用功上進，在讀書方面沒有多大問題，只是身體不好，從小體弱多病，讓他的父母親十分擔憂，縱使吃了許多強力補品與神奇偏方，還是沒什麼改善。袾宏十七歲時，沈老先生送他進公立學校讀書，成績斐然，各種考試常常第一名，品行也很端正，可說是品學兼優的典範。然而，隨著袾宏的年紀漸長，沈老先生發現這孩子的「毛病」不只是身體差，還加上小腦袋瓜裡不知在想什麼，每次遇到科考，袾宏總是藉故溜走，不肯朝著「康莊大道」前進。他似乎對佛學最有興趣，常常沈浸其中。沈老先生也發現，每次跟這個寶貝兒子聊天，最後都會談到佛理上去，這太可怕了。更可怕的還是後頭，有天沈老先生趁兒子不在家，偷偷進他書房偷看，書桌上放著幾張毛筆字，寫的不是「金榜題名」、「衝刺必勝」之類的，而是「生死事大」。年紀輕輕就在思考生死這種事情，沈老先生很擔心兒子會突然不告而別，跑去當和尚。他和夫人商量了半天，決定給袾宏討個老婆，一來可拴住悸動的心，二來生個一男半女，免得沈家絕後。

袾宏的心裡怎麼想呢？他其實也是很掙扎的，始終徘徊在功名與出家之間。一方面，他還是嗜佛如初，不許家人殺生，連逢年過節的拜拜都要照常茹素，心中最大的夢想還是出家當和尚。另一方面，他又考慮到父母親年紀老大，可能禁不起他的離開，甚至因他不去參加科舉考試都會暗自流淚，這實在讓他好生為難！他在同學之中是最出類拔萃的那一個，只因體弱多病，對自己的前途沒有太大信心，如果再這樣蹉跎下去，人生很快就過去了，他真怕自己以後會後悔。儘管被迫娶了老婆，他的生活一樣充滿矛盾與困惑。

有一天，他突發奇想，到街上的雜貨店裡買了兩頂帽子回來，一頂是官員戴的烏紗帽，一頂是僧人戴的黃帽。站在鏡子前面，他先戴上烏紗帽，看見自己瘦弱的身體被帽子那樣一壓，又滑稽又沒富貴氣，連說「不像不像」。換上僧帽再照，清瘦的臉龐配上黃色的僧帽，哇，好一副仙風道骨的模樣，他忍不住興奮地跳腳：「真像，真像！」從這一刻起，他的心中安定多了，對於未來，他有更多的把握。

袾宏結婚後，很快就生了一個兒子，深得沈老夫婦的疼愛。大概是遺傳的緣故吧，這小嬰兒跟老爸一樣體弱多病，儘管來家裡走動的名醫如過江之鯽，還是無法挽救男嬰的性命，出生不久就死了。禍不單行的是，瀰漫在悲傷氣氛中，袾宏的老婆接著過世。這樣沈重的打擊，讓袾宏更加看破紅塵，決意出家爲僧。但他的爸媽不肯，又幫他作主決定了一門親事，娶了湯氏入門。袾宏不敢違背父母之命，只得認了，不過這次他有所堅持，不和湯氏同房。湯氏也特別，她也信佛，在家時就有出世的念頭，出嫁是被逼的，袾宏不肯同房，正中下懷，他們夫妻同在屋簷下，各過各的生活。

過了不久，沈老先生一命歸天，袾宏服孝三年，孝服剛脫，母親居然又病逝了。接二連三的死亡打擊，讓他對生活徹底失去信心與興趣。除夕夜時，湯氏幫他泡茶，不小心失手摔破茶杯。看著破碎的瓷片，袾宏若有所悟：「眞是因緣無不散之理啊。」過年不久後，袾宏出家了，跟湯氏道別時說：「我們夫妻塵緣已盡，妳好自爲之吧。」湯氏也絕，回答他說：「我對世俗生活也很感厭倦，你先走一步，我隨後就到。」說得好像要「殉情」一樣，其實是要出家。袾宏聽了大笑，打包明志，來到西湖湖畔的禪宗南岳二十代正傳性天大師那裡要求剃度。落髮後又到杭州最有名的昭慶寺無塵法師那裡要求受戒，正式成爲和尚，法號袾宏，字佛慧，別號蓮池，此時他才三十二歲。一年後，湯氏也削髮爲尼，法號袾錦。這對夫妻還眞有趣，連法號也這麼像！

＊雲遊四方，初顯神通＊

袾宏出家後，先在昭慶寺小住一年，之後便帶著瓢鉢和法杖離開。他打算四處雲遊，遍訪名師。按照傳統禮教，母親死後，子女要服喪三年。袾宏雖然出家了，仍心懷孝念，身懷母親牌位，吃飯前必先供獻母親，居住時也會妥善供奉。他日後竭力鼓吹佛教徒仍要以孝道爲先，正是這種觀念的延伸。

袾宏在外雲遊幾年後，又回到杭州，這次他選在五雲山上落腳。附近的居士信徒爲他蓋了兩間草房，讓他有棲息之地。起初，袾宏終日不語，不跟任何人說話。當地居民覺得這和尙眞是古怪，好奇心驅使他們對袾宏的一舉一動都頗爲關注。最令他們納悶的是，袾宏不吃不喝，安座於危岩之上，居然七天七夜之久，附近還有猛虎爲患呢！但袾宏看起來不知道是不怕還是沒發現，似乎全然不受影響，總之附近的百姓對他起了敬意，想請他施法，驅除那些害人的老虎。袾宏一聽，當場傻掉，又不好拒絕人家，只有硬著頭皮答應。袾宏想了半天，想到佛祖以身餵虎的故事，好點子！別想歪，他可不是要用自己去餵虎，而是建議當地百姓準備肉食，放在猛虎時常出現的地方，只要老虎吃飽了，虎患便可消除。這種想法倒是合情合理，完全不需要大顯神通。不久後，虎患果眞平息了。

此例一開，居民對他奉若神明，又來找他祈雨。袾宏很老實地說：「我只會念經，沒有其他能耐。」居民認爲他是謙虛，無論如何都要他下山去。實在沒辦法啦，他只好手持木魚，沿著田埂邊走邊禱。說也奇怪，幾個時辰過後，大雨傾盆，頓時解除了旱象。不只袾宏大吃一驚，當地百姓也感到訝異，原本只是姑且一試的心態，沒想到這神僧竟然法力無邊。爲了留住這位神僧，村民集資蓋廟，要留他下來。袾宏接受了，但他要求這座新蓋的雲棲寺能簡單則簡單，寺外不必有山門，寺內不必有大殿，只要有一兩間僧房可供坐禪，能遮風擋雨即可。雖然簡陋，但反而贏得大家的尊敬，香火鼎盛不說，前來拜他爲師的人更是絡繹不絕，雲棲寺慢慢成爲當時的佛門重鎭。

在雲栖寺待沒幾年，袾宏再度雲遊。一五七六年，他來到著名的佛教聖地五台山。五台山又名清涼山，傳說文殊菩薩和二萬菩薩常來這裡說法，因此這裡也叫文殊道場。後來成爲明末四大高僧之一的德清大師，聽說袾宏在五台山，急急忙忙跑來拜會。袾宏對德清談了禪淨雙修的主張，德清大受啓發，後來也努力提倡之。禪淨雙修的「淨」就是淨土宗，淨土宗認爲人們只要口中不斷念佛，念到某個程度後，就會豁然開朗，心無邪念，極樂世界便會呈現眼前。袾宏也想找到一個清靜的地方好好念佛，達到這種境界，德清向他介紹河南伏牛山的法光禪師。於是他到伏牛山參禪，每天諷誦佛經中的魔咒，以驅除心中的魔障。這樣仍感不足，他又來到北京拜訪遍融、笑岩等名僧，得到很多啓發，爲日後調和佛教各派奠定基礎。

回歸原點，整頓佛門

離開北京後，袾宏來到山東聊城，反省自己二十多年來的遊歷，突然有一種哭笑不得的感覺，覺得自己以前太幼稚了。雲遊四方、遍訪名僧皆是一種「我執」，二十年來的執著追求的竟是去掉執著！這讓他大有昨非今是之感，既笑自己過去的浪費生命，又激動此時此刻的開悟。於是奮筆疾書，寫下一首偈頌：「二十年前事可疑，三千里外遇何奇！焚香擲戟渾如夢，魔佛爭空是與非。」

這首詩代表他反省的結晶。不過，由於旅途太過勞累，這一路上的飲食又極不正常，他到金陵不久後便病倒了。這一病很沈重，連續幾天昏迷不醒，幾乎要了他的命。別人也以爲他死了，紛紛爲他準備後事。就在僧人正要抬他去火化時，他突然甦醒過來，嚇了眾人一跳。經過這次的重病，袾宏再也無心雲遊，決定回到雲栖寺。此後三十多年，他沒有離開過杭州。

回到雲栖寺的袾宏，思考如何進行宗教改革。他對自己過去四處雲遊的行爲雖感懊悔，其實那正提供他許多寶貴的經驗。有鑑於當時佛教界的紀律不彰，禪道不明，致使芸芸眾生罪孽深重，他決心加以整肅。他認爲佛教以戒、定、慧三學爲重心，而戒應該是最根本的，如果出家人不守戒律，也學一般人去搞一些有的沒的事，這樣如何有說服力？如何做到定、慧？因此，要對日漸腐敗的佛教加以整飭，非得從端正戒律下手不可。他利用僧人半月一次的「布薩」

時間，組織僧人誦讀和學習《梵網戒經》和《比丘諸戒品》，灌輸與強化戒律觀念。對新出家的人，他要他們自備三衣，在佛前受戒，以爲明證。所謂三衣，指的是進朝廷和出入各城鎮村落時穿的「大衣」，在禮誦、聽和布薩時穿的「上衣」，以及日常作業與就寢時穿的「內衣」。由於他的方法簡單實用，又不違背當時的政府禁令與社會風氣，大大吸引了各地的出家人。他又先後出版了幾部闡釋佛教戒律的書，如《沙彌要略》、《具戒便蒙》、《梵網經疏發隱》等論著。

明朝中後期的佛教寺院，大多宏偉壯麗，蓋廟者互相競技比賽，風氣極爲奢靡不堪。袾宏無意於此，他的雲栖寺僧房不夠，就在房外加蓋簡單的房間，儘管擁擠些，卻管理得井井有條。當然，他也沒有虧待僧眾，無論念經或修行，每個人都有自己的專房，此外還有病房和客房，執事僧都有單獨的辦公室，每天辦公結束後要把鑰匙交回，不得挪爲私用。最好玩的是，他還發明許多口號，每天定時呼喊，以提高士氣與向心力；晚上則派巡警擊板念佛，聲傳山谷，讓睡夢中的僧眾睡不好覺。每次布薩時還要對寺內的僧眾進行賞罰懲處。爲了讓雲栖寺眞正成爲修行的場所，他對想入寺爲僧的人要求嚴格，如有違犯紀律者，開除無赦。

後世奉袾宏爲淨土宗八祖，雲栖寺也以淨土爲主，但袾宏主張的是淨禪雙修，雲栖寺僧人平日主修淨土，冬天的時候則要坐禪，其他時候也得兼講經論。爲了確保這些規定都能眞正落實，他還制訂「打卡」制度，僧人必須將每天修煉的進度塡寫在特製的表格中，袾宏會每月仔細檢查一次，以防有人偷懶或混水摸魚。他還修訂其他的佛教儀式，列入寺規之中。這些規定被後世淨土宗普遍採用，直到現在。當然，袾宏不能只是一味要求別人怎樣如何，他必須以身作則，用更嚴格的三十二條規定來約束自己。縱使身體不好、年紀老邁，他仍然堅持自己洗衣服、倒夜壺，終身只穿粗布素服；床則是爲了母親守孝而做的麻布蚊帳，一用用了五十年，除了儉樸，兼有思念母親的用意。

前面提過，明朝末年的佛教風氣很敗壞，常常一座寺院就等於一座大金礦，不只金銀財寶堆積如山，更有爲數龐大的房地產。但雲栖寺不搞這一套，袾宏對寺內的開銷斤斤計較，能少花一塊絕不多用一塊；對寺院每日所需都詳細計算過，絕不擺闊；有盈餘則施捨民間，充分體現佛教苛己與慈悲精神。看在部分傳統讀書人的眼裡，袾宏實在是他們厭惡的佛教徒中的異數，他們難掩佩服的表情。

一五八八年，一場超級大瘟疫在杭州一帶蔓延，每天死於瘟疫的有上千人。急著跳腳的杭州太守靈機一動，想到袾宏大師有伏虎、祈雨成功的紀錄，於是登門拜訪，請求出馬解救蒼生。其實明眼人都看得出來，該太守是想請袾宏保住他的烏紗帽。袾宏不忍見到蒼生受苦，答應下來，一方面派人散發自己精心研發的特效藥，一方面則號召寺裡的僧人誦經作法，祈福消災。說也奇怪，沒多久後，疫情居然控制住了，袾宏的名氣更加遠播。這件事過後，袾宏又接到一件奇怪的任務：造橋，原來當地有一座橋時常遭大水沖壞，袾宏苦思良久，想到《易經》的八代表「土」，而在陰陽五行中，土能克水，於是他號召信徒每人捐銀八兩，積少成多，招募民工施工，他自己則在旁反覆念咒。說也奇怪，此後這座橋沒再被潮水破壞過。

＊嚴禁殺生，鼓吹放生＊

祩宏因爲種種「神蹟」而被人當成是活菩薩，但他認爲這些都只是皮毛之事，不足掛齒，他最在意的是鼓吹大眾「戒殺」與「放生」。佛教戒律中的首戒就是戒殺，反對殘害生命。祩宏進一步綜合佛教和儒家的思想，認爲死去的父母或祖先可能投胎成爲動物，人如果吃這些動物，就有可能吃到自己的父母，這是大大的不孝。不過，祩宏並沒有解釋，既然不可殺生，爲何沒將植物包含在內？死去的祖先萬一投胎成蔬菜，我們也堅持不吃蔬菜嗎？這樣一來，還能吃什麼？至於「放生」，祩宏可說是做得非常徹底，不只有理論基礎，還付諸行動，組織僧人大量購買遭人捕捉的動物，然後集體放生。他的理由很有趣，以自己的親身遭遇爲例，說他曾遇到一隻遲遲不願離開的蜈蚣，他問：「你是我前日放生的嗎？如果不是，我將說佛法給你聽，你要乖乖別動。」蜈蚣果然乖乖不動。他開始說了：「一切有情感的生命，都是由心的好壞來決定的。心腸兇狠的會變成虎狼，心腸惡毒的會變成蛇蠍。如果你能改變自己的暴戾之氣，下輩子就能成爲人了。」說也奇怪，蜈蚣聽完之後，慢慢爬出了窗戶，彷佛已經聽懂似的。這便是他的基本理論，認爲會淪爲人以外的動物，都是上輩子做了壞事得到的懲罰，人不應該隨便殺這些動物，免得自己以後跟他們一樣。他更進一步說明，會殺生的人都是爲了吃肉，而這一吃肉的習慣也會經過互相仿效而形成風氣，長此以往，萬一有人開始吃人肉呢？整個社會不就跟著吃起人肉來？這太可怕了，他認爲原本以殺生爲業的人可以轉行，不會餓死；殺生不會發財，只會爲自己鋪下一條走向地獄的道路。

中國在唐代和北宋初期，是很流行放生的，後來逐漸式微，直到祩宏大力鼓吹，放生之舉才又興盛起來。值得注意的是，古代的放生和我們今天的放生不盡相同，現在的放生之所以讓人詬病，在於放生者將動物隨地放生，之後就沒他的事了，因此容易造成生態破壞或動物反覆被抓；在祩宏那個時代，他們的放生方式是買下一個池塘或山坡地，然後將動物野放在這些地方，放生者需常常去餵食、照顧，以達到眞正「慈悲」的境界。有一次，祩宏向聽他講經的群眾募款，買下淨慈寺的萬工池，再向漁夫魚販購買活魚放生池中，祩宏和信徒每年花在這座池塘飼養和管理的費用上，就高達百金以上。另外，他又在五雲山上設置放生所，放了許多飛禽走獸。爲了飼養這些被放生的動物，雲棲寺的僧眾不惜節省每天的口糧來供養，每年所費糧食高達兩百多石。由於長年飼養，山中的飛禽走獸已養成了聽木魚信號的習慣，一聽到木魚的叩叩之聲，就會靜靜地等待餵食。僧人對此大肆宣傳，說是禽獸也有佛性，證明放生果眞是慈悲之舉啊。嚴格說來，只要養過寵物的人都知道，動物對固定的聲音會有制式反應，聽到木魚聲就知道吃飯了，這似乎跟佛性無關吧。

放生之外，祩宏還著力於用善書來傳達理念。從宋朝開始，就出現一種向讀者灌輸儒釋道價值觀的小冊子，內容通俗易懂，稱之爲「善書」。祩宏小時候讀過道教的善書，深感親切有味，非常喜歡，出家後不只再三翻印，供人閱讀，還自己親自撰寫《自知錄》，讓每個人能隨時檢視自己的善行或惡行。這本書將人的行爲分爲「善」、「過」兩門，在兩門之下詳列各種善過分數表，最高一百分，最低一分。例如挽救一個死刑犯的生命可得一百善，減少死刑人數可得四十善，拯救一個溺水的兒童並撫養成人可得五十善，勸漁夫獵人改行轉業可得三善，勸說成功了得五十善。諸如此類，可發現祩宏特別重視對官員的要求，他希望這些當官的要秉持著「彼亦人子也，望善待之」的心態，眞正做個像樣的官員。他的這番苦心，受到很多讀書階層的歡迎與讚美。

＊與利瑪竇的宗教論戰＊

儘管如此，祩宏的晚年心裡很不平靜，氣呼呼的，一直對某個人非常厭惡。這人不是別人，正是利瑪竇。一五九九年，義大利天主教耶穌會傳教士利瑪竇，在南京和幾個佛教徒辯論，利用他精密的邏輯思考獲勝了，許多士大夫因此放棄佛教信仰，改信天主教。爲了乘勝追擊，他寫了一本《天實主義》，把佛教臭罵一頓，一六〇三年在北京出版，引起很大的轟動，對佛教造成不少衝擊。

利瑪竇此書原本就是針對佛教而來，爲了攻擊佛教的輪迴轉世說，他列舉了五段論據來駁斥，進而證明佛教的戒殺放生理論是荒謬的。他論辯的方式是以子之矛攻子之盾，專從佛教理論的破綻下手。他說，相信輪迴的人，不但不應殺生，更不該使用牲畜來耕田，因爲按照佛教的說法，牲畜很可能是自己父母的投胎轉世，如此一來，虐待父母跟殺害父母都是不孝，又有什麼差別呢？同樣的道理，婚姻也該被廢除，誰知道你的結婚對象不是自己已故的祖先？那豈不也是另一種亂倫？質疑完了佛教，利瑪竇轉而宣傳天主教，引用造物主的概念，聲稱世間萬物都是天主爲了人的福利而創造的，創造飛禽走獸也是爲了滋養人類，人對自然資源只要能節制地使用，殺生並非是罪惡。最後，爲了加強說服力，利瑪竇還引用儒家的觀念，表示天主教和儒家思想毫不衝突，可以並容。這種方式，佛教傳入中國之初，許多弘法者也使用過。

平心而論，利瑪竇對佛教的質疑，在邏輯上沒有什麼漏失，旁觀者清，當局者迷，不是該教信徒的人，往往能較客觀地指出矛盾之處。如果當時的佛教徒能去研究天主教，應該也可得到類似的成果。當然，一生崇佛的袾宏已是垂暮之年，沒時間去研究其他宗教。當他看到利瑪竇的這本「妖書」、「邪說」時，反應相當激烈，怒不可遏，氣得手腳發抖，特別是利瑪竇該書主要攻擊的是佛教的「戒殺」和「放生」觀念，彷佛是衝著他來的。是可忍孰不可忍，他顧不得衰老多病的身體，決定全力反擊。

提起筆後，他反駁得很吃力，寫了很久，才寫出三篇短文。他的論點是，《梵網經》只是比較重視戒殺，才會說一切眾生皆我父母，但這只是說「可能」是我父母，不是「一定」。至於婚姻之事，這是「必須做」的倫理綱常，跟「可以不做」的殺生大不相同。利瑪竇的說法只是迂腐之見，怎能可能駁倒佛教的眞理呢？其實，袾宏這番說詞並沒有反擊到痛處，他的辯解反而會使佛教徒開始疑惑：既然眾生不一定是我父母，我吃到的肉會是父母轉世的機會就不高，那我爲何不能吃肉呢？袾宏大概也認識到自己的辯駁無力，同一年他就圓寂了，享年八十一歲，說他是活活被氣死，似乎也不爲過。

袾宏大師一生剃度的弟子數千人，其居士弟子也有千餘人，著述頗豐。雖然在理論的建樹上稍嫌薄弱，也有將佛理過度簡化之嫌，不過從他劍及履及的宗教情操與行動，特別是在端正佛門風氣上，貢獻良多，仍不失爲一代高僧，值得肯定。

24 憨山大師——德清

菩薩送來的小孩

中國歷史上，佛教的高峰期在唐朝。宋代以後，雖然高僧代不缺貨，但佛教的世俗化日益嚴重，佛法遭到強力的扭曲，有識之士憂心忡忡。明朝末年，總算出現了四大高僧，對挽救佛教的清譽貢獻良多，其中一位是大名鼎鼎的德清和尚。儘管如此，德清自己也一度涉入政治太深，捲進莫名其妙的紛爭中，鋃鐺入獄。

德清字澄印，別號憨山，出家前姓蔡，是安徽人。他母親懷孕前，「照例」做了一個神奇的夢（偉人的媽媽都會做這種夢），夢中菩薩帶一個非常可愛的小孩來她家後院，她看了很喜歡，抱著小孩玩耍。醒來後，就懷孕了。由於蔡母是虔誠的佛教徒，她毫不懷疑這小孩是菩薩送來的，相信以後必有一番作爲。

德清最早表現他的早熟，是在七歲時，他的叔父不幸病逝，整個家族都沈浸在悲痛之中。他聽見叔母這樣大喊：「天啊，你怎麼能丟下我一個人先走，你別走啊。」他覺得很訝異，指著叔父的屍體問母親：「媽媽，叔父不是還在這裡嗎？怎麼嬸嬸一直說叔父走了？」母親回答說：「你叔父死了，已經到西方極樂世界去了。」德清追問到達極樂世界的方法，母親答不出來。過了不久，他的另一個嬸嬸生了兒子，好奇的德清見到嬰兒，忍不住又問：「這嬰兒是怎麼進到嬸嬸的肚子裡的？」他媽媽還是答不出來，這讓德清對生死問題困惑更深了。

兩年後，蔡氏夫婦將德清送到廟裡讀書。由於家人要求得很嚴格，有時德清覺得壓力太大，便會偷偷跑去聽和尚念經。有天，他聽到一個和尚說，只要念了《觀音經》，就能拯救人世間的種種苦難。他很好奇，跟和尚借一卷佛經偷偷閱讀，很快就能背誦，讓借書給他的和尚嚇了一跳。德清常常有這種驚人之舉，主要是讀書太苦悶，而家人的要求又高，讓他失去學習的興趣，有時不免要叛逆一下，以示反抗。有次母親督導太嚴，德清火大了，便問：「讀書有什麼用？」母親回答：「可以做官。」德清又問：「能做到多大的官？」母親：「開始可能做小官，如果有本事，可以做到宰相。」德清又問：「宰相再上去呢？」母親：「宰相是一人之下萬人之上的超級大官，再上去就是皇帝了，那不是我們能做的。」德清很不高興：「拼命讀書何等辛苦，到頭來只能做個宰相，這宰相能有什麼搞頭，我要做更大的。」母親心生不悅，脫口而出：「你這麼沒出息，還想當什麼宰相，當個掛搭和尚還差不多！」德清第一次聽到「掛搭和尚」，連問是什麼。母親：「和尚是佛祖的弟子，做了和尚就只能到處流浪，求人家給飯吃。」德清一聽，覺得很不錯，滿臉愉快的表情：「但是媽媽捨得將我送去當和尚嗎？」母親一聽，不禁愣住了，突然想到這孩子是菩薩送來的，搞不好眞有一些因緣：「你如果眞有這個福氣，我怎麼會捨不得呢？」

開悟的年輕和尚

德清十二歲時，要求到南京的報恩寺當和尚。南京市當時是中國南方的佛教重心，最著名的三大廟宇是報恩寺、天界寺和靈谷寺。報恩寺的住持永寧和尚很有企圖心，他看不慣當時的僧人只會唸佛吃齋，對佛學毫無研究熱誠，因此特地邀請幾個著名的學問僧前來住寺開課，報恩寺頓時成為當時佛學的研究中心。小小年紀的德清不知怎麼打聽到報恩寺的，幾經撒嬌，家人勉強答應讓他去，不過前提是還不能正式出家，必須在報恩寺裡學習八股文，如果真的與科舉考試無緣，再出家當和尚。

德清已經滿足了到報恩寺學習的心願，效率提高不少，成績斐然。十七歲時，他已能公開宣講《四書》，還會寫詩作文，成為報恩寺裡的才子。他在這裡也認識了日後成為明朝第一詩僧的洪恩，兩人一見如故，交往甚密。十九歲時，德清正式剃度出家，成為和尚。他不以報恩寺中的學習為滿足，周遊於南京各大廟宇中，聆聽名僧講經，廣泛接觸佛門各宗派。他聽了華嚴宗大師無極和尚的演講後，領悟法界圓融無盡的意旨，並因仰慕唐代華嚴宗巨擘澄觀的為人，將自己取號「澄印」。沒多久後，他忽然將過去所學的佛經焚燒殆盡，改學禪宗，追隨法會和尚參禪。不過他太用功了，累出病來，生命一度垂危，後來透過名醫和氣功的雙管齊下，總算撿回一條命來。經過這次教訓，他懷疑自己慧根不夠，否則也不會對禪要那樣茫然不解，於是改學淨土宗，希望以較爲簡單的念佛方式來提昇自己。

在此同時，他想到自己縱使這樣努力，如果沒有貴人提攜，恐怕不易成名，因此開始留意不平凡的人物，趁機攀談結交。有一次在天界寺聽講，他發現這裡的廁所十分乾淨，打掃者必然是個了不起的人，打聽之下，原來是個叫福登的和尙，兩人小聊一番，大有相見恨晚之感，德清正要相約一起四處雲遊，沒想到隔天福登不告而別，不知所終。

二十六歲起，德清開始遊走天下，先到江西的吉安參拜了禪宗七祖行思的道場，他認爲這裡的氣候溫暖宜人，不適合「勞其筋骨」、自我磨練，於是北上揚州，遇到漫天風雪，苦寒難耐，他全身凍得幾乎受不了，心裡卻大呼過癮，很欣賞這種自我鍛鍊的方式，特別是看到自己一身狼狽相，更有一種孤獨的喜悅。隨後他繼續北上，來到五台山，很喜歡這裡的憨山可愛，於是自名「憨山」，後人稱他爲「憨山大師」，就是這樣來的。一五七三年，他來到首都北京，當務之急就是廣交權貴，奔走豪門，爲日後的成名打下基礎。

德清在北京忙得不亦樂乎，有一天，突然一個蓬頭垢面的人來找，劈頭就問：「你認識我，仔細看清楚吧。」德清大吃一驚，久久之後才看出是福登，大喜過望。福登很得意地說，他是山陰王的座上客，要不要去逛逛啊。德清答應了，不過他在北京還沒拜訪過，相約過陣子在山陰王府見面。接著，他先到華嚴宗大師遍融的住所參拜，遍融只是瞪著他看，半天不說一句話，德清覺得自討沒趣，便轉到禪宗大師笑岩那裡去，兩人開始打禪語。笑岩問：「你從何方來？」德清對曰：「從南方來。」笑岩又問：「還記得來時路嗎？」德清答曰：「過了便忘。」笑岩有點詫異，一語雙關地擋回去：「你分明記得來時路。」德清會意，愉快離開。

第二年，德清想起福登之約，急急趕到山西山陰王府。山陰王請他們來幹嘛？原來這王爺對佛教事業很熱衷，特地請來各地名僧修訂佛經，德清分配到的是《肇論》。這本書是鳩摩羅什的高徒僧肇傳世名著，內容相當深奧，需要精通佛理的人加以修訂，德清固然對自己的學問很有把握，但在修訂的過程中，又得到新的啓發，感覺自己眞的開悟了，寫了一首偈頌以表本心：「死生晝夜，水流花謝，今日方知，鼻孔朝下。」

在山陰王這裡，他也遇到一些高僧，得以時時請益，如伏牛山的法光禪師。從前他是認定禪宗早已衰微了，與法光多次暢談後，才發現宗師尚存、典型猶在。

一五七六年，德清到五台山跟他心儀已久的袾宏會面，相談甚歡，很認同袾宏的禪淨雙修。五台山上的大方和尚有意留他常住下來，他覺得有必要花點時間整理思緒，便答應下來。他和福登住在古屋之中，適逢春夏之交，冰雪開始消融，大地在寂靜之中有萬馬奔騰的聲音，令他感到奇怪。福登告訴他，境由心生，並非是外在本有，如果能聽流水而感覺不到水聲，便是眞正的耳根圓通。德清若有所悟，每天面溪而坐，訓練自己的定性。開始時水聲宛然，聽得一清二楚，漸漸地他能控制自我了，每當意念稍微波動，才感受到潺潺流水，一旦心如止水，則天地一片澄靜，什麼都聽不到。經過一陣子的訓練後，有天他又面溪而坐，說也奇怪，竟然萬籟俱寂，無聲無息，哇，他已經進入禪定的最高境界。醒覺之後，他興奮異常，連忙告訴福登，福登也為他高興。當時的佛教習俗是，一旦有了覺悟，必須找到一位名僧來印證。德清一時之間找不到這種名僧，乾脆自己印證，翻開《楞伽經》，想以自己的覺悟來詮釋經文。就這樣，八個月過去，他已全然掌握《楞伽經》的旨趣。這年，他才三十一歲。

＊太后跟前的紅人＊

德清所處的時代，正值明神宗萬曆年間。中國因為承平太久，各種腐化現象一一出現，佛教徒不務正業、侵佔田地的事情不勝枚舉。明神宗年幼，國家大政由最有魄力的張居正一手把持。張居正為了拯救快要倒店的大明帝國，決定大刀闊斧，清查全國土地，以增加政府稅收與威望。這自然引起既得利益者極大的反彈，除了皇親國戚、政府要員、鄉紳地主，連和尚也不斷抗議，佛門聖地五台山也不例外，起了陣陣騷動，山上大小寺廟的和尚都聚集在顯通寺，謀思對策。然而，此時此刻能有什麼辦法呢？大家你看我，我看你，大眼瞪小眼，滿臉愁容，一籌莫展。德清從眾人中緩緩走出來，說：「各位大德不必擔心，我來想想辦法。」一看到講話的是德清，大家紛紛嗤之以鼻。德清笑笑：「我自然有法子，你們走著瞧吧。」他能有什麼本事抗衡張居正？原來，張居正能當宰相，是皇太后力挺的，偏偏皇太后是個十足佞佛的人，而德清在北京殷勤走動時，跟皇太后是頗有交情的。他透過這條超級人脈，讓五台山免於被清查土地，一時之間，他的名聲鵲起，原本「看他很沒有」的和尚轉而另眼相看！

這事發生不久後，德清又得到一次表現的機會。明神宗在十六歲結婚，兩三年過去了，遲遲未有「龍種」誕生，明神宗不急，皇太后卻急著跳腳，畢竟這可牽涉到皇位繼承問題，輕忽不得。加上自從明成祖霸王硬上弓，趕走侄子自立爲帝之後，明朝的皇位繼承問題常常變得很敏感，皇帝忽然暴斃而亡的慘劇時有所聞，只有早點確立太子人選，才能確保種種意外不會發生。因此，佞佛的太后派人到五台山，請求德清幫忙。能蒙太后如此恩寵，德清當然點頭幫忙，只是要如何幫皇帝生小孩呢？眼前唯有藉助佛法了。於是，他在五台山上積極建立菩薩道場，念佛誦經等等，只要是能用的方式，他都用上了。其他不願與政治掛勾的和尚看在眼裡，頗有微詞，德清反脣相譏說：「你們懂什麼？我們做的一切法事，無非是爲了國家好，以佛法協助皇統。如果國家有難，我們的日子會好過嗎？」第二年秋天，北京傳出喜訊，「龍種」終於誕生了，雖然不是由皇后或任何貴妃所生，僅僅是由一名地位不高的宮女產下，仍舊值得興奮。這誕生的「龍種」取名爲朱常洛，就是後來的明光宗。

經此一役，德清再度聲名大噪，各方因仰慕他而來五台山的僧人絡繹不絕。他在五台山下演講華嚴宗的教義時，每天從各地來聽的人不下萬人。他也眞有領導統御的能力，能將這麼多人管理得服服貼貼的，吃飯時整齊畫一，安靜無聲，非常有秩序。這樣一來，五台山就是德清，德清等於五台山，五台山的鋒頭被他搶光，很快引起山上和尚的不滿，開始以流言攻擊他，說他巴結權貴，迷戀世俗，毫無出家人應有的規矩。他對這些流言很厭煩，乾脆離開五台山，隻身到山東嶗山隱居。然而，他已沾染紅塵太久，很難乾淨逃離。太后聽到他到嶗山的消息後，派人前來搶邀他到北京接受表揚，他委婉拒絕了。太后不死心，再派人送三千兩黃金給他蓋廟用，他收也不是，不收也不是，最後建議使者將這筆錢送給山東官府賑災，剛好那時山東正在鬧飢荒，德清此舉，不僅爲自己贏得美名，也讓太后和皇帝多了「愛民」、「仁慈」等形象。事情就這樣結束了嗎？非然。三年過後，一五八六年，皇太后又送禮來了，這次送的是一部規模龐大的藏經，大到德清的住所都放不下，只得先寄放在地方官府裡。接連而來的好意，他不能不表達一下感謝之意，於是專程到北京向太后謝恩，太后更高興了，下令後宮佳麗都捐錢爲德清在山東嶗山蓋廟，廟名叫「海印寺」。

德清在京城打轉時，有個叫達觀的和尚正帶著弟子去嶗山拜見他。達觀也是明末四大高僧之一，主張儒、釋、道三教合一，在當時頗有名氣。德清一聽說此人到嶗山找他，連忙離開京城，趕回山東去。達觀到嶗山沒找到德清，很失望地離開，沒想到兩人竟在山下相遇，痛快地聊了一夜，大有相見恨晚之感。德清邀達觀到山上小住，兩人因此定交。

海印寺在這年冬天落成，德清搬出破落的茅屋，住進金碧輝煌的海印寺中。在海印寺裡，他的人生有了大起大落的遭遇。有天晚上，德清坐禪後，走出寺院散步，只見一輪明月照在白雪之上，雪月相互輝映，美極了。這時，德清感到身心靜如止水，沈入幻花虛影中。他迅速跑回禪室，取出《楞嚴經》，對照經中所言，他若有所悟，將所思所想寫出來，片刻就完成了《楞嚴懸鏡》一書。當時，山東有個叫羅清的人創立羅祖教，吸引很多人信奉，佛教因而一蹶不振。德清來山東傳教後，不僅重振佛教，也將羅祖教的許多信徒吸收過來。爲了幫助信徒掌握佛教的精神，他寫了《心經直說》；又鑑於《楞嚴懸鏡》對一般人可能深奧了點，他又寫成《楞嚴通議》，以宣傳禪定之學。四五年之後，德清到北京拜訪達觀，兩人共同研究禪學，相對而坐四十晝夜，一時傳爲佳話。這是他的聲勢如日中天的時候。

皇帝的囚犯

然而，他以前種下的因已慢慢結成果，牢獄之災向他招手了。他爲明神宗求得一子後，原以爲得到皇帝和太后的雙重青睞，不曉得宮廷中的紛爭實在是不足向外人道的。皇帝不喜歡皇后，也不喜歡由宮女生下的朱常洛，他和鄭貴妃的愛情結晶朱常洵誕生後，想讓這個小兒子當太子。群臣反對，太后也不贊成，他們認爲立長不立幼是不容變更的祖訓。他心裡相當不快，每天胡思亂想，最後想到：如果不是那個叫德清的和尚作法，他根本不會有朱常洛這個兒子，如此一來，朱常洵就可以順利立爲太子了。說來說去，都是那個臭和尚搞的鬼，他要報仇！

當皇帝要下手害某個人時，不必藉口也不必親自出馬，自然有人幫他搞定。剛好這時，德清在嶗山上正和一群道士吵得不可開交，恰好提供了皇帝一個機會。嶗山自古以來，都是道教聖地，很多傳說中的道家神仙都在這裡留下足跡，海印寺興建之前，土地據說是道教所有。但德清炙手可熱，豈肯輕易退讓？於是，他和嶗山上的道士衝突越演越烈，雙方對簿公堂，要求山東的萊州衙門主持公道。此時的衙門也很爲難，道士這邊有許多地方鄉紳撐腰，而德清是太后跟前的紅人，又曾提供三千兩黃金賑災，衙門要偏袒哪一方，都是不可能的。道士這邊人多勢大，還拿刀子出言恐嚇。德清難道是被嚇大的？他根本不爲所動。最後，他想到了一個辦法，請對方的頭頭前來海印寺喝茶聊天，或許可藉此消弭爭端。由於兩人久久不出海印寺，外面的群眾忽然有人冒出一句話：「道士傷了和尚。」此言一出，大家信以爲眞，一傳十，十傳百，傳到萊州太守耳中，當然大吃一驚，立刻帶著官兵前往調查，準備拘捕道士。這個轉變太戲劇性了，這下子雙方的情勢爲之一變，德清反而站在上風。眾道士紛紛求他幫忙向太守說情，德清做個順水人情，饒了這些人一命，也順利化解了海印寺的爭議。

這件事沒有因此就落幕，明神宗還沒報仇呢。他是個很會斂財的皇帝，常用各種名義搜刮百姓的錢財。太后卻是一個很會花錢的女人，尤其喜歡將白花花的銀子投注在蓋廟中。看在皇帝眼裡，這是多麼心痛的一件事！對於母后，他是不敢怒不敢言的，想來想去，一定是德清帶壞他母后的，這筆仇，他是非報不可。海印寺事件暫告一段落後，有道士心裡不服氣，專程跑到北京告御狀。皇帝總算逮到機會了，派人到山東將德清抓來，嚴刑拷打，要他承認收受宮廷多少賄賂。德清是條硬漢，不肯被迫招供，只願承認曾經接受太后的三千兩黃金，不過也拿去賑災了。他說的是實話，而主審官不信，繼續施加酷刑。德清以氣功擋下，最後進入禪定的境界，對認爲皮肉之痛都渾然不覺。主審官急了，不禁破口大罵，德清笑笑說：「你想冤枉我，簡單得很。但請你想想我跟太后的關係。你要是把我定了死罪，要如何向太后交代？皇帝又是有名的孝子，一旦太后生氣了，皇帝會力挺你嗎？到時候，你兩面得罪，恐怕人頭不保啊。」主審官一聽，恍然大悟，不得不快速結審此案。德清逃過了死罪，卻躲不過活罪，最後以私造寺廟的名義，流放廣東的雷州了事。

德清在當時的中國很有名氣，儘管來到雷州的名義是罪犯，實際上沒受到什麼虐待，反而處處得到禮遇，尤其當地的官員知道他和太后的淵源頗深，也怕現在得罪了，萬一德清來日獲得赦免，自己難免會倒大楣，因此都極力奉承他。他也利用這個機會，大力在廣東推動居士佛教運動，常與各級官員通信，討論佛教的奧義或進修方式。每當地方上有任何衝突，他會出來調解紛爭，大家也會賣面子給他。

雷州的附近有韶州，當地的曹溪是禪宗創始人慧能的傳教之地，說是禪宗的聖地，並不爲過。然而，自從南宋末年被蒙古軍隊一把烈火燒掉之後，這裡就完成變了樣，不但成爲流氓街友的聚集之地，甚至成爲鄉人的墳場，旁邊酒肉店家林立。德清見到這種情況之後，眞是火冒三丈，一六〇一年，他找上韶州長官，要求恢復曹溪的清靜與莊嚴。韶州長官之前曾得到德清不少幫忙，正待回報，此時一口答應下來，允諾三天內解決此事，隨即派遣官兵，驅逐曹溪寺院周遭的世俗之人，所有商家店面一律拆除，不留一磚一瓦。就在此時，德清的好朋友達觀也因捲入朝廷鬥爭，遭到流放的命運，巧合的是，地點也是雷州，兩人相見歡！

一六一四年，太后逝世，皇帝宣佈大赦天下，德清和達觀兩人重獲自由之身，這時德清已經六十九歲了。這樣一個垂暮的老人，再也不想跟政治沾染任何關係。他和達觀同上廬山定居下來，隱居於清靜幽雅的五乳峰，每天口念佛號六萬聲，這代表他已由禪宗轉入淨土宗。此後的十年，是他人生最單純的歲月，對個人生命而言是風燭殘年，對佛教事業來說卻是萬丈光芒。他陸續完成了幾部重要的著作，如《肇論》、《華嚴綱要》，並重述《圓覺》、《起信直解》、《莊子內篇注》等著作，這幾本書在今天的佛教學術界仍有其影響力。他原想終老廬山，但曹溪的弟子在呼喚他，於是轉回曹溪講經。一六二三年，他病逝在曹溪，享年七十八歲。

25 燃指供佛——八指頭陀

＊燃指供佛，一片赤誠＊

光緒三年（一八七七年）秋天，有個年輕的苦行僧來到浙江鄞縣的阿育王寺。

這是一座古老的名剎。傳說古印度孔雀王朝的阿育王，曾派使者將釋迦牟尼的靈骨舍利分送到各國，建了八萬四千座舍利塔，而這座阿育王寺便是當年傳入中國的十九座舍利塔寺之一。西晉初年，慧達在這裡挖到一座石質舍利塔，不久後就蓋亭供奉此塔。到了南朝，又在原地興建寺院，賜額「阿育王寺」。宋代以後，阿育王寺成了禪宗寺院，但石舍利塔一直是此寺的佛寶，供在舍利殿內。明代正式定名爲「阿育王禪寺」。

這位年輕的僧人很早以前就想來阿育王寺了，他想親眼瞻仰一下那座供養眞身佛舍利的舍利寶塔。這年秋天，他總算有機會實現這一宿願。一進阿育王寺，他直朝舍利殿走去，懷著崇敬的心情，放慢步伐，走到舍利塔前。只見，那是一座高一尺四寸、底寬七寸的小石塔，典雅古樸，玲瓏精美，他獨自默默注視。

那一夜，他留宿在阿育王寺。夜深了，他仍久久未能入眠，腦海裡不時閃現起那座石舍利塔。於是，他披上袈裟，走出僧舍，一個人漫步在寺院的園林小徑上。一輪皎潔的明月高掛天空，灑下一片銀光，讓整座寺院籠罩在靜謐、空寂的氣氛中。徐徐的秋風吹拂眼前的樹枝，在月色朦朧下的花樹叢中，螢火蟲時時閃現小小的亮點。他不禁想起了自己的一生。

他歷經生活的磨難，走投無路，最後皈依佛門。九年來的僧人生活，不僅讓他找到寄身的處所，找到求學的途徑，而且也找到人生的理想和信仰。貧困的家庭沒有給他溫暖，早逝的父母沒有給他慈愛，人間又奪走他求學和生存的機會。是寺院彌補了這一切，是佛教重新喚起他對人生的勇氣和希望。九年後的今天，當他面對釋迦牟尼的靈骨寶塔時，真誠的感激和虔誠的崇信之情，使他心潮起伏，坐臥不寧。

就這樣，想想走走，不知不覺來到舍利殿前。走進大殿，望著油燈前的舍利塔，心裡突然冒起奇怪的念頭：他要向釋迦牟尼的靈骨表示些什麼！想來想去，自己除了身上的袈裟外，別無他物；他又想到了自己的身軀，想到了已故雙親給他留下的唯一遺物，於是，敬安剜下臂肉，恭恭敬敬地注入油燈。然後，又在燈火上，燒去左手兩指。

自那以後，他給自己取了個別號：八指頭陀。

二十二年以後，八指頭陀在回憶這段燃指供奉的往事時，寫了一首〈自笑〉詩：「割肉燃燈供佛勞，了知身是水中泡。只今十指惟餘八，似學天龍吃兩刀。」

傷心少年，出家苦行

八指頭陀的本名叫黃讀山，出家後法號敬安，字寄禪，是清末高僧，一生極富傳奇性，是中華佛教總會第一任會長，也是頗負眾望的詩僧。然而，他的青春卻是一頁傷心往事。

一八五二年一月三日，八指頭陀生於湖南湘潭縣石潭黃姓農家。父名宣杏，母胡氏。七歲時母親過世，他的幾個姊姊都嫁人了，他與幼弟寄食鄰家。十二歲時，父親過世，他成為父母雙亡的可憐孤兒，只好為農家牧牛，以此謀食。他時常讀誦於牛背上，有次避雨村塾，聽到唐詩「少孤為客早」之句，不禁淒然淚下，引起塾師周雲帆的注意，開始教他念書，他則為周灑掃炊雜，這是他有記憶以來最感幸福的時期。

然而，好景不常，周先生不久後也病故了，他去某富豪家伴讀，被奴役喝叱後，憤而離去。又跟從某老闆學手藝，不時無故遭到鞭撻，昏死數次。後來他負重遠行，又累又餓，在路旁一棵桃樹下歇腳，冷不防一陣風把樹上的桃花全吹落了，眼前翻飛的花瓣遮住了他的視線。他在桃花雨中站了半天，突然痛哭失聲，動了離俗之想。不久，十六歲的敬安來到湘陰法華寺，拜東林長老為師，削髮受戒，皈依佛門。東林長老賜名敬安，字寄禪。冬天，他到南岳祝聖寺，跟隨賢楷律師受具足戒。

十九歲那年，他聽說衡陽歧山仁瑞寺的恒志禪師倡苦行修道，便前往拜訪恒志，並隨眾參禪，還充當苦行僧。更令人驚異的是，他又力行「千瘡求半偈」之說，開始「自虐」，燃頂四十八處，燃頸至腹一〇八處。往後他會燃指供佛，在這時就可看出些端倪來了。

當時寺中的精一和尚喜吟詩，敬安認爲那是世諦文字，非衲子本分，曾加以譏笑。不過，接觸多了，敬安反而深受精一的影響，漸漸喜愛寫詩，甚至「日有所思，夜有所夢」。有一天，他看見一隻病犬來寺覓食，心生憐憫，開始飼養牠，從此病犬不肯離去。改天方丈和尚巡寮，敬安懼怕養狗的事情被發現，竟將狗食殘羹吞食，回寮以後大嘔不止，昏睡一天一夜，醒時心開意解，朗朗分明，從此出口能詩，皆成佳句。後來他到岳陽訪問舅父，遊覽岳陽樓，有人分韻賦詩，他縱目四顧，水天一色，不覺吟了一首詩：「危樓百尺臨江渚，多少遊人去不回，今日扁舟誰更上？洞庭波送一僧來。」技驚全場。詩人郭菊蓀說他「語有神助」，因此勸他學詩，並送他唐詩三百篇。他日夜苦讀，過目成誦，詩功精進不已。

敬安從小過著漂泊的生活，不習慣在固定某處定居，二十三歲開始四處雲遊，跑遍大江南北，除了尋訪各地名僧，也爲他的詩歌創作汲取靈感。時而跋山涉水，登高遠眺；時而泛舟湖上，漫步峽澗，一邊遊歷觀光自然景色，一邊念誦佛教經文和楚辭篇什。餓了，採幾片樹葉吃；渴了，捧幾捧泉水喝。當時的人視他爲狂人，他卻悠哉樂哉，不以爲意，以爲這才是人生。

當然，這樣的生活充滿風險，不可知的意外充斥周遭。有一次，敬安冒著鵝毛大雪，登上天臺山的華頂峰，舉目望去，雲海翻湧，一派壯麗的景象，令他不禁振衣長嘯，一抒胸中情懷。沒想到這一叫，竟然驚醒了山中的睡虎。只見那虎咆嘯而來，眼看就要衝到身邊，他毫無懼色，雙目圓睜，注視怒虎。結果，那虎咆嘯一聲，掉頭跑進了山谷。又有一次，敬安走進深山叢林，突然遇見一條巨蟒，那蟒頭大如斗，舌長尺餘，爬行時捲得樹葉沙沙作響。敬安大聲念誦佛經，若無其事地從巨蟒身旁走過。

「我雖學佛未忘世」

這樣在外流浪了幾年，他在二十六歲時，決定選擇於寧波安頓下來。雖說是「安頓」，實際上是以寧波為「根據地」，仍舊不時在附近許多山林遊走。隔年，他來到阿育王寺，在佛舍利塔前燃燒二指，並剜臂肉燃燈供佛，便發生在此時。不久，他的詩集《嚼梅吟》在寧波刊刻，引起詩壇轟動。儘管名氣響亮了，敬安不改初衷，仍舊過著苦行僧的生活。所謂頭陀，正是苦行僧之意。

「我雖學佛未忘世」、「國仇未報老僧羞」，這也是敬安終生愛國的眞實寫照。他雖然出家，對世事還是很關心。他三十四歲那年，法軍侵犯臺灣，清兵敗於基隆。消息傳到寧波延慶寺，臥病在床的敬安精神鬱結，又引發熱病。他以詩明志，說自己「心內火焚，唇舌焦爛，三晝夜不眠」，「欲以徒手奮擊死之」，最後被朋友阻止。

兩年後，國學大師王闓運邀請各方名士開碧湖詩社，敬安被邀參加，深受王氏賞識，後來成為王氏的四大門生之一。同年九月，他到長沙赴王闓運、郭嵩燾召集的碧浪湖重陽會，與江南的文人交往日益密切。兩年後，《八指頭陀詩集》十卷出版，自述出家行腳及學詩經過附於卷後。出版後，有日本和尚購買，傳播四島，他的詩名傳播海外。

就這樣，敬安在文學界和佛教界的聲望鵲起，開始有著名的湖南寺院邀請他前去擔任住持。他幾經考慮，從三十九歲開始，陸續住持過衡陽羅漢寺，南嶽上封寺、大善寺，寧鄉溈山密印寺，湘陰神鼎寺，長沙上林寺諸大名剎。其中，溈山是溈仰宗的發源地，他住持這裡以後，立志復興，不到幾年，規模已很可觀。四十四歲那年夏天，湖南大旱，敬安奉湖南巡撫吳大澄之請，前往黑龍潭求雨，他當場發誓，願以死解民憂。沒多久後，果然天降甘霖。這種意外的巧合，讓他的地位更加崇高。他又聽說中日戰爭之倖存者在長沙養傷，特地前往拜訪，鼓舞士氣，這也是他唯一能做的。

一九〇〇年，他五十歲，得知李鴻章代表清廷與帝國主義簽訂了屈辱的《辛丑和約》，他的憤怒又來了，恨恨地寫了一首詩：「天上玉樓傳詔夜，人間金幣議和年，哀時哭友無窮淚，夜雨江南應未眠。」表達心中的悲愴。又寫了許多詩來揭穿列強藉口「門戶開放」，其實是想大肆掠奪中國的陰謀。

光緒二十八年（一九〇二），敬安五十二歲。這年二月，浙江寧波天童寺首座幻人率兩序班首前來長沙，禮請敬安爲該寺住持。天童寺自明末密雲禪師（一五六六—一六四二）重興以來，規模宏大，儼然爲十方叢林模範。到了清末，住持乏人，漸趨寥落。敬安對復興佛教很有使命感，眼見上林寺已步上軌道，便辭了上林寺法席，前往天童寺爲住持。他到天童寺繼席後，前後十年，任賢用能，百廢俱舉，夏講冬禪，宗風大振。

一九〇六年，江淮一帶洪水泛濫成災，敬安作〈江北水災〉長句，揭露清廷腐敗、百姓遭殃的現實，其「人瘦狗獨肥」一句，刻畫出一個狗吃人、人吃人的悲慘世界。

致命的耳光

在天童寺期間，江浙各省學堂認爲佛教界荷包充實，因此有人提議沒收佛寺財產，用來興建一般學校。杭州的佛教界人士情急，便冒用敬安的名義領銜，聯合浙江三十五寺，請外國僧人入內保護，作爲抵制。甚至還造謠，說敬安已經航海到東京皈依日本佛教了。這個消息經過報紙的宣傳，引起中外各界的注意。敬安聽到這個消息，認爲是辱國、辱教、辱己的舉動，立即致函當局，表明態度，並力請嚴行拒絕。於是，清廷下令各地自辦僧學，以杜絕外國勢力的侵入。當時杭州白衣寺的住持松風和尚，計劃在杭州開設僧學堂，敬安首先贊同，並赴杭州協助。後來因松風爲啞羊僧謀害殉教，未能成功。光緒三十四年（一九〇八），寧波僧教育會成立，他被推爲會長，爲「保教扶宗，興立學校」而奔走不歇，首先在寧波創辦僧眾小學和民眾小學，致力佛教教育事業。中國之有僧學，開始於此。

名滿天下的敬安不忘作詩，此時他的《白梅詩》刊行於世，被稱爲「白梅和尚」。此外，他還利用自己的影響力，向江蘇巡撫疏通保釋栖雲和尚。栖雲是同盟會會員，俗姓李，曾留學日本，追隨徐錫麟、秋瑾回國，隱伏僧寺進行革命活動，在吳江被捕入獄。敬安的種種作爲，都得到各方人士的敬重。

辛亥革命成功後，敬安表示：「政教必相輔，以平等國，行平等教。」這時，各地佛教徒代表集於上海留雲寺，籌組中華佛教會，公推已高齡六十二歲的敬安擔任首任會長，設本部於上海靜安寺，設機關部於北京法源寺。這是中國各地佛教徒最初的聯合組織。當時各地有奪僧產、毀佛像之事發生，僧眾無法應付，紛紛報告佛教總會。敬安鑒於當時情況非常嚴重，想加以根本挽救，曾赴南京謁見臨時總統孫中山，請予保護，可惜沒有下文。四月，臨時參議院決定臨時政府遷往北京，故寄禪於九月北上，住在法源寺。抵京第九日，和嗣法弟子道階前往內務部會見禮俗司司長杜關，振振有詞地根據〈約法〉，要求政府下令各地禁止侵奪寺產。沒想到杜關何其無禮，反而摑了敬安耳光，敬安憤而辭出。當晚回法源寺，胸膈作痛，不久就過世了，享年六十二。

不過，敬安的死也不然是白白犧牲。正是他的據理力爭，後經楊度、熊希齡等將此事告之袁世凱，並曉以利害，使得保護佛教權益的中華佛教總會章程由國務院審定公布，「佛教寺產賴以小安」。

敬安死前一年，在天童山青鳳崗營建塔院，取名「冷香」，環植梅花。他死後，由道階籌奉龕南歸，即葬於此。

26 愛國文人——弘一

天津小才子

春秋來，歲月如流，遊子傷飄泊。回憶兒時，家居嬉戲，光景宛如昨。茅屋三椽，老梅一樹，樹底迷藏捉。高枝啼鳥，小川游魚，曾把閑情。兒時歡樂，斯樂不可作。兒時歡樂，斯樂不可作。

——憶兒時

長亭外，古道邊，芳草碧連天，晚風拂柳笛聲殘，夕陽山外山。天之涯，地之角，知交半零落。一杯濁酒盡餘歡，今宵別夢寒。

——送別

這兩首〈憶兒時〉和〈送別〉，是中國近代相當讓人耳熟能詳的歌曲，不僅曲子動聽，歌詞中寫赤子情懷與眞摯友情，屢屢令人動容。能寫出這樣內容的，必定是個有眞性情和文學素養的人。他叫李叔同，出家當和尙後，叫弘一法師，不管哪個名字，都叫人十足景仰。最特別的是，一般古代高僧在年少時就有種種出家的跡象或神通，他早年卻是個多才多藝的才子與愛國者，也是中國近代新文化運動早期的活動家，直到中年才遁入空門，成爲佛教律宗的一代高僧。這麼奇特的經歷與轉折，值得我們好好探究。

一八八〇年舊曆九月二十日，那是清光緒六年，李叔同生於天津一個富裕的家庭。小時叫成蹊，學名文濤，叔同是他的字，名號屢改，一般以李叔同爲世所知。他原籍浙江平湖，父名世珍，字筱樓，是清同治四年（一八六五）的進士，與大政治家李鴻章、大文學家吳汝綸同榜，曾在吏部當官，後來在天津經營鹽業和錢莊，賺了大錢，晚年篤信佛教，樂善好施，在天津頗有好評。家中三個小孩，李叔同最小，比長兄小五十歲，比二哥小十二歲。他的出世給「老」爸帶來不少快樂，可惜在他五歲時，父親就去世了。

李叔同的幼年也和一般當時的文人一樣，攻讀《四書》、《孝經》、《毛詩》、《左傳》、《爾雅》、《文選》等，對於書法、金石尤爲愛好。十三、四歲時，篆字已經寫得很好，十六、七歲時曾跟天津名士趙幼梅學塡詞、又跟唐靜岩學書法，後來以「文童」的資格進過天津縣學，學習八股文。由於他資質佳，悟性強，未到成年已在各方面嶄露頭角，成爲天津地區的神童、才子。

本來，按照清代讀書人的模式，他應該會去參加科舉考試，謀得一官半職的。但當時的中國衰弱，頻遭列強入侵，像他這種有識之士早就看不下去，希望能走科舉以外的救國路線。甲午戰爭後，康有爲、梁啓超等人從事變法運動，李叔同很表支持，曾公開說：「老大帝國，非變法無以自存。」他還自己刻了一個圖章，上面寫著「南海康君是吾師」。康有爲是廣東南海人，這時已是李叔同心中最崇拜的偶像。與此同時，他十八歲，在母親的作主之下，與俞氏結婚。不久後，戊戌政變發生，譚嗣同等六君子被殺，康、梁流亡海外，李叔同因先前舉止太過「招搖」，被懷疑是康、梁同黨，爲了避禍，他帶著母親遷居上海。這時，他才十九歲。

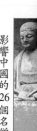

＊人生中的「幸福時期」＊

上海不僅是當時中國的商業重鎮，中外文化交流頻繁，更爲文化重鎮，李叔同在此得到很不錯的揮灑空間。這時，袁希濂、許幻園文人等在上海城南草堂組織一個「城南文社」，每月會課一次，課卷由張蒲友孝廉評閱，定其優劣。李叔同也加入了，三次參加社裡的徵文，他均奪冠。許幻園愛其才華，請他移居其城南草堂，並特關一室，親題「李廬」二字，邀他帶著母親入居。他又與任伯年、朱夢廬、高邕之等上海書畫名家組織「上海書畫公會」，每星期出版書畫報紙，由中外日報社隨報發行。這是上海書畫界最早出版的報紙。李叔同署名李漱筒，曾在該報刊登書法篆刻等作品，驚豔一時。

一八九〇年，八國聯軍攻佔北京。他自上海回天津，擬赴河南探視哥哥，因道路阻塞而作罷，在天津住了半個月後，仍回上海。國是日非，深感無力的他一度「向下沈淪」，側身花街柳巷。隔年，南洋公學（上海交通大學的前身）開設特班，招考能寫古文的學生二十幾人，預定拔優保送經濟特科。李叔同改名李廣平應考，被公學錄取。南洋公學特班聘請蔡元培爲教授，上課時由學生自由讀書，寫日記，送教授批改，每月課文一次；又教學生讀日本文法，叫他們自譯日文書籍，暗中鼓吹民權思想。一九〇三年上海開明書店發行的《法學門徑書》、《國際私法》，就是李廣平在南洋公學讀書時期翻譯的。一九〇二年秋天，各省補行恩正講科鄉試，李廣平也以嘉興府平湖縣監生的資格報名應試，考了三場都未中，又回南洋公學就讀。在新學與舊學間徘徊，是他此時最大的困擾。

一九〇三年冬，南洋公學發生罷課風潮，全體學生相繼退學。李叔同退學後，深感當時的風俗頹廢，民氣不振，即與許幻園、黃炎培等在「租界」外創設「滬學會」，開辦補習科，舉行演說會，提倡移風易俗。當時流行國內的《祖國歌》就是他爲「滬學會補習科」撰寫的，成爲學生上街遊行時最常唱的愛國歌曲。藉著這首歌曲，他逐漸成爲全國性的知名人物。此外，他又爲「滬學會」編寫《文野婚姻新戲劇本》，宣傳男女婚姻自主的思想。

一九〇五年四月，母氏王太夫人逝世，二十六歲的李叔同改名李哀，後又改名爲岸。母親的逝世對他打擊極大，一輩子刻骨銘心，永難釋懷。他曾無限感慨地對學生豐子愷說：「我的生母很苦！我從二十歲到二十六歲之間的五六年，是一生最幸福的時光，此後的日子都充滿悲哀與憂愁，一直到出家。」他所指的幸福時光，是他和母親一起生活在城南草堂的日子。他出家七八年後，有一次談起他母親死的情形，還有餘哀：「我母親不在的時候，我正在壽材店裏買棺木，沒能親自爲她送終。我回家時，她已經不在了！……只活了四十五歲，好苦呀！」這種悲哀的情緒蔓延一輩子。一九三〇年秋天，他在天臺山的慈溪金仙寺聽靜權法師宣講《地藏菩薩本願經》，期間兩個月都沒有缺席過。有一次，靜權法師講到中國的孝思，李叔同突然當眾哽咽起來，一時淚如雨下。全堂聽眾都爲之愕然，座上的講師也怔怔地站著，不敢再講下去，不知自己講錯了什麼。事後才知道，原來李叔同聽了經義後，追想亡母生前的慈愛，一時感慨萬千，按捺不住激動的心情，情緒崩堤。又有一次，他赴廬山參加道場，路過上海時，偶爾話舊，忽動訪問城南草堂舊居之念，請豐子愷隨行。到了草堂，看到舊居猶存而人事已非，當年的草堂已掛上「超塵精舍」的匾額，從前他母親所居的房間現已供著佛像。他一時大動今昔之悲，頓向佛座五體投地，叩頭如搗蒜，肅穆之容，令人同下傷心之淚。每值母親誕辰忌日，他都要書寫、誦讀或講演《普賢行願品》，爲母親回向。他有一把由黑色褪成暗灰色的布雨傘，收藏在套袋裏，袋的兩頭緊縮，有帶子可以背在身上。這把傘是他母親的遺物，他一生南來北去，都要隨身攜帶，如同伴隨母親一樣。

＊留學日本，回饋祖國＊

母親死後，他認爲自己的幸福時期已過，沒必要繼續留在傷心地，決心東渡日本留學。一九〇五年秋天，他東渡日本，首先在學校補習日文，同時獨力編輯《音樂小雜誌》，在日本印刷後，寄回國內發行；又編有《國學唱歌集》一冊，也在國內發行，這些對中國新音樂史上都有啓蒙作用。這時，他也和日本漢詩界名人時有往來，很得到他們的賞識。

一九〇六年九月，他考入東京美術學校，跟隨留學法國的名畫家黑田清輝學習西洋油畫。這個學校是當時日本美術的最高學府，分別用英語和日語授課。他初入學時，是聽英語講授的。他考入東京美術學校不久，由於那時中國人在日本學油畫的很少，所以東京《國民新聞》的記者還特地前往採訪他。這篇訪問記題爲《清國人忠於洋畫》，發表於明治卅九年（一九〇六）十月四日的《國民新聞》，並登有他的西裝照片和速寫插圖。這樣一來，年紀輕輕的他，在日本也開始有了知名度。現存李叔同的木炭畫少女像的照片，據豐子愷的題記，便是李叔同最初學西洋畫時的作品。

李叔同除了在東京美術學校學習油畫，又在音樂學校學習鋼琴和作曲理論，同時又追隨戲劇家川上音二郎和藤澤線二郎，研究新劇的演技，與同學曾延年等組織了第一個話劇團體「春柳社」。一九〇七年春節期間，爲了賑濟淮北的水災，春柳社首次在賑災遊藝會公演法國小仲馬的名劇《巴黎茶花女遺事》，李叔同飾演茶花女，引起許多人們的興趣，這是中國人演話劇最初的一次，意義重大。第二次的公演是一九〇七的六月，稱爲「春柳社演藝大會」，演的是《黑奴籲天錄》，李叔同扮演美國貴婦愛美柳夫人，曾得到日本戲劇家土肥春曙和伊原青青園的好評，此事見於日本明治四十年（一九〇七）《早稻田文學》七月號的〈清國人之學生劇〉一文。

李叔同在日本留學六年，一九一〇年畢業回國。先應老友天津高等工業學堂校長周嘯麟之聘，在該校擔任圖案教員。一九一三年春，上海《太平洋報》創刊，李叔同被聘為編輯，主編副刊畫報，蘇曼殊的著名小說《斷鴻零雁記》就是在他主編的《太平洋畫報》發表的。這一年三月，他初次加入南社，並為南社的《第六次雅集通訊錄》設計圖案並題簽。同時在老友楊白民的城東女學教授文學和音樂，忙得不得了。他又與《太平洋報》同事柳亞子，胡樸安等創立「文美會」主編《人文美雜志》。這年秋天，《太平洋報》因為負債停辦，李叔同應老友經亨頤之邀，到杭州浙江第一師範學校擔任圖畫和音樂教員，改名李息，號息翁。他在這裡寫過《近世歐洲文學之概觀》、《西洋樂器種類概況》、《石膏模型用法》等，發表於「浙師校友會」一九一三年發行的《白陽》雜誌創刊號。一九一五年，他應南京高等師範校長江謙之聘，兼任該校圖畫音樂教員，假日時借佛寺陳列古書字畫金石，提倡藝術不遺餘力，他的影響力也擴及大江南北。

李叔同在教學上有很多驚人之舉。教畫時，他採用過石膏像和人體寫生，在國內藝術教育上是一大創舉，也引來「藝術或色情」的討論。教音樂時，他利用西洋名曲作了許多歌，同時又自己作歌作曲，對學生灌輸了新音樂的思想。學生中有圖畫音樂天才的，他特別加以鼓勵和培養。後來成名的漫畫家豐子愷、音樂家劉質平，就是他一手培養起來的，這些人對他感念不已。此外，他還提倡中國傳統的書法金石。他在學校裏組織金石篆刻研究會，名爲「樂石社」。這時浙江一師的師生中會篆刻的人很多，校長經亨頤、教員夏丏尊都是篆刻好手。

出家為僧，法號弘一

李叔同在杭州期間，交往比較密切的有夏丏尊和馬一浮。馬一浮是國學大師，早已研究過佛學，對李叔同的影響特別大。但李叔同這時只看一些理學書和道家的書，談出家還太早。只有一次很特別，夏丏尊看到一本日文雜誌上談斷食，說斷食是身心「更新」的修養方法，自古宗教上的偉人如釋迦、耶穌都曾斷過食；說斷食能生出偉大的精神力量，並且列舉實行的方法。李叔同聽後大感興趣，決心實踐一下，便利用一九一六年寒假，跑到西湖定慧寺去實行。經過十七天的斷食體驗，感覺良好，便取老子「能嬰兒乎」之意，改名李嬰，這可說是他出家的近因。

從此以後，他雖仍在學校授課，但已茹素讀經、供奉佛像。過了一九一七年，他時常到定慧寺習靜聽法。這年舊曆正月初八日，馬一浮的朋友彭遜之忽然發心在定慧寺出家，恰好李叔同也在那裡，親眼目擊當時的一切，大受感動，居然跟著皈依三寶，拜了悟老和尚爲皈依師。此後，馬一浮常借佛書給他閱覽，他也常到寺裡去問佛法。

一九一八年舊曆七月十三日，李叔同結束了學校的教務，決心到定慧寺從皈依師了悟老和尚披剃出家，正式名爲演音，號弘一。出家前，他將生平所作油畫贈與北京美專學校，將筆硯碑帖贈與書家周承德，將書畫臨摹法書贈與夏丏尊和堵申甫，將衣服書籍等贈與豐子愷、劉質平等，將玩好小品贈給了陳師曾。陳師曾是國學大師陳寅恪的兄弟，當時還爲李叔同的「割愛」畫了一張圖。同年九月，他到杭州靈隱寺受具足戒，從此成爲一個「比丘」。受戒以後，他看了馬一浮送他的《靈峰毗尼事義集要》和《寶華傳戒正範》，發願研習戒律，這是他後來發願宏揚律學的因緣。

李叔同受戒之後，先到嘉興精嚴寺讀書數月，又到西湖玉泉寺安居，專研律部。不過，他的名氣實在太大了，杭州師友故舊酬酢太多，慕名的人又不斷來訪，一九二〇年夏天，他借得大量的佛書，決定到浙江新城貝山閉關，埋頭研習。沒想到貝山的環境也不能安居，隔年正月，他重返杭州玉泉寺，披閱《四分律》和唐代道宣、宋代元照的律學著述。一九二一年三月，他到溫州慶福寺閉關安居，從事《四分律比丘戒相表記》的著作，並親自以工楷書寫，歷時四年，始告完成。出版後部分寄贈日本，很受日本佛教學者的重視。此後幾年間，他出遊各地，曾到普陀參禮印光法師，又到過衢州蓮花寺寫經，也拜訪廬山大林寺。不久後，又回杭州，在招賢寺整理華嚴疏鈔，繼在常寂光寺閉關。爲了商量《護生畫集》的出版，到過上海江灣豐子愷的緣緣堂。

緣緣堂這名字很怪，是弘一法師取的。豐子愷希望弘一爲他的寓所命名，弘一叫他在小方紙寫下自己喜歡又相互搭配的字，團成許多小紙球後，撒在釋迦牟尼畫像前的供桌上，再由豐子愷拿兩次鬮，打開來都是「緣」字，於是將寓所命名爲「緣緣堂」。弘一很開心，當場寫了一副橫額，裝裱後掛在寓所中，這便是緣緣堂名稱的由來。其實緣緣堂並沒有廳堂，只是一個象徵性的名稱，以後豐子愷不管遷居哪裡，批橫便掛在哪裡。

一九一八年冬天，弘一爲了《護生畫集》的事又到了上海。偶然遇到兩個老朋友要赴泰國弘法，他一時高興，便參加了他們的商行弘法團。船到澳門，受到陳嘉庚胞弟陳敬賢居士的接待，介紹他們到南普陀寺去住。他在這裏認識了性願、芝峰、大醒、寄塵諸法師，被懇切地挽留，結果弘一的兩個老友乘船繼續南行，他則獨自留在澳門，這是他初次和閩南結下的因緣。不久，由於性願法師的介紹，他到泉州南安小雪峰寺過年。這一年冬天，夏丏尊、經亨頤、劉質平、豐子愷等，募款爲他在浙江上虞油馬湖蓋了一座精舍，命名爲「晚晴山房」；又成立一個「晚晴護法會」，在經濟上支援他請經和研究。日後他從日本請來古板佛經一萬餘卷，就是這個晚晴護法會資助的。

一九一九年春天，弘一由蘇慧純陪同，白泉州經福州至溫州。在福州候船時，他和蘇到了鼓山湧泉寺，在寺裡發現多部未入大藏的《華嚴流論纂要》，嘆爲稀有，發願印刷十五部，並把其中十二部送給日本各大學。在他晚年的十四年間（一九二八—一九四二），最初幾年雖然常到江浙各地雲遊，但自一九三七年以後，除一度應談虛法師請到青島湛山寺講律、小住數月之外，整個晚年都是在閩南度過的。他常往來於泉浙之間，隨緣居住。同年十月十三日，弘一逝世於泉州不二祠溫陵養老院晚晴室，享年六十三歲。彌留之際，寫了「悲欣交集」四字，一面欣慶自己的解脫，一面悲憫眾生的苦惱。死後，他的遺骨分葬於泉州清源山彌陀岩和杭州定慧寺，這兩處都為他建了靈塔。

＊反璞歸真，做什麼像什麼＊

由一個富家公子，而為留學生，為藝術教育家，最後成為律宗高僧，弘一的才華橫溢，在各方面都得到充分的發展。他一生凡事認眞而嚴肅，學一樣像一樣，做什麼要像什麼。他既出家做了和尚，就要求自己要像個和尚。出家後，他研究華嚴，修持弘揚律行，崇信淨土法門。在佛教許多宗派中，律宗是最重修持的一宗，所謂「三千威儀，八萬細行」。對於十分繁瑣的律宗，他不但深入研究，而且實踐躬行。我國佛教的律學，古譯有四大律，即《十誦律》、《四分律》、《摩河僧衹津》、《五分律》；到了唐代，義淨留學印度回國，又譯出《根本說一切有部律》許多部，後人稱為「新律」。弘一剛出家時，學的是「新律」，寫過多部著作。後因友人之勸，改學《四分律》，花了四年時間，寫成《四分律比丘戎相表記》。這本書和他晚年的《南山律在家備覽略篇》，是他精心撰述的兩大名著。

最難能可貴的是，弘一出生在一個富宦家庭，平日生活過得非常闊綽，但出家後，返樸歸眞，戒絕一切奢靡。有一年冬天，他到南安水雲洞小住，生活用具簡陋，床用兩扇木板搭成，侍者很過意不去，他卻很滿意，滿口「很好很好」。他有一件僧衣，補了二百二十四個補丁，都是他自己補的，青灰相間，襤褸不堪，是他剛出家時穿的，一雙僧鞋也穿了十五年。他的學生劉質平在他五十壽辰時，細數他蚊帳的破洞，有的用布補，有的用紙糊，已經十分破舊，要給他換一頂新的，他堅決不肯，說是「還很好，還可以用，不必換」！他在養老院住了五個月，院方供他火柴兩盒，他不曾動用一根。對各方人士的供養，也絕不輕易接受，遇有不能推卻的，便隨手轉贈苦學僧人或貧病交加者，自己則分文不留。

弘一的生活完全是「戒律化」的，每日的時間都有一定的安排與規則。有一天，小僧忘記爲弘一煮開水，過了一小時才起來，趕快跑去煮，卻發現弘一早已按時喝冷水了。小僧人很難過，弘一卻完全沒有怪他意思。又有一天，弘一在寺後田陌散步回來，從樵房附近的小水溝裡撿起幾個小白蘿蔔，很高興地對小僧說：「生蘿蔔吃下很補氣！」小僧告訴他：「田裡還有很好的，我可以去拿幾個來給您吃。」他堅持不要，說：「小的也好，一樣可以吃的。」用水沖洗乾淨，放了些鹽後，便津津有味地吃了起來，眞不愧爲一代高僧啊！

國家圖書館出版品預行編目資料

影響中國的26個名僧／羅志仲編著.—初版—
臺中市：好讀，2003［民92］
面：　公分，——（人物誌；）
ISBN　957-455-553-4（平裝）

229.3　　92017929

人物誌 11

影響中國的26個名僧

作　者／羅志仲
總編輯／鄧茵茵
文字編輯／葉孟慈、游雅筑
美術編輯／賴怡君
發行所／好讀出版有限公司
台中市407西屯區何厝里19鄰大有街13號
TEL:04-23157795　FAX:04-23144188
e-mail:howdo@morningstar.com.tw
http://www.morningstar.com.tw
法律顧問／甘龍強律師
印製／知文企業（股）公司　TEL:04-23581803
2003年12月　初版發行
定價：250元
特價：149元
總經銷／知己圖書股份有限公司
郵政劃撥：15060393
台北公司：台北市106羅斯福路二段79號4樓之9
TEL:02-23672044　FAX:02-23635741
台中公司：台中市407工業區30路1號
TEL:04-23595820　FAX:04-23597123

Published by How Do Publishing Co.LTD.
2003 Printed in Taiwan

ISBN 957-455-553-4

讀者迴響

書名：影響中國的26個名僧

1. 姓名：________ □♀ □♂ 出生：＿年＿月＿日
2. 我的專線：（H）________ （O）________
   FAX ________ E-mail ________
3. 住址：□□□________
4. 職業：
   □學生 □資訊業 □製造業 □服務業 □金融業 □老師
   □SOHO族 □自由業 □家庭主婦 □文化傳播業 □其他____
5. 何處發現這本書：
   □書局 □報章雜誌 □廣播 □書展 □朋友介紹 □其他____
6. 我喜歡它的：
   □內容 □封面 □題材 □價格 □其他____
7. 我的閱讀嗜好：
   □哲學 □心理學 □宗教 □自然生態 □流行趨勢 □醫療保健
   □財經管理 □史地 □傳記 □文學 □散文 □小說 □原住民
   □童書 □休閒旅遊 □其他
8. 我怎麼愛上這一本書：
   ____
   ____
   ____

『輕鬆好讀，智慧經典』

有各位的支持，我們才能走出這條偉大的道路。

好讀出版有限公司編輯部　謝謝您！

請填妥後對折裝訂，直接投郵即可，免貼郵票。

廣告回函
台灣中區郵政管理局
登記證第3877號
免貼郵票

好讀出版社　編輯部收

407 台中市西屯區何厝里大有街13號1樓
電話：04-23157795　傳真：04-23144188
E-mail:howdo@morningstar.com.tw

新讀書主義—輕鬆好讀，品味經典

請沿虛線摺下裝訂，謝謝！

更方便的購書方式：

(1)信用卡訂購　填妥「信用卡訂購單」，傳真或郵寄至本公司。
(2)郵政劃撥　帳戶：知己圖書股份有限公司　帳號：15060393
在通信欄中填明叢書編號、書名及數量即可。
(3)通信訂購　填妥訂購人姓名、地址及購買明細資料，連同支票或匯票寄至本社。

◉購買單本以上9折優待，5本以上85折優待，10本以上8折優待。
◉訂購3本以下如需掛號請另付掛號費30元。
◉服務專線：(04)23595819-231　FAX：(04)23597123
◉網　　址：http://www.morningstar.com.tw
◉E-mail:itmt@ms55.hinet.net